유럽을 알아야 세상이 보인다

안계환 지음

nobook

목 차

제2장 유럽을 만든 헬라인과 로마인

1) 지중해를 주름잡은 헬라인

2) 아테네의 전성시대

3) 지혜를 사랑한 헬라인

4) 알렉산드로스와 헬레니즘

5) 헬라문화를 계승한 로마인

유럽을 이해하는 두 번째 키워드, "그리스도교"

제3장 그리스도교의 탄생

1) 유대교의 탄생

2) 그리스도교의 탄생

3) 로마제국과 그리스도교

4) 동서로마와 어머니 마리아 그리고 정교회

제4장 신의 세계와 인간의 세계

1) 로마가톨릭교회의 탄생

2) 신이 모든 것을 좌우하던 중세

3) 인간의 모습을 되찾는 종교개혁

4) 오늘 유럽에서 만나는 종교문화

프롤로그

유럽의 역사와 문화, 아는만큼 보인다

태어나서 처음으로 찾아갔던 유럽의 도시는 프랑스 파리였습니다. 직장에서 프랑스제품을 구입해 수행하는 프로젝트를 하고 있었기에 제작현장 방문을 위해 출장을 떠났었죠. 일을 모두 마치고 이틀동안 루브르박물관과 노트르담성당 등 시내 중심가를 관광했습니다. 그런데 뭘 아는 게 있어야지! 루브르에서는 밀로의 비너스와 모나리자만을 눈도장 찍기 위해 열심히 다녔고, 노트르담에서는 우와! 멋있네! 만을 반복할 뿐이었습니다. 미술관과 박물관을 가득 채우고 있는 수많은 작품들, 특히 그리스신화와 성서를 주제로 한 것들은 그 스토리를 모르면 이해하기 어렵죠. 그나마 그리스신화에 대해서는 조금 알지만 성서에 나오는 이야기를 표현한 종교화들은 잠시 멈추어 감상하기에는 어려움이 많았습니다. 학교에서 배운 과목의 대부분은 유럽인의 것인데 영어, 수학, 과학, 철학 등이 그렇고 심지어 미술과 음악과목도 그렇습니다. 그런데 막상 유럽을 찾아가 보니 유럽인과 그들의 문화에 대해서는 아는 게 별로 없었습니다. 그저 상급학교에 진학하기 위해 묻고 따지지 않고 교과서가 알려주는 대로 이해하고 암기하기 바빴던 거지요. 더구나 유럽문화에 절대적 영향력을 끼치고 있는 종교에 대해서는 배운바 없었기에 별러 떠난 유럽여행이 시간과 돈이 아까운 상황이 되었던 겁니다.

나이 들어 유럽의 역사와 문화를 공부해보니 조금씩 이해하게 되었습니다. 영어와 과학에는 그리스로마인의 생각이 가득 들어있고 특히 신화와 종교를 공부해보니 유럽인의 문화에 깊이 녹아있다는 것을 깨닫게 되었죠. 셰익스피어의 비극에는 신화가 담겨있고 뉴튼의 과학은 아리스토텔레스 또는 종교와 관련 있다는 것도 깊이 이해하게 되었습니다. 유럽문명의 시초라 일컬어지는 그리스로마문명, 신화에서 시작해 종교와 철학으로 이어지는 문화의 흐름과 연결고리가 있습니다. 문화란 어느 날 갑자기 탄생할 수 없고 이전 시대의 것을 기초로 변화해 만들어집니다. 그러니 연결고리를 갖는 게 당연하고 자연스러운 흐름을 이해하는 게 중요하죠. 우리는 그리스신화 따로 서양철학과 종교를 따로 읽고 배웁니다. 하지만 그리스와 로마인에게 이 주제들은 분리되어 있지 않았습니다. 플라톤이 대화편에서 소크라테스의 입을 빌어 신화 이야기를 하고 로마의 세네카는 스토아철학을 삶에 적용하고 글로 남겼죠. 근대유럽인의 삶에 헤라클레스 같은 영웅과 수호성인의 이야기가 혼재되어 있는 것도 마찬가지입니다. 그리스로마에서 전해진 문화는 유럽인의 생활이었기에 자연스럽게 삶 속에 녹아 있던 것이죠.

그리스신화, 그리스로마인 그리고 그리스도교가 어떻게 연결되는지 다룬 글을 읽어보신 적 있으신가요? 흔히 그리스도교는 유대문화와 헬라문화의 결합 즉, 헤브라이즘과 헬레니즘이 결합되어 탄생한 결과물이라고 말해집니다. 그러니까 신화와 철학이 삶의 일부였던 헬라인의 문화와 유일신을 추종하던 유대인의 문화가 합쳐져 그리스도교라는 유럽인에게 가장 중요한 종교가 생긴 것입니다. 당연히 신화의 여러 요소가 종교에 녹아들 수밖에 없는데요. 그리스로마역사를 공부하고 신화와 종교를 함께 다루다보니 그 연결이 눈에 들어오더군요. 그래서 그리스신화와 그리스로마인, 그리스도교의 역사와 그 흐름을 연결해서 집필했습니다. 그리스신화에 대해서는 읽을 수 있는 책들이 많지만 단순한 지식보다는 그 의미가 무엇이고 어떤 환경에서 만들어지고 누가 기록하게 되었는지를 말씀드리려 했고요. 특히 그리스도교를 잘 모르는 분들에게 이 종교가 무엇이며 어떤 역사를 갖고 있는지를 상식 수준에서 정리했습니다. 유럽여행을 가서 만날 수 있는 그리스신화와 성서를 주제로 그린 작품을 조금이나마 이해하실 수 있도록 돕고 싶었습니다. 교회를 오랫동안 다녔지만 그리스도교의 역사에 대해서 잘 모르시는 분들에게도 도움이 되겠네요.

이야기에 들어가기 전에 용어정리부터 해야겠습니다. 그리스greece라는 말은 영어이며 전 세계에서 부르는 공식명칭입니다. 그런데 그리스공화국 사람들은 이 단어를 별로 좋아하지 않는데요. 이 나라의 정식 국명은 헬레닉공화국Hellenic Republic인데 자신들은 헬렌의 후손이라 생각하기 때문입니다. 그리스라는 단어는 고대 로마인들이 남쪽에 있던 쿠마에, 나폴리, 파에스툼 등이 있던 지역을 '마그나 그라에키아magna graecia'라고 불렀던 데서 유래했습니다. 그러니까 그리스인 스스로 부른 게 아닌 남이 붙여준 이름이라는 이야기죠. 오늘날 그리스공화국이 차지하고 있는 땅은 발칸반도 남쪽 그리스본토와 크레타를 포함한 에게해의 여러 섬들입니다. 그런데 고대그리스인이 차지했던 영역은 이오니아라 불렸던 터키 서해안을 포함해 꽤 넓은 지역이었습니다. 흑해남쪽 연안에는 트라브존 등 개척된 도시가 여럿 있었고 심지어 흑해북쪽 크림반도에도 있었죠. 프랑스 남부도시 마르세유도 이들이 창설한 도시였고 소국 모나코는 헤라클레스가 도시를 세웠다는 신화가 전해집니다. 신화를 공유했던 사람들, 4년마다 열렸던 올림피아제전에 참가했던 사람들은 스스로를 헬라인이라 불렀고 이들이 살았던 지역이 헬라스였습니다. 아프로디테의 탄생지로 알려진 키프로스도 헬라스였고 이집트 알렉산드리아 부근에도 헬라인이 개척한 도시가 있었습니다. 그러고 보면 헬라스는 지중해 거의 전부와 흑해를 포함해 상당히 범위가 넓습니다.

따라서 고대그리스 문명을 다룰 때에는 '헬라hella문명' 또는 '헬라스'라는 이름으로 부르는 게 옳다고 봅니다. 그리스문명권이라고 부르면 현재의 그리스공화국 영토에만 한정하는 우를 범할 우려가 있거든요. 과거에는 고대그리스인을 '헬라인'이라 했고, 신약성서는 '헬라어'로 기록되었고, 한자로는 '희랍希臘'이라고 음차해 표기되었습니다. 여기서 헬레니즘이란 말도 나오게 된 것이죠. 그래서 이 책에서는 가급적 그리스 대신 헬라 또는 헬라스라고 표기하려 합니다. 어떤 이들은 경제위기로 고통을 겪는 그리스공화국을 보고 대단한 조상을 둔 사람들이 왜 오늘날 어렵게 사느냐고 말하기도 합니다. 하지만 엄밀히 말해 헬라인은 오늘날 그리스인의 조상이라 말하기 어렵습니다. 시간이 오래 흘렀기도 했고 문명의 영역도 다르기 때문입니다.

2022년 7월 안 계 환

유럽을 이해하는 첫 번째 키워드

'그리스신화'

제1장 신과 영웅, 그리고 인간

1) 신화가 알려주는 유럽인의 역사

유로화 동전에 담긴 의미

그림 1. 그리스 1유로 올빼미 동전

그림 2. 그리스 2유로 에우로파 동전

다른 나라를 여행하기 위해 우리는 은행을 찾아 환전을 하게 됩니다. 유럽은 일부 국가를 빼고는 유로라는 동일화폐를 사용하기에 아주 편리하죠. 이탈리아, 프랑스, 독일 등 여러 나라를 가더라도 따로따로 환전할 필요가 없으니까요. 유럽중앙은행에서 발행하는 유로는 나라별로 같은 도안을 하고 있을까요? 아니면 다를까요? 정답은 같기도 하고 다르기도 하답니다. 지폐의 경우에는 어느 나라나 같은 도안을 사용하구요. 동전은 나라별로 다른 도안을 씁니다. 화폐는 그 나라의 가장 유명한 인물의 얼굴을 담고 있기 마련이잖아요?

지폐에는 유럽 공통 인물을 설정할 수 없어서 그랬는지 유럽지도와 로마수로 등 대표적 건축물을 그려 넣고 있습니다. 대신 나라별로 다르게 발행하는 1, 2유로와 센트 동전을 보면 그 나라의 대표인물이 누구인지 알 수 있답니다. 네덜란드와 스페인 등 국왕이 존재하는 나라에서는 그들의 얼굴을 그려 넣기에 도안이 아주 단순해요. 그에 비해 이탈리아 등 공화국에서는 다양한 인물의 얼굴을 발견할 수 있습니다. 오랜 역사의 나라 이탈리아의 1유로는 레오나르도 다빈치가 스케치한 '비트루비우스의 인체비례도'입니다. 2유로는 단테 알리기에리와 갈릴레오 갈릴레이의 얼굴이 사용되었습니다. 그러니까 이탈리아의 대표인물은 다빈치, 단테, 그리고 갈릴레이라고 해석하면 되는 거죠.

그렇다면 그리스공화국의 대표인물은 누굴까요? 그리스에서 발행되는 2유로 동전을 보면 황소 등에 올라탄 에우로페의 모습을 발견할 수 있는데요. 그만큼 에우로페가 신화에 등장하는 인물이면서 가장 중요한 여인이라는 뜻입니다. 최근 유럽중앙은행은 지폐 신권을 발행하기 시작했는데 워터마크와 홀로그램에도 에우로페가 그려져 있습니다. 그러니까 에우로페는 그리스를 뿐만 아니라 유럽전체에도 중요한 인물이라는 이야기죠. 그녀로부터 유럽이라는 이름이 탄생했기 때문인데요. 1유로 동전에는 아테나 여신을 상징하는 올빼미가 그려져 있습니다. 수도 아테네의 수호신이기도 하고 유럽 지식인이 사랑하는 지혜의 신이어서 그렇습니다.

유럽을 제대로 이해하려면 신화를 잘 알고 있어야 한다는 것을 알게 됩니다. 신화를 모르면 유럽인과 깊이 있는 대화 자체가 불가능하죠. 그리스신화와 이를 이은 로마신화는 유럽문화의 곳곳에 살아 있는데요. 신화는 서사시와 비극, 희곡의 토대가 되었고 여기서 소설, 회화, 조각, 건축에 자연스럽게 스며들었습니다. 이는 오늘날 유럽 여행자들에게 풍부한 이야기꺼리를 제공하는데요. 비싼 입장료를 내고 박물관에 들어가지 않더라도 거리 곳곳에서 신화의 주인공들을 만날 수 있답니다.

태세우스와 라비린토스 신화

앞서 언급한 에우로파 여인 이야기부터 할까요? 올림포스에서 아름다운 여인을 찾던 제우스의 눈에 페니키아 시돈 해변에서 놀고 있던 에우로파가 들어왔습니다. 제우스는 즉시 지상으로 내려가 황소로 변신했고, 그녀는 늠름한 황소의 모습에 마음이 끌려 등에 올라탔습니다. 그러자 황소는 바다를 헤엄쳐 크레타 섬에 도착했고 고르티나 샘 근처의 플라타너스 나무 밑에서 그녀와 사랑을 나누었습니다. 얼마 후 세 아들 라다만티스, 미노스, 사르페돈이 태어났는데요. 성장한 미노스는 왕권을 두고 형제들과 다투던 중 바다의 신 포세이돈의 도움을 받았는데, 이때 포세이돈이 보내준 황소가 큰 역할을 했습니다. 백성들이 황소를 보고 미노스의 권위를 인정하게 된 것이죠.

그런데 왕위에 오른 미노스는 황소를 포세이돈에게 제물로 바치지 않았고 화가 난 포세이돈은 미노스를 곤란한 상황에 빠지게 했습니다. 그의 아내 파시파에의 마음에 황당한 광기를 불어넣었던 거죠. 인간이면서도 황소에게 감당하지 못할 욕정을 느끼게 했던 겁니다. 조금 황당하긴 하지만 신화이니 이해하고 넘어가야겠죠? 욕정을 참을 수 없었던 그녀는 아테네출신 기술자 다이달로스에게 도움을 청했고, 그는 왕비에게 속이 비어 있는 나무암소를 만들어 줍니다. 그러자 왕비는 나무암소 안에 들어가 황소와 관계를 맺었는데, 여기에서 반은 인간이고 반은 소인 괴물 미노타우로스가 태어납니다.

미노스는 화가 났지만 태양신 헬리오스의 딸로 알려져 있는 그녀의 잘못은 어쩌지 못하고 묻어둡니다. 대신 미노타우로스를 어찌 처리할지 고민하다 신탁에 따라 다이달로스로 하여금 미궁 라비린토스를 만들게 하고 그 안에 가둡니다. 이곳은 밖으로 나가는 통로를 찾을 수 없도록 미로를 곳곳에 만들어 두어 한번 들어온 사람은 결코 살아서 나갈 수 없었다고 하죠. 문제는 미노타우로스는 오로지 사람고기만을 먹고 살 수밖에 없었다는 것입니다.

그 무렵 아테네는 해양강국 크레타의 속국이었습니다. 미노스의 침입에 패했기 때문이었는데요. 미노스는 속국 아테네에 9년에 한 번씩 젊은 남녀를 각각 7명씩 인신공물로 보내라고 명합니다. 라비린토스에 갇힌 미노타우로스의 먹이로 쓰기 위해서였죠. 그렇게 아테네는 정기적으로 고통을 받아야 했는데요. 어느 해에 테세우스라는 왕자가 있었습니다. 그는 아테네 왕 아이게우스와 트로이젠 왕의 딸인 아이트라 사이의 아들이었습니다. 그가 성장하여 우여곡절 끝에 아버지를 찾아가니 그가 왕위계승자가 되었습니다. 왕이 되기 위해서는 영웅적 업적이 필요했고, 당시 아테네의 가장 큰 고난인 크레타에 바치는 인신공물 문제를 해결하기로 마음먹습니다. 그렇게 태세우스와 선남선녀 7명씩을 태운 배는 크레타에 도착했고 그들은 미노스 앞으로 끌려 나갔습니다.

그때 그 자리에 있던 미노스의 딸 아리아드네는 테세우스의 늠름한 모습에 반하고 맙니다. 만약 아무 준비 없이 라비린토스에 들어갈 경우 미노타우로스에게 모두 잡혀먹을 것을 생각한 아리아드네는 테세우스에게 칼 한 자루와 실 한 타래를 줍니다. 이 결정적 도움으로 괴물을 처치한 테세우스는 실을 이용해 미궁에서 빠져 나올 수 있었는데요. 그는 자신을 도운 아리아드네와 14명의 처녀총각들을 이끌고 배에 올랐습니다. 그리고 아테네로 가는 도중에 낙소스 섬에 기항했는데 잠들어 있던 아리아드네를 놓아두고 떠나버립니다.

그는 왜 이런 배은망덕한 짓을 했을까요? 신화에 의하면 아테나의 조언 때문이었답니다. 여인을 데리고 돌아가면 왕위가 불안했을까요? 신화작가들은 여인을 데려왔을 경우 일어날 분란이 마음에 들지 않았던 모양입니다. 전쟁에서 승리한 후 여인을 데리고 온 이유로 살해당한 미케네의 아가멤논 이야기[1]도 있고 이아손이 데려온 메데이아에 얽힌 비극[2]도 있었기 때문입니다. 이어지는 신화에 의하면 낙소스에 버려진 아리아드네는 디오니소스에게 구출되어 그와 결혼했답니다. 불행 중 다행이었을까요? 디오니소스와 결혼했다는 건 신전의 무녀가 되었다는 의미로 볼 수 있는데요. 낙소스에는 디오니소스를 모신 신전이 있었고, 그곳에서 처녀로 평생을 보내야 했을 것입니다. 좋은 일 하고도 버림받은 불쌍한 아리아드네. 아무튼 그렇게 돌아온 테세우스는 바다에 빠져죽은 아버지를 대신해 아테네의 왕위에 올랐습니다.

미노아 문명과 페니키아

크레타의 도시 이라클리온에는 미노아문명의 유적지라고 알려져 있는 장소가 있습니다. 오늘날에는 『그리스인 조르바』의 작가 니코스 카잔차키스의 무덤이 있는 도시로 더 유명하죠. 그의 이름을 딴 공항에서 그리 멀지 않은 곳에서 1900년부터 10년간 영국인 에번스에 의해 화려했던 크노소스 궁전이 발굴되었는데요. 이곳은 기원전 2000년경부터 기원전 1450년경까지 번영했던 고대도시였습니다. 사방 2킬로미터 안에 궁전과 별궁, 무덤 등이 빼곡히 들어서 있었죠. 궁전에는 기하학적인 문양과 각종 동식물, 궁정생활 등이 묘사된 벽화가 발견되었는데요. 특히 '소를 타고 넘는 소년' 등 소에 관련한 그림과 유물들이 발견되어 황소를 타고 바다를 건너왔다는 에우로파 신화와의 관련성을 확인해 주고 있습니다.

그림 3. 크놋소스 황소그림. 이라클리온 박물관 소장. 소년이 황소의 등을 타고 넘고 있다. ⓒ안계환

에우로파는 지중해 동부에 위치한 페니키아의 공주였답니다. 그곳에서 황소를 타고 크레타로 왔다고 했지요. 그렇다면 미노아 문명이 페니키아에서 왔다는 이야기일까요? 아니면 결혼동맹을 통한 전략적 제휴관계가 있었을까요? 역사가 헤로도토스는 헬라 사람들이 믿는 거의 모든 신의 이름은 이집트에서 유래했다고 말했는데요. 해상무역을 하던 페니키아인은 이집트를 비롯한 동부 지중해의 선진 문명을 다른 지역에 전파하는 역할을 했을 것입니다. 일찍부터 크레타인은 에게 해 한가운데 떠 있는 섬이라는 지리적 이점을 바탕으로 해상무역을 했고 경제적 부흥을 이룩했습니다. 기원전 2천년쯤부터는 독자적 문자를 만들어 썼고 크노소스 궁전을 비롯해 여러 건축물을 지었죠. 이들이 쓴 문자를 학자들은 선형문자 A(A Linear)라고 부르는데 현재까지도 완전히 해독되지 않았습니다. 크레타인과 페니키아인은 동부지중해를 두고 경쟁을 벌였고

서로 문화적 교류도 지속했을 것입니다.

에우로파라는 이름은 오늘날 유럽의 어원이 되었다고 했지요? 신화에 나오는 이름을 근거로 사람들은 펠로폰네소스 반도를 유럽이라 부르다가 점차 범위가 넓어졌는데, 헤로도토스는 소아시아 건너편을 유럽이라고 했습니다. 본래 아시아는 이집트인들이 기원전 2천년 즈음부터 수에즈 동쪽에 있던 오늘날의 이스라엘, 레바논, 시리아, 요르단 지역을 불렀던 명칭이었습니다.[3] 당시 이곳에는 성곽 도시인 비블로스, 아슈켈론, 게제르, 예리코 등이 있었는데요. 후대 사람들은 이곳부터 아나톨리아까지를 아시아라 불렀고 그 바다 건너를 유럽이라 했습니다. 그 뒤 이집트를 포함한 지중해 남부 지방은 아프리카라는 이름이 붙여졌고요. 지중해가 세상의 전부라고 여겼던 헬라인들은 '유럽', '아시아', '아프리카'의 세 지역으로 이루어져 있다고 생각한 겁니다.

지리학적으로 레반트라고 부르는 지중해 동부 연안에 위치했던 페니키아는 메소포타미아와 이집트의 길목에 위치해 일찍부터 문명이 발달했습니다. 하지만 페니키아라는 통일된 나라는 존재하지 않았고 비블로스, 시돈, 티레 등의 항구도시만 있었을 뿐입니다. 그래도 그들은 공통조상을 갖고 있었고 같은 언어와 관습, 문자를 사용했는데요. 항구도시의 특성을 살려 중계무역에 힘썼고 지중해 여러 곳에 식민지를 건설했습니다. 훗날 그들이 오늘날 튀니지에 세운 식민도시 카르타고는 서지중해의 강자가 되었고, 로마에 패권을 넘겨주기까지 5백여 년 동안 영광을 누렸답니다.

페니키아의 주민들은 상업을 주로 했기에 장부를 기록하기 위한 문자가 필요했습니다. 하지만 이웃 나라에서 쓰는 문자를 그대로 가져오기에는 어려움이 많았죠. 메소포타미아의 설형문자는 변화가 많았고 이집트 상형문자는 너무 복잡했습니다. 연구에 의하면 최초의 알파벳이 이집트 상형문자에서 파생되었다고 합니다. 아시아인이 자신들이 쓰는 셈어를 표기하기 위해 상형문자에서 아이디어를 가져왔다는 이야기죠.[4] (여기서 아시아인은 이집트를 드나들던 히브리인이나 페니키아인을 가리킨다) 여기서 출발한 원시 셈 문자는 페니키아 문자로 점차 변형됩니다. 여기에 설형문자의 특성도 가미되어 페니키아 고유의 알파벳이 만들어집니다.

지중해 지역에서 쓰던 여러 문자체계 중 페니키아 알파벳이 가장 사용이 편했을까요? 아니면 그들이 지중해 전역을 이동하던 상인이었기에 쉽게 전파되어서일까요? 지중해에 살던 여러 민족 간에는 비록 경쟁하는 관계였더라도 서로 교역하기 위해 적당한 소통 수단이 필요했을 겁니다. 페니키아인이 쓰던 24개의 알파벳이 그때까지 쓰던 자신들의 문자체계에 비해 사용하기 쉬웠겠죠. 그렇게 페니키아 알파벳은 여러 지역에 퍼졌고 덕분에 옛 이야기를 입에서 입으로 전하던 관습에서 문자로 기록하는 방식으로 바뀌어 문화유산의 보존이 가능해졌습니다. 기원전 8세기경 이오니아 스미르나 출신 호메로스는 페니키아에서 시작된 알파벳을 사용해 오래도록 구전되던 서사시를 기록하게 됩니다.

"노래하소서, 여신이여! 펠레우스의 아들 아킬레우스의 분노를, 아카이아족에게 헤아릴 수 없이 많은 고통을 가져다주었으며 숱한 영웅들의 굳센 혼백들을 하데스에게 보내고 그들 자신은 개들과 온갖 새들의 먹이가 되게 한 그 잔혹한 분노를! 인간의 왕인 아트레우스의 아들과 고귀한 아킬레우스가 처음에 서로 다투고 갈라선 그날부터 이렇듯 제우스의 뜻은 이루어졌도다."[5]

우리가 아는 멋진 스토리가 아닌 조금은 황당한 구절로 호메로스의 서사시『일리아드』는 시작됩니다. 과거 일리온이라 불렸던 트로이에서 여인 하나를 두고 대장 아가멤논과 영웅 아킬레우스가 서로 갖겠다고 다투던 이야기로 말입니다. 15,693행이나 되는 길고 긴 이 서사시는 이날로부터 트로이 왕자 헥토르의 장례식까지 열흘간 진행되는데요. 책을 읽다보면 별거 아닌 이야기로 이렇게 긴 서사시를 이끌어가는 호메로스의 재주가 참 대단하다고 느껴집니다. 예전에는 이것이 글이 아니라 극장에서 암송하며 공연하던 이야기였다고 생각해 보면 더욱 그러하지요. 트로이는 오늘날 터키의 영토로 에게 해에서 마르마라 해를 거쳐 흑해로 가는 좁은 해협의 길목에 있었습니다. 이 서사시가 기록된 사건인 트로이 전쟁은 대략 기원전 12세기경에 실제 있었던 것으로 알려져 있죠.

일리아드에는 나오지 않지만 전해지는 신화에 따르면 이 전쟁은 세 여신의 아름다움 대결 때문에 초래되었습니다. 신의 여왕 헤라, 지혜의 신 아테나, 아름다움의 대명사 아프로디테는 누가 가장 아름다운 여신인가를 두고 다투게 되었죠. 이 장면은 아킬레우스의 아버지 펠레우스와 어머니이자 여신인 테티스의 결혼식부터 시작됩니다. 여신의 결혼식이니 올림포스의 신들이 모두 초청되었는데 불화의 여신 에리스만은 빼놓았다는군요. 불화를 일으킬까봐서요. 하지만 불화의 여신을 초청하지 않았으니 불화가 생길 건 당연한 일! 그렇게 결혼식장에 올림포스의 모든 신들이 참석했는데 초청받지 못한 여신 에리스는 황금사과 하나를 들고 찾아옵니다. 이 사과의 주인은 가장 아름다운 여신이라고 하면서. 여신들끼리 불화를 일으킬 작정이었죠.

그렇다면 가장 아름다운 여신은 누가 판정해야 할까요? 신의 제왕 제우스를 비롯한 여러 신은 여자들 문제에 끼어들기 싫다면서 발을 뺐습니다. 괜한 오해를 사기 싫다는 이유로 말이지요. 때문에 중립적이면서 가장 힘없는 존재에게 선택을 맡겨야 한다는 의견이 모아집니다. 그렇게 선택된 이가 바로 파리스였습니다. 본래 그는 트로이의 왕자였지만 전쟁의 원인이 될 거라는 신탁에 의해 버려져 목동이 되어 있었고, 당시에는 가장 권위 없는 존재였습니다. 덕분에 파리스는 이 장면에서 심판을 보는 당사자가 되었던 거지요.

파리스는 아프로디테가 황금사과의 주인이며 가장 아름다운 여신이라고 판정했고, 그 대가로 세상에서 가장 아름다운 여인을 선물로 받게 됩니다. 그 세계 제일의 미인은 라케다이몬(스파르타)의 왕 메넬라오스의 아내 헬레네였습니다. 여신은 왜 남편 있는 여인을 파리스에게 선물로 주었던 걸까요? 세계적 분쟁을 만들기 위해 운명의 여신이 시킨 걸까요? 시간이 흘러 트로이의 왕자로 복귀한 파리스는 아프로디테의 도움을 받아 헬레네를 납치하다시피 트로이로 데리고 갑니다. 당연히 이 사태에 분노한 남편 메넬라오스는 그의 형 미케네 왕 아가멤논에게 구원을 요청했고, 마침 헬라스의 패권을 노리던 아가멤논은 여러 도시의 군사를 모아 트로이로 원정을 떠납니다. 그리하여 아가멤논을 대장으로 한 아카이아족과 트로이간의 10년에 걸친 전쟁이 시작되었습니다.

트로이에 다다른 아카이아족 가운데 첫째가는 용사 아킬레우스는 첫 돌격에서 아폴론신전을 약탈했습니다. 그런데 거기서 포로로 잡은 볼이 예쁜 소녀 브리세이스를 대장 아가멤논에게 빼앗겼습니다. 그래서 화가 났던 것이고 그로부터 아킬레우스는 더 이상 전투에 참가하지 않는데요. 트로이군이 공격해 아군이 수없이 죽어나가는데도 말이죠. 뿐만 아니라 어머니 테티스에게 부탁해 아가멤논을 복수해 달라고 요청하기까지 합니다. 테티스는 올림포스로 제우스를 찾아가 간청을 하고(자기편이 지게 해달라고) 아카이아족은 전투에서 계속 패합니다.

아킬레우스의 친구이자 애인 파트로클로스는 아킬레우스의 갑옷과 무기를 가지고 싸움터에 나갔고, 급기야 헥토르를 만나 죽임을 당합니다. 파트로클로스의 죽음을 알게 된 아킬레우스는 화가나 헥토르를 불러내 결투를 했고 결국 승리를 거둡니다. 헥토르가 죽자 아킬레우스는 헥토르의 발뒤꿈치를 뚫어 밧줄로 마차에 묶고 자신의 진영으로 돌아오는데요. 헥토르의 시신을 훼손하기 위해 마차는 성을 몇 바퀴 돌지만 신의 도움으로 시신은 깨끗하게 보존되었죠. 그날 밤 헥토르의 아버지 프리아모스 왕이 시체를 찾으러 왔고, 아킬레우스에게 비싼 몸값을 지불했습니다. 프리아모스는 아들의 시체를 갖고 성안으로 들어가 장례식을 치릅니다. 이 장례식이 거행되는 12일 동안 양군은 휴전을 했는데요. 이것으로 서사시 일리아드는 끝을 맺습니다.

서사시가 알려주는 이야기들

『일리아드』와 그 후속편 『오뒷세이아』는 헬라인의 가장 중요한 서사시였고, 훗날 유럽인에게 가장 위대한 고전이 되었습니다. 기원전 5세기 아테네에서는 소포클레스, 아이스킬로스 등 비극작가들이 서사시에 등장하는 사건들을 토대로 연극을 만들었습니다. 아테네의 디오니소스 극장은 연극이 공연되는 주요 무대였는데요. 이런 연극이 아테네에서만 열렸던 건 아니었습니다. 제가 그리스본토와 터키 서해안, 시칠리아 등 헬라스의 주요 도시들을 방문해 보니 모든 도시에 그리스 식 극장(theatre greco)이 있었습니다. 만약 그곳에 극장이 없다면 헬라스도시가 아니었다라고 말할 수 있을 정도인데요. 극장에서 서사시가 낭독되었고, 여러 작가들이 창작한 비극이 공연되었습니다. 그래서 헬라인이라면 서사시의 내용을 모두 알고 있었고 또한 모두 연극을 사랑했습니다.

그림 4. 시라쿠사 고대극장. 암반을 통째로 깎아내 관객석과 무대를 만들었다. ⓒ안계환

헬라인의 서사시와 연극 사랑은 역사가 투키디데스가 기록한 일화를 보면 실감할 수 있는데요. 펠로폰네소스 전쟁 막바지에 시칠리아의 시라쿠사를 공략한 아테네연합군은 패했고, 여기서 살아남은 7천 여 명은 포로가 되었습니다. 그들은 극장 뒤편에 있던 채석장 라토니아에 갇혀 중노동을 하며 죽어가야 할 운명이었죠. 실제 그곳의 포로들은 살인적인 노동에 비해 적게 제공되는 식량과 물로 인해 대부분 사망했습니다. 그런데 포로 중에서 소포클레스를 암송할 줄 아는 일부 사람들(대부분 아테네 시민출신)은 구제되어 시라쿠사 시민의 노예로 고용되었다고 하네요. 비록 전쟁포로이자 노예였지만 생을 연장할 수 있었고, 무대에 올라가 소포클레스의 비극을 암송할 수 있었다는 거죠. 선진국 아테네 시

민출신이 암송하는 오이디푸스 이야기를 헬라스 변방도시 시라쿠사 시민이 사랑했다는 이야깁니다.

트로이전쟁은 북쪽에서 펠로폰네소스 반도로 이주한 미케네 사람들(아카이아족)이 주도하고 이오니아 지방 트로이간의 패권전쟁이었다고 볼 수 있지요. 아가멤논을 대장으로 에게 해 서쪽지역 도시들이 한 편이 되고 트로이를 중심으로 이오니아지방, 그리고 흑해연안 도시들이 한 편이 되었습니다. 싸움이 한창 진행될 때 여성 전사 집단으로 알려진 아마존족이 트로이를 도우러 찾아왔는데 그들은 흑해 연안에 영역을 두고 있었습니다.

우리는 트로이전쟁을 그리스와 트로이(터키)가 싸운 것으로 생각하는 경우가 많습니다. 대부분의 신화해설서가 그렇게 설명하고 있기 때문인데요. 읽다보면 그리스는 우리 편이고 트로이는 적이니 트로이를 나쁘게 감정이입 하기도 합니다. 구체적으로 말하면 아킬레우스는 우리 편 영웅이고 헥토르는 적국의 장수처럼 느껴진다는 것이죠. 하지만 이는 19세기 이후 토머스 불핀치를 비롯한 다수의 신화학자들 때문인데요. 그들이 신화를 정리할 당시 트로이는 이슬람제국이며 적국인 오스만튀르크의 땅이었습니다. 따라서 오늘날 그리스공화국의 영토만을 헬라문명권으로 생각하고 나머지(특히 터키 서해안)지역은 다른 땅이라고 생각했죠. 오늘날 할리우드에서 만들어지는 영화의 흐름도 대부분 그런데요. 브래드 피트를 주인공으로 하는 영화 <트로이>도 그런 관점으로 만들어졌습니다.

『일리아드』 원전을 읽어보면 두 편으로 나뉘어 싸웠을 뿐, 신화를 읽는 이에게 아군과 적군은 의미가 없습니다. 올림포스의 신들도 두 편으로 나뉘어 인간들의 싸움을 지지하지 아카이아족만을 응원하지 않는데요. 같은 문명권내의 도시였던 아테네와 스파르타가 편을 갈라 싸운 펠로폰네소스 전쟁과 다르지 않았다면 맞는 비유이겠네요. 그러니 헬라스 내부에서 발생한 하나의 사건으로 읽으면 좋겠습니다. 그래서 저는 두 편을 이렇게 부릅니다. 아가멤논을 대장으로 한 미케네 편, 프리아모스를 대장으로 한 트로이 편, 이렇게 말이죠. 일리아드 원전에서는 미케네 편은 아카이아족으로 나옵니다. 그러니까 아카이아와 일리온이 싸웠다는 게 좀 더 정확합니다. 미케네 편에는 아킬레우스의 어머니 테티스가 있고 헤라와 아테나가 있습니다. 트로이의 파리스가 선택한 아프로디테는 트로이를 밀어주지요. 아폴론이 트로이 편인 특별한 이유를 발견하기 어렵지만 트로이인이 아폴론 신전을 세워 숭배했기 때문이라고 봐야겠지요. 아가멤논과 아킬레우스가 서로 갖겠다고 다툰 여인들은 모두 아폴론신전 사제의 딸이었습니다. 포세이돈이 미케네편인 건 바다를 주름잡는 이들이 미케네여서 그랬을까요? 여기서 신들의 제왕 제우스는 중립을 지키려 노력합니다. 한쪽 편을 이기라고 지지하지 않는데요. 만약 우리 편 그리스와 상대편 트로이가 싸웠다면 제우스는 그리스 편이어야 하는데 그렇지 않았다는 이야기입니다.

이 전쟁의 원인으로 알려진 건 여신간의 미인대회와 이의 결과로 발생하는 미스 헬라스 헬레네입니다. 아름다운 여성의 쟁탈을 놓고 두 세력이 싸웠다고 말입니다. 과연 여인 하나를 두고 도시들이 편을 갈라서 싸움을 벌였을까요? 이 전쟁이 왜 벌어졌는지는 서사시 중간에 나오는 미케네편이 어떻게 구성되었는지를 보면 알 수 있습니다. 대장 아가멤논은 자신의 동맹 도시에 명을 내려 배와 군사들을 소집합니다. 그때 아울리스 항구에 모인 미케네 편 전함의 수가 총 1,385척이었다고 하니 엄청난 규모였죠.

그림 5. 미케네를 들어가는 입구에 세워진 사자문 ©안계환

당시 미케네는 세력이 강한 폴리스의 하나였을 뿐, 다른 도시들을 강제할 힘은 없었습니다. 그러니까 아가멤논의 강요에 의해서가 아니라 자신들의 이익을 위해 자발적으로 전쟁에 참가했다고 보는 것이 옳을 겁니다. 헬레네를 되찾아오는 일이 참전의 유일한 목표라면 그녀의 남편 라케다이몬의 메넬라오스를 빼고 다른 도시에 돌아가는 이익은 없습니다. 여러 도시가 전쟁을 통해 얻으려던 이익은 무엇이었을까요?

고대 전쟁은 승리를 통해 재물을 확보하는 것이 주요 목표였습니다. 그런데 무려 1천3백 여 척의 함선이 참가하려면 상당한 재물이 있는 도시를 공략해야 나눠가질 이익이 있겠죠. 트로이는 목표물로 삼을 만큼 풍부한 재물을 보유한 부자도시였던 겁니다. 트로이가 위치한 곳을 보면 이 전쟁의 이유를 짐작할 수 있는데요. 트로이는 흑해와 에게 해를 지나는 다르다넬스 해협의 길목에 자리하고 있습니다. 에게 해 주변지역은 식량을 자급자족할 수 있는 곳이 그리 많지 않습니다. 땅은 척박하고 여름은 건조하고 태양은 매우 뜨겁습니다. 주로 겨울에 내리는 비의 양도 충분치 않아 밀과 보리 등 곡식재배가 원활하지 않습니다. 따라서 자신들의 땅에서 나는 산물과 외부의 것을 교환해야 살아갈 수 있는데요. 에게 해 지역의 올리브와 포도주 그리고 흑해연안의 곡물 등이 주요 교역대상이었습니다. 이것만으로는 늘어나는 인구를 부양할 수 없기에 해상이동이 편리한 이점을 살려 다른 도시를 공격하는 해적활동도 주요한 경제활동이었습니다. 배를 타고 고향을 떠나면 무역상, 해적, 군인 모두를 겸하는 방식이었지요. 우리 편이 상대에 비해 강하면 해적이 되고, 약하면 무역상으로 변하는 그런 체제 말입니다.

에게 해와 흑해를 오가는 길목에 위치한 트로이는 부자도시가 될 조건을 갖추었는데요. 좋은 기후와 옥토가 있었던 흑해연안에는 밀과 보리 등 곡물이 생산되는 도시가 많았습니다. 척박한 에게 해 주변지역에서는 포도주와 올리브유가 많이 생산되었죠. 핵심 위치에 자리한 트로이는 직접 교역에 참여할 수 있고 시장을 열어줄 수도 있었습니다. 아니면 지나는 배들을 강제해 일정한 통행세를 받을 수도 있었겠지요. 결과적으로 트로이는 재물이 풍부한 도시가 되었을 것입니다. 그러니 아가멤논과 아카이아족이 함선을 동원해 트로이를 정복할 충분한 이유가 되었죠. 정복 이후 이곳을 거점 삼아 패권을 가질 수도 있을 것이구요. 훗날 펠로폰네소스 전쟁에서 아테네와 스파르타가 패권다툼을 벌일 때, 스파르타에 의해 이 지역이 점령되자 아테네는 급격히 전쟁 의지를 잃습니다. 곡물이 아테네 항구인 피레이우스에 들어오지 못하니 항복할 수밖에 없었던 겁니다. 그만큼 트로이는 아주 중요한 위치에 자리 잡은 도시였습니다.

이제 서사시 일리아드를 정리해 보겠습니다. 기원전 1200년 경 미케네는 에게 해 서쪽의 도시들을 구슬러 함대를 편성하고 부자도시 트로이를 정벌하러 떠납니다. 여기에 아가멤논, 메넬라오스, 아킬레우스, 오뒷세우스, 아이아스 등이 참전합니다. 그들은 트로이를 공략해 얻을 경제적 이익을 목표로 했지요. 결국 트로이에서 오랜 시간동안 전투가 벌어졌고, 결과는 미케네편의 승리로 끝납니다. 이 전쟁에는 신들도 편을 나눠 참전했습니다. 아테나는 미케네를 도왔고 아폴론은 트로이를 밀어주었습니다. 신들끼리 싸우려 할 때에는 제우스가 끼어들어 중립을 유지하려 애썼고요. 전쟁은 아테나가 가까이서 오뒷세우스를 도운 미케네의 승리로 끝났는데요. 꾀 많은 그가 목마를 배치해 트로이를 멸망시켰기 때문입니다. 불타는 트로이를 뒤로하고 미케네편 군대는 각자 전리품을 챙겨 자신들의 나라로 돌아갔습니다.

모든 승리자들의 귀환이 순탄한 것은 아니었습니다. 라케다이몬의 메넬라오스는 옛 아내 헬레네를 획득해 고향으로 돌아가 편히 쉬지만 아가멤논을 기다린 것은 그의 목숨을 노린 아내의 칼이었습니다. 서양 여인 중 악녀의 대명사가 된 아내 클뤼타임네스트라는 정부 아이기스토스와 협력해 돌아온 아가멤논을 살해했습니다. 비록 남편이었지만 과거 자신의 가문을 멸망하게 했고 딸 이피게네이아를 사냥의 여신에 바친 나쁜 남편이었기 때문이죠. 아가멤논과 클뤼타임네스트라, 이피게네이아, 그리고 그 아들 오레스테스에 얽힌 이야기는 재미있는 이야기의 소재가 되었고 유럽인에게 사랑받은 문화콘텐츠가 되었습니다.

한편 오뒷세우스는 고향 이타카 섬으로 돌아가지 못하고 서부 지중해를 떠돌게 되는데요. 퀴클롭스의 섬에서는 폴리페모스와 싸우고 악독한 여인 키르케를 만나서는 부하들을 잃을 뻔 한 위기를 겪습니다. 그 과정에서 저승에도 다녀오고 세이렌이 부르는 악독한 음악소리를 물리치기도 합니다. 이 모든 것은 그를 적극 도왔던 아테나 덕분이었죠. 결국 이타카로 돌아갈 수 있었는데요. 부하들을 모두 스킬라와 카립디스에 의해 잃어버렸고 칼립소의 달콤한 유혹도 있었지만 오로지 고향으로 돌아가겠다는 신념이 있었기 때문입니다.

트로이를 떠난 오뒷세우스의 여행은 또 다른 서부 지중해의 모험 이야기일 것입니다. 트로이 정벌처럼 대규모 전쟁이 아니라 작은 규모의 함대가 서부개척을 떠났던 이야기들을 모아 하나의 이야기로 꾸몄을 것입니다. 어쩌면 기원전 8세기에서 6세기 사이에 집중되었던 헬라인의 서부식민지 개척 이야기일지도 모릅니다. 그때 코린토스인이 시칠리아에 시라쿠사를 세웠고, 에우보이아의 카르키스인이 이탈리아 반도에 쿠마에를 세웠습니다. 스파르타인이 타렌툼을 건설 했고요. 쿠마에인은 이웃 땅에 신도시라는 뜻의 나폴리를 건설하기도 합니다. 그 과정에서 많은 어려움들을 겪었을 텐데, 이때 만났던 온갖 일들이 세이렌으로, 폴리페모스와 싸운 이야기로 바뀌었을 겁니다. 말하자면 여러 인간의 모험을 멋지고 재미있는 영웅 서사시의 형태로 표현되었다는 겁니다.

2) 인간의 모습을 닮은 신의 이야기

제우스와 여러 신들

앞서 헬라인은 극장에서 서사시를 즐기고 연극을 관람했다고 했는데요. 그것이 헬라스의 문화를 형성하는데 아주 중요한 역할을 했습니다. 펠로폰네소스반도 서쪽에 자리한 올림피아에서 기원전 776년부터 4년마다 열린 체육경기 또한 헬라스의 중요한 문화가운데 하나였죠. 본래 그곳에 있던 제우스신전에 바치는 제사의 일종이었는데요. 이런 제사이자 운동경기가 올림피아에서만 열렸던 건 아니었습니다. 신탁으로 유명한 델포이에는 퓌티아여신을 모신 제전이 있었고, 코린토스 부근에서는 이스트미아 제전도 열렸습니다. 헤라클레스의 사자로 유명한 네메아에서도 제전이 열렸고, 아테네에선 판아테나이아제전이 헬라인을 초대했습니다. 이오니아의 여러 도시에서도 제전이 열려 사람들을 경쟁적으로 불러 모았을 것입니다. 이는 비즈니스 관점으로 봐도 상당히 의미있는 일이었는데요. 이들 중 올림피아제전만 1천년 이상 이어질 수 있었는데, 첩첩산중에 있는 올림피아가 다른 제전들을 물리친 경쟁력이 무엇이었을까 생각하게 됩니다.

그런데 헬라스 문화의 활성화에는 경기장stadium보다는 극장theatre이 더 큰 역할을 하지 않았을까 싶습니다. 도시마다 극장이 있었고 연극과 축제가 자주 열렸기 때문인데요. 4년에 한번 열리는 체육경기보다는 수시로 열리는 연극과 축제가 더 큰 의미가 있었을 겁니다. 더구나 올림피아제전이 시민계급 남성만의 행사였던데 비해 축제는 여성과 노예를 포함하여 다수가 참가할 수 있었기 때문이지요. 저는 헬라도시를 방문하면 항상 가장 먼저 극장 유적지를 찾았습니다. 극장은 도시의 중심에 자리하고 있었고 시민의 핵심공간이었기 때문입니다. 신화를 아는 건 서양문화를 이해하는 가장 중요한 요인이라고 말할 수 있는데요. 바로 이 극장에서 신화는 사람들에게 전해지고 내용이 풍부하게 완성되었던 겁니다.

일리아드와 오뒷세이아 다음으로 중요한 헤시오도스의 신화집 『신들의 계보』에는 헬라스에서 수집된 신들의 탄생과 활동이야기가 나옵니다.

"아이기스를 가지신 제우스,
아르고스의 여주인이신 헤라와 황금 샌들을 걷는 이,
아이기스를 가지신 제우스의 따님이신 빛나는 눈의 아테나,
포이보스 아폴론, 활을 쏘는 아르테미스,
대지를 붙들고 있고 대지를 흔드는 포세이돈,
존경스러운 테미스, 속눈썹을 잘 깜빡이는 아프로디테,
황금 머리띠의 헤베, 아름다운 디오네, 레토, 이아페토스,
음모를 꾸미는 크로노스, 에오스, 강력한 헬리오스, 빛나는 셀레네,
가이아, 위대한 오케아노스, 어두운 밤,
그밖에 다른 영생불멸하는 신들의 위대한 종족을!"[6]

태초에 등장하는 수많은 신이 있지만 '천지창조'는 이야기는 없죠? 헬라인은 인간을 세상의 중심에 두었는데요. 신의 모습과 본성도 인간과 크게 다르지 않습니다. 인자한 어른의 모습을 가진 제우스, 최고의 여신이면서도 제우스의 아내로서 질투하고 시기하는 여신 헤라. 최고로 아름다운 여신으로 등장하는 아프로디테. 인간에게 지고지순한 선이며 절대적 창조주로 인식되는 그리스도교의 신과는 달랐습니다. 아폴론처럼 제우스의 아들이라 해도 신의 음료 넥타르와 음식 암브로시아를 먹지 못하면 영생이 주어지지 않았는데요. 각자 역할이 정해져 있고 사랑하고 질투하고 싸우고 그랬습니다. 올림포스의 제왕이라는 제우스조차도 절대 권력을 갖지 못하고 주어진 직분만을 충실히 이행하는 존재였을 뿐입니다.

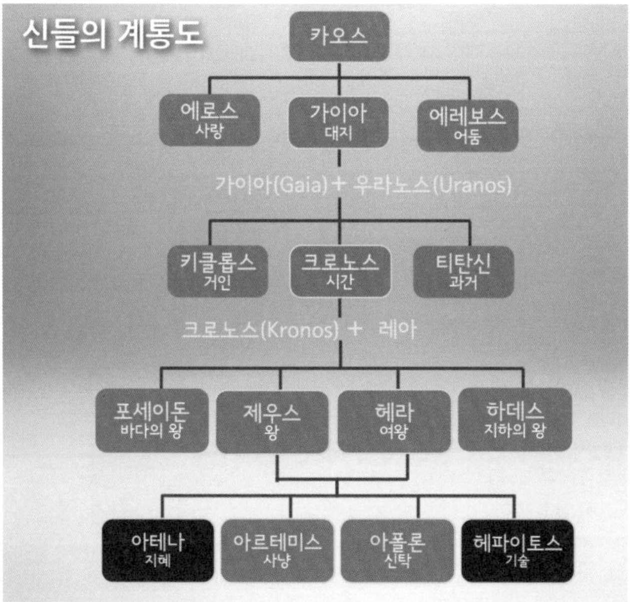

그림 6. 신들의 계통도

제우스는 티탄족과의 전쟁 후 형제 포세이돈, 하데스와 천하를 나누어가졌습니다. 폭력적인 아버지 크로노스와 사촌당숙격인 티탄들을 물리쳤기 때문인데요. 그리고 티탄족의 일원이었던 아틀라스에게 하늘을 지고 있도록 벌을 내렸습니다. 그 결과 포세이돈은 바다를, 하데스는 저승을, 제우스는 지상과 하늘을 갖기로 함으로써 패권이 완성되었고, 제우스는 올림포스의 1인자가 되었습니다. 제우스의 상징은 번개와 독수리입니다. 세상의 통치자로서 자신의 뜻을 거역하는 신과 인간을 번개로 처단하고 독수리로 권위를 나타냅니다. 후세인들은 제우스의 독수리를 강력한 힘의 상징으로 활용했는데요. 로마제국에서는 황제의 상징이 되었고 독일을 비롯한 유럽제국에서는 국가 문양으로 삼았습니다. 로마제국을 모방해 설립된 신생국가 미국에선 합중국의 연방문양이 되었고요. 심지어 이슬람국가 이집트에서는 국기에 독수리문양을 넣었고, 연세대학교에서는 학교의 상징물로까지 정했습니다.

제우스의 가장 중요한 역할은 세상의 조정자입니다. 트로이전쟁에서는 여러 신이 각자 응원하는 세력이 있었지만 제우스는 한쪽 편을 들지 않았죠. 그의 입장에서는 어떤 쪽도 다스려야 할 인간들이었기 때문입니다. 제우스는 똑똑한 아들과 딸인 아폴론과 아테나를 핵심 참모로 거느리고 신들 간의 문제를 해결합니다. 아폴론에게는 태양신의 권위를 부여하고 원래 자신의 역할이던 신탁능력까지 위탁하여 인간의 실제 문제를 해결하도록 합니다. 아테나에게는 아이기스 방패를 주어 영웅 페르세우스와 오뒷세우스를 직접 돕도록 시키죠. 포세이돈과의 경쟁에서 아테나가 승리하도록 도와서 폴리스 아테네의 수호신이 되도록 해주기도 합니다. 아들이자 심부름을 담당하는 똘마니 헤르메스에게는 온갖 궂은일을 시키는데요. 저승세계로 하데스에게 찾아가 납치해 아내로 삼은 페르세포네를 데려오도록 하고, 이오를 감시하고 있는 눈 백 개를 가진 아르고스를 살해하도록 합니다.

제우스와 그 자식들

정작 제우스에 관한 이야기 중 가장 많은 건 제우스가 여러 여인과 외도하는 사건 아니던가요? 아테나와 아폴론을 비롯한 올림포스에 사는 2세대 신 모두와 상당히 많은 영웅들이 그의 소생입니다. 아테나는 지혜의 여신 메티스를 통해 태어나고 이치의 여신 테미스와의 사이에서는 계절의 신 호라이 세 자매가 탄생합니다. 지하세계를 다스리는 하데스의 왕비가 되는 페르세포네는 남매사이인 데메테르와의 결합에서 탄생했고요. 아폴론과 아르테미스 남매는 티탄 신족 레토와 관계해서 낳았고, 마이아를 통해서는 심부름꾼 헤르메스를 낳았습니다. 헤라여신 혼자서 낳았다는 설이 있는 대장장이 신 헤파이스토스는 제우스의 아들이라고도 하죠. 특히 페르세우스, 헤라클레스 같은 반신반인 영웅은 인간 여인에게서 탄생하는데요. 이처럼 제우스를 통해 자식을 생산하는 여인들은 꽤 많습니다. 정식 부인인 헤라여신이 있는데도 말이지요.

재미있는 건 제우스와 인간 여인과의 사랑이야기입니다. 제우스가 여인을 만날 때에는 반드시 변신을 해야 하는데요. 그의 본모습이 형체가 없는 신이고 사람을 불태울 수 있는 번개를 갖고 있어서 그렇습니다. 앞서 등장했던 에우로페에게는 황소로 변신했고, 테베의 공주 안티오페에게는 흉측한 몰골을 한 사티로스로 모습이 바뀌었고요. 스파르타 왕비 레다 앞에서는 백조가 되었는데, 이 때문에 레다는 두 개의 알을 낳았습니다. 당시사람들은 남편이 조류이면 여인이 알을 낳아야 한다는 생각을 했나봅니다. 이렇게 알에서 태어난 이들이 미스 헬라스 헬레네와 악녀의 상징 클뤼타임네스트라가 되었는데요. 헤라클레스의 어머니 알크메네 앞에는 원래 남편인 암피트리온으로 변신하여 나타납니다. 가장 특이한 변신은 페르세우스의 어머니 다나에에게 황금비를 내려 접근한 것입니다. 아버지에 의해 청동탑에 갇혀 남자를 만날 수 없는 여인에게는 인간이나 동물로 접근할 수 없으니 황금비가 되었던 것이죠. 여기서 신은 인간 여인과의 결합 없이도 영웅을 탄생시킬 수 있다는 본보기를 보인 셈입니다.

그렇다면 신의 제왕 제우스는 왜 체통머리 없이 수많은 여인들과 바람을 피웠을까요? 차라리 맘에 드는 여인이 있으면 동양의 제왕들처럼 후처로 삼으면 될 텐데 말입니다. 그리스로마신화는 초중고 학생들이 많이 읽는데요. 저도 이들에게 신화를 이야기하면서 가장 곤혹스러운 대목이 여기입니다. 이들에게도 제우스의 바람기는 그리 교육적이지 못하죠? 그런 상황에서도 우리는 여전히 학생들에게 신화를 읽도록 권장해야 합니다. 그렇다면 제우스의 심각한 바람기를 어떻게 설명하면 좋을까요?

아폴론과 아테나 같은 신의 아버지로 제우스가 되는 건 무리가 없어 보이는데요. 제우스가 메티스나 테미스 등 여러 여신들과 결합한 것은 토착 종교와 신흥 종교가 서로 결합해 하나의 이야기를 만들어냈다고 해석할 수 있습니다. 여인의 몸에서 탄생한 영웅들의 경우에는 거꾸로 생각하면 이해될 수 있는데요. 어떤 지방을 통치하게 된 이가 자신의 권위를 높이기 위해 아버지를 제우스라고 주장하는 경우 말입니다. 부모 둘이 모두 신이라면 신이 되어야 하지만 아버지만 제우스이면 반신반인이 되는 것이니 백성을 통치할 만한 고귀한 신분을 타고났다고 할 수 있습니다. 예나 지금이나 좋은 혈통을 가진 이는 지도자가 될 가능성이 높습니다. 그의 능력이 충분히 검증되지 않았더라도 말이지요. 예를 들어 크레타의 지배자 미노스의 경우 어머니는 페니키아에서 온 에우로페이며 아버지는 제우스라면 백성들이 우러러볼만한 고귀한 사람이 됩니다. 반란을 꿈꾸는 다른 이를 제압할 수 있는 가장 좋은 무기죠. 헤라클레스도 아버지를 제우스로 해야만 위대한 영웅의 풍모가 살아날 수 있었던 겁니다.

정리해 보면 제우스도 모르게 사람들이 자기가 신의 아들이라고 주장했다는 이야기로 해석할 수 있습니다. 그리스신화는 아테네를 비롯한 그리스본토만이 아니라 헬라스 전체의 이야기 모음집입니다. 그렇게 신화와 영웅전설을 모으다 보니 제우스는 본의 아니게 많은 여인들과 사랑을 나누게 된 거죠. 사람들은 제우스를 권위 가득한 절대 신으로 그리지 않고 인간 사이에 내려와 사랑을 나누는 존재로 만들었습니다. 이러한 헬라인의 여유는 후대에 풍부한 예술적 자산으로 변했습니다.

제우스의 여신들

제우스의 정식 아내 헤라는 역할이 그리 크지 않습니다. 제왕의 아내 정도면 다른 신들에게 큰소리 칠 수 있었을 텐데 사랑을 나누는 제우스를 통제하지도 못하고 애꿎은 여인들만 괴롭히는 존재인데요. 바람난 남편을 쫓아 다니며 투기하는 여염집 여자와 다르지 않습니다. 파리스의 선택에서는 아프로디테와의 아름다운 여신 경쟁에서도 지고요. 하지만 모든 여신들이 헤라처럼 무기력한 것은 아니었는데요. 아테나는 제우스의 딸로서 폴리스 아테네의 수호신으로 활동하고 모험을 떠나는 페르세우스와 오뒷세우스를 돕습니다. 제우스와 관련 없이 여신의 권위가 높은 지역도 많았는데요. 특히 이오니아의 경우 아르테미스 여신이 제우스보다 더 권위가 높았습니다. 그녀는 다산의 상징으로 사람들에게 인정받았는데요. 코스 섬에서는 헤라가 최고 숭배의 대상이 되었고, 키프로스에서는 아프로디테의 탄생지가 되어 그녀를 모셨습니다. 이집트에서 이시스여신 숭배사상이 있었듯이 지중해 동쪽에서 여신의 권위가 높았다는 것을 알 수 있습니다.

데메테르의 경우 제우스와 남매사이로 나오지만 실제로는 인간에게 가장 중요한 농업을 관장하는 신이었습니다. 원래 데메테르는 시칠리아처럼 농업이 장려되는 곳에서 모시던 신이었는데, 어쩌면 이집트 오시리스와 깊은 관련성이 있지 않았을까 하는 신화학자들의 의견도 있습니다. 지중해지역에서 농업이 가장 활성화된 곳이 나일 삼각주이기 때문이지요. 데메테르는 아테네인이 치르던 성스러운 종교의식인 엘레우시스 비밀제의의 주인공이기도 했습니다. 이곳은 아테네에서 걸어가면 두 시간 거리에 있는 성소였는데요. 어느 날 시칠리아 엔나 부근의 페르구사 호숫가에서 놀고 있던 딸 페르세포네가 하데스에 납치되어 행방불명되었습니다. 저승세계를 다스리느라 인기가 없었던 하데스가 결혼하기 위해 내렸던 궁여지책이었죠. 그러자 어머니는 딸을 찾아 천하를 떠돌게 되었는데 엘레우시스를 지나다 지역 사람들에게 호의를 베풀었습니다. 이때부터 이곳 사람들은 신전을 지어 여신을 봉헌했고, 제의가 시작되었습니다.

데메테르는 농업 및 대지를 관장하는 신이었고 그의 딸 코레(페르세포네)는 '아름다운 씨앗'이란 별명을 갖고 있었죠. 이 씨앗을 하데스가 납치했고, 데메테르가 비통하게 여기자 제우스가 명을 내려 코레를 돌려주라고 했습니다. 하지만 그녀가 지하세계를 떠날 때 석류를 먹었기 때문에 이미 결혼한 상태라고 인정되었답니다. 지중해 지역에서 석류는 결혼의 상징이었던 것이죠. 그래서 제우스는 여덟 달은 어머니와 함께, 넉 달은 남편과 함께 지내라는 중재를 했는데요. 그렇게 시작된 엘레우시스 비밀교의 교단은 아름다운 씨앗의 귀환을 축하하는 축제를 열었고 이것이 제의 형식으로 치러졌습니다. 지중해 지역에서 씨앗은 가을에 심어져 이듬해 봄에 추수하는데요. 그리고 생산된 알곡은 창고(지하)에 보관됩니다. 엘레우시스 제의는 씨뿌리기를 위한 창고가 열리기 바로 직전에 데메테르와 코레의 재회를 축하하는 의식으로 열린 것입니다. 어머니의 곁을 떠나 지하세계로 가야 하는 코레. 그곳은 무서운 저승이지만 남편이 있어 가지 않을 수 없습니다. 하지만 때가 되면 돌아오는 것을 반복하죠.

이집트에서 영혼이 저승에 갔다가 심판에 의해 돌아올 수 있다고 생각했던 것처럼 엘레우시스에서도 저승에 다녀오는 이야기를 믿었던 겁니다.

아폴론과 디오니소스

헬라인에게 가장 많은 사랑을 받은 신은 아폴론과 디오니소스라고 말해도 과언이 아닙니다. 아폴론은 올림포스에 살았다고 했지만 그를 모신 신전은 이탈리아의 쿠마에, 그리스본토의 델포이와 코린토스, 에게해의 델로스, 이오니아의 디디마 등 여러 곳에 있었거든요. 아폴론 신전은 신탁을 받으러 오는 군주와 부유한 시민들의 기부로 인해 엄청난 부자였는데요. 말하자면 아폴론은 시민계급 이상의 지배층이 사랑한 금수저 출신 부자 신이었다는 이야기입니다.

이에 비해 디오니소스는 인간 어머니 세멜레에게 잉태되고 제우스의 허벅지에서 태어난 떠돌이이자 인간이었습니다. 그를 모신 신전도 지금까지 남아있는 곳이 별로 없습니다. 낙소스 섬에 그의 신전이 있다는데 외진 곳이라 찾아보기도 쉽지 않습니다. 어쩌면 그를 모신 신전이 여러 곳에 건설되지 못했을 겁니다. 여성과 노예를 비롯한 피지배층의 극진한 사랑을 받았기 때문이죠. 훗날 역할이 별로 없는 화로의 여신 헤스티아를 몰아내고 올림포스 12신의 하나로 자리 잡는데요. 그를 따르는 무시할 수 없는 숫자의 신도가 있었기 때문일 겁니다.

철학자 니체가 『비극의 탄생』에서 아폴론과 디오니소스를 비교한 것을 보면 둘 사이에 확연한 차이를 발견할 수 있습니다. 그리스 비극에서 아폴론적인 것은 질서가 잡힌 시각적인 미와 자기인식에 결합시켰고, 디오니소스적인 것은 자연스럽고 원시적인 에너지와 결부시켰습니다. 아름답고 이성적이며 폼 나고 잘 생긴 지혜의 신 아폴론, 열정적이고 즉흥적인 술의 신 디오니소스. 공통점이라고는 아버지가 제우스라는 것뿐, 처음부터 신이었던 아폴론과 인간이었다가 신이 된 디오니소스. 둘은 신성한 델포이 신전을 공유했는데요. 일 년 중 절반은 아폴론의 시간, 절반은 디오니소스를 모신 시간이었습니다. 헬라인들은 그렇게 둘을 모두 사랑했던 것입니다.

아폴론은 원래 '미남청년'이란 뜻입니다. 영원히 늙지 않는 청년의 모습이며 태양의 신이자 궁술과 예언·의술·음악 및 시의 신이기도 하죠. 사람들은 그에게 아름다운 젊음과 다재다능한 능력을 부여했던 겁니다. 사람들이 가장 좋아한 그의 권위는 예언 능력이었습니다. 헬라스에 관한 많은 문헌에서 '신탁을 받았기에 그렇게 행동한다.'라는 것은 아폴론 신전 여사제에게서 신탁을 받았다는 건데요. 오이디푸스는 아버지를 죽이고 어머니와 결혼할 것이라는 신탁을 듣게 되었고, 철학자 소크라테스도 델포이를 방문했다가 돌아온 이로부터 '가장 지혜로운 인간'이란 소리를 듣습니다.

헤로도토스는 델포이 신탁소가 어떤 과정을 거쳐 헬라스에서 가장 높은 권위를 얻었는지 설명하고 있는데요.[7] 본래 예언을 통해 신탁을 내리는 것은 제우스의 역할이었고(델포이 북쪽 도도나에 제우스 신탁소가 있었다), 델포이 말고도 여러 장소에 신탁소가 있었습니다. 뤼디아의 크로이소스는 이웃 페르시아가 강대해지자 이를 저지하기 위해 싸워야 할지 말지 고민했습니다. 그래서 그 해답을 신탁소에 묻기로 했는데 어느 곳이 믿을만한지를 테스트하기 위해 신하들을 헬라스 전역의 신탁소로 보냈습니다. 델포이, 포키스의 아바이, 도도네, 그리고 리뷔에의 암몬 신탁소가 그곳이었죠. 같은 질문을 보내 각 신탁소가 어떤 답을 가져오는지를 체크할 요량이었습니다. 그런데 델포이 퓌티아 여사제의 발언이 가장 높은 신뢰를 받았기에 헬라스에서 가장 권위 있는 장소가 되었던 겁니다.

아폴론은 잘생기고 매력적인 젊은이였지만 사랑에는 재주가 없었습니다. 사랑의 신 에로스의 화살을 맞아 다프네를 사랑했으나 그녀를 얻지 못했죠. 아폴론의 아들이라고 설정되는 아스클레피오스와 오르페우스가 있지만 결혼했다는 이야기가 없기에 억지로 연결되었다는 느낌이 듭니다. 헬라인은 사랑에는 젬병인지만 결혼하지 않은 청년 아폴론을 더 좋아했나 봅니다. 시간이 흘러 사람들은 아폴론이 가진 능력을 하나둘씩 다른 신에게 이전했는데 의술은 아스클레피오스가, 음악은 오르페우스가 맡습니다. 아무래도 전문성을 더 높여야 한다고 생각했을까요? 헬라인은 코스 섬 출신 의사였던 히포크라테스가 아스클레피오스의 후손이라고 믿었습니다. 지혜로운 예언 능력만은 아폴론의 것으로 남았는데요. 훗날 로마에서도 팔라티노스 언덕에 그의 신전이 세워졌고, 지배층의 사랑을 받았습니다.

디오니소스는 어떤 신이었을까요? 이 이름은 '불완전한 신' 또는 '두 번 태어난 자'에서 유래했는데요. 어머니 세멜레에게 임신되었기에 인간이었고 아버지 제우스의 허벅지에서 태어났기 때문입니다. 술과 황홀한 축제의 신으로 로마에서는 바쿠스로 불렸습니다. 인간 어머니를 통해 잉태되었으나 헤라의 심술이 작용해 소아시아의 니사에서 성장한 후 각지를 떠돌아다녔습니다. 이집트로 갔고 시리아로 옮겼다가 헬라스로 왔습니다. 머무는 곳마다 포도재배법을 보급하고 술 담그는 법을 인간에게 알려 주었다고 하는데요. 이 경로를 추적하면 포도재배가 어떤 경로를 통해 전해졌는지를 알게 됩니다. 연구에 의하면 코카서스 산맥 부근의 아르메니아나 조지아 지역에서 포도재배가 시작되어 트라키아를 거쳐 펠로폰네소스 반도로 이동했다고도 하죠.

그림 7. 아테네의 디오니소스 극장 ⓒ안계환

디오니소스는 올림포스의 다른 신들과는 다르게 민중의 절대적 신앙 대상이었다는 게 특징입니다. 제우스나 아폴론이 지배층의 정치적 도구로 활용된 것에 비해 디오니소스는 여성이나 소외받은 자들, 그리고 노예들이 지지하는 신이 되었던 거죠. 그들은 현실의 고통을 잊게 해 주는 술의 힘처럼 디오니소스에게 삶을 의지했고요. 그래서 디오니소스를 따르는 여신도들은 '마이나데스'라 불렸는데, '미친 여자들'이란 뜻입니다. 디오니소스 축제 때 신도들은 가면을 썼는데 이때에는 모든 금기가 사라지고 신분의 차별도 없어집니다. 오늘날 바다의 도시 베네치아에도 가면 축제가 열리고 있는데 이것도 소외된 이들에게 신분의 한계를 뛰어넘어 자유를 주려는 의도에서 시작되었던 겁니다. 고대 종교축제의 정신이 중세를 거쳐 현대에도 이어진다는 게 참 신기하죠? 인간세상은 언제 어디서나 비슷한가 봅니다. 이렇게 정기적인 디오니소스 축제가 열려 여자들이나 소외된 사람들이 힘든 삶을 위로할 수 있는 기회가 되었던 겁니다.

헬라스의 대표적 예술인 비극은 디오니소스 축제에서 탄생했습니다. 여신도들이 가면을 쓰고 광란의 파티를 벌였을 때 배우와 합창단이 염소의 탈을 쓰고 노래를 부르면서 춤을 추는 형식이 나왔고요. 니체는 균형과 조화를 강조하는 아폴론적 예술과 즉흥적이고 열정적인 디오니소스적 음악이 대립과 투쟁을 통해 발현된 것이 그리스 비극이라고 말했는데요. 비극은 기원전 5세기경, 아테네가 있는 아티카 지방을 중심으로 절정을 맞습니다. 신화에서 주제를 찾아와 작가의 각색을 거쳐 극장에서 공연이 이루어졌던 겁니다.

지혜의 상징 아테나

오랜 세월이 지났음에도 유럽인의 마음에서 떼어낼 수 없는 존재는 아테나입니다. 근대유럽의 철학자들은 지혜의 여신 아테나를 이상적 존재로 평가해 왔는데요. 철학philosophy이란 '지혜sophia'를 '사랑한다philos'라는 뜻입니다. 철학이 헬라스에서 탄생해 유럽의 근대를 만드는데 크게 기여했고, 그 정신적 지주가 아테나였기 때문입니다. 헬라인은 지혜를 사랑하는 자라는 뜻의 '필로소포스'라는 말을 즐겨 썼는데요. 이는 피타고라스 또는 헤라클레이토스가 처음 언급했고 본격적으로 소크라테스가 사용했습니다.

> **"파이드로스여, 누군가를 '지혜 있다'라고 일컫는 것은, 내가 보기엔 너무 높이 올라간 것 같네. 그런 말은 신에게나 적용하면 적절하지 않을까? 지혜를 사랑하는 자(philosophos) 혹은 그 비슷한 말로 일컫는다면 그 자신도 차라리 동의할 것이고 보다 더 합당할 것 같네."**

- 플라톤, 파이드로스 -

그러니까 플라톤이 전하는 소크라테스의 말에 따르면 사람은 지혜를 사랑하는 자이지 지혜를 가진 자라고 말할 수 없다는 것입니다. 아테네사람 하나가 델포이를 다녀와 소크라테스에게 "헬라스에서 가장 지혜로운 자는 당신이라고 무녀가 말하더라." 라는 이야기를 듣고 소크라테스가 한 말인데요. '지혜있다' 라는 건 신의 영역일 수 있다는 것이고, 여기서 말할 수 있는 구체적 신의 이름이 아테나였습니다. 로마에서는 미네르바와 동일시되었고 그 상징이 바로 올빼미였는데요. 철학자 헤겔은 이런 말을 남겼습니다.

"미네르바의 올빼미는 황혼녘에서야 날갯짓을 시작한다."

어느 정도 든 무렵에서야 깨달음을 얻을 수 있다는 의미에서 소크라테스가 한 말과 유사하다고 할 수 있겠네요. 지혜의 신 아테나는 전쟁의 신, 기술을 주관하는 신이기도 했습니다. 구체적으로 직물과 요리, 도기와 의술의 신이었습니다. 아테네는 상업과 기술을 바탕으로 부강을 이룬 국가였고 특히 품질 좋은 도기를 생산해 여러 지역에 수출했습니다. 이런 도시에서 아테나에게 수호신의 역할을 부여한 건 당연한 일일 텐데요. 그 지위가 그냥 주어진 건 아니었습니다. 포세이돈과의 치열한 경쟁을 거쳐야 했으니까요. 아테네시민들은 유리한 조건을 제시하는 이를 수호신으로 삼겠다고 했답니다. 먼저 포세이돈은 삼지창을 이용해 샘이 솟게 했고요. 그러자 아테나는 그 샘 옆에서 올리브 나무가 자라게 했습니다. 시민들은 올리브 나무가 더 유용하다고 판결했고, 아테나가 도시의 수호신이 되었답니다.

아테나의 탄생신화는 참 독특합니다. 아버지 제우스의 머리에서 창과 방패를 든 완전무장을 한 모습으로 태어났기 때문입니다. 전쟁의 신이라는 역할을 부여하기 위해서 그랬을까요? 아테나는 원조 지혜의 신이었던 메티스를 어머니로 두었지만 아들이 태어나면 아버지를 능가할 것이라는 신탁으로 인해 어머니와 함께 제우스에게 삼켜집니다. 어느 날 머리가 깨질 듯 아팠던 제우스는 대장장이 헤파이스토스를 불러 자신의 머리를 도끼로 가르라고 명했고, 머릿속에서 아테나가 태어납니다. 그녀는 전쟁의 신이지만 또 다른 전쟁의 신 아레스와는 성격이 다릅니다. 아레스가 공격적이고 남성적 이미지를 가졌다면 아테나는 갑옷과 창, 그리고 방패로 무장해 수비적이었습니다. 지혜를 겸비해 '평화를 위해 싸운다'라는 개념을 가졌기에 헬라스에서는 아레스보다 더 사랑받았습니다. 아레스는 인기가 없었고 아프로디테와의 불륜사건으로만 신화에 등장합니다. 훗날 로마시대에 가서야 비로소 전쟁의 신으로서 제 역할을 하지요.

아테네시민뿐 아니라 음유시인 호메로스도 아테나를 좋아했던 거 같습니다. 트로이에서 미케네편이 결정적 승리를 거두게 되는 것도 아테나의 도움 때문이었고요. 전쟁이 끝나고 10년간 표류하였던 오뒷세우스의 곁에는 늘 아테나가 있었습니다. 여신 칼립소에 의해 7년이나 붙잡혀 살던 오뒷세우스를 탈출할 수 있도록 도운 것도 아테나였습니다. 때로는 평범한 여인으로 변신해 길을 인도하기도 했구요. 고향 이타카 섬에서는 멘토스로 변신해 아들 텔레마코스의 조력자가 되었고, 아내 페넬로페를 얻으려는 구혼자들을 물리치는 역할도 수행합니다. 오뒷세우스가 힘들어 할 때마다 나타나서 돕는 키다리아저씨 역할을 충실하게 수행했던 겁니다.

그림 8. 아테네 파르테논 신전 ⓒ안계환

오늘날에도 세계인이 아테나를 좋아할 수밖에 없는데요. 그리스공화국 수도 아테네에 있는 아름다운 신전 '아테나 파르테노스' 즉 파르테논 신전을 만날 수 있기 때문입니다. 처녀 신에게 바친 신전이란 뜻을 가진 이 고대유적은 그 위치의 탁월함뿐만 아니라 아름다움에서 여러 헬라스 유적 중 따라올 상대가 없습니다. 이 신전이 가진 운도 상당히 큰 듯 한데요. 대부분 파괴된 다른 신전에 비해 비교적 아름다운 원형을 보존하고 있어서 유네스코 세계문화유산의 상징물로서 그 명성을 드높이고 있거든요. 덕분에 세계 여러 나라에서 사람들이 찾아와 가난한 그리스공화국을 먹여 살리는 돈줄이 되고 있답니다.

제우스의 똘마니 헤르메스

여러 신들 중에서 가장 매력적인 이를 하나만 꼽으라면 저는 헤르메스를 선택하고 싶습니다. 그 어떤 이 보다도 이동이 자유롭기 때문인데요. 제우스의 아들이자 부하이면서 지하세계를 포함해 온 세상이 그의 영역입니다. 챙이 달린 모자 페타소스를 쓰고 날개달린 신을 신고 독수리 날개가 달린 지팡이를 들고 있는데요. 신의 세계와 인간의 세계, 하데스가 다스리는 저승 공간을 자유롭게 넘나드는 능력을 보유했습니다. 제우스와 아폴론을 빼고 대부분의 신에게는 역할이 하나만 주어졌지만 헤르메스는 능수능란, 다재 다능 그 자체입니다. 전령의 신, 여행의 신, 상업의 신, 심부름꾼의 신, 도둑의 신입니다. 죽은 자를 저승으로 인도하기도 하고 다산의 신이 되기도 하죠. 때로는 제우스의 수행비서로 함께 여행을 떠나기도 했는데요. 무엇이든 맡겨주면 완벽히 해내는 재주가 있었던 겁니다. 왜 그는 이렇게 많은 역할을 갖게 되었을까요? 그만큼 사람들이 그를 사랑했고 다양한 역할을 주고 싶었기 때문 아닐까요?

헤르메스는 제우스와 티탄족 아틀라스의 딸 마이아(혹은 산에 사는 님프였다고도 한다) 사이에서 태어났습니다. 그가 도둑의 신으로 인정받는 이유는 태어난 지 얼마 안돼서 행한 도둑질 때문이었습니다. 그가 아직 요람에 있을 무렵 아폴론의 소를 훔쳤는데, 이때 뒤를 밟히지 않으려고 소의 꼬리를 끌고 뒷걸음치게 했답니다. 결국 아폴론에게 잡혔지만 기지를 이용해 벌을 면제받았는데요. 자신이 발명한 악기를 선물해 아폴론의 마음을 사로잡음으로써 사건을 무마

한 것이죠. 이 악기가 바로 아폴론의 상징과 같은 리라였습니다. 어려서부터 재주가 많고 머리도 좋은 꾀돌이로 이름을 날린 것입니다. 헤르메스의 로마식 이름은 메르쿠리우스인데 이는 '장사하다'라는 뜻의 라틴어 'mercari'에서 파생되었습니다. '상인'을 뜻하는 영어 'merchant'의 어원이 되었죠. 아폴론의 소를 훔치고도 잘 무마하는 꾀돌이의 모습을 본 제우스는 헤르메스를 자신의 곁에 두어 전령이자 수행비서로 삼았습니다. 헤르메스는 제우스와 함께 많은 일을 했는데요. 『오뒷세이아』에서는 그의 별명이 '아르고스의 살해자'로 나오는데, 헤라가 보낸 눈이 백 개 달린 아르고스를 처치해야 했기 때문이고요. 테티스의 결혼식에서는 불화의 신 에리스가 던지고 간 황금사과의 여주인을 가리기 위한 심판관 파리스의 보조역할도 했습니다. 제우스의 수행비서로 했던 유명한 사건은 필레몬과 바우키스 부부를 만났던 일이었습니다. 어느 날 제우스는 인간의 모습을 하고 프리기아의 어느 마을을 여행하고 있었습니다. 저녁이 되어 쉴 곳을 찾아 마을을 헤맸으나 그 누구도 묵게 해주지 않았죠. 그러던 중 마을 끝에 있는 짚과 갈대로 지붕을 이은 초라한 집에 들렀는데 그곳에는 믿음이 깊은 노인 바우키스와 그녀의 남편 필레몬이 살고 있었습니다. 그들은 비록 가난했으나 서로 사랑하며 평온하게 살고 있었고 지나가는 과객에게 베풀기 좋아했습니다. 부부는 제우스와 헤르메스를 손님으로 맞아들였고 빈약하지만 정성을 들인 저녁을 대접했습니다. 그런데 그들이 내온 작은 병의 포도주가 전혀 줄지 않는다는 걸 알게 되었는데요. 제우스가 포도주가 떨어지지 않도록 물을 술로 바꿔주었기 때문입니다. 손님이 예사롭지 않다고 느낀 노부부는 제대로 대접하지 못한 자신들의 용서를 빌었고, 제우스는 소원을 말해 보라고 말했습니다. 필레몬은 제우스의 사제가 되어 죽는 날까지 신전을 지키고 싶다고 말했고 제우스는 그들의 소원을 들어 주었답니다.

신화에 등장하는 이야기는 훗날 헬라문화 기반에서 탄생한 그리스도교에 이어집니다. 제우스의 모습은 절대신 야훼의 모습을 닮아있고 아버지로서 아들을 낳습니다. 동방의 여신숭배 문화는 마리아 존숭사상으로 이어졌고요. 도시의 수호성인, 직업의 수호성인은 아테나와 헤르메스의 역할과 겹칩니다. 카나의 혼인잔치에 참석한 예수가 물동이에 술이 가득하게 만든 에피소드는 필레몬과 바우키스 설화에서 따온 것이라고 한다면 말도 안 되는 상상일까요? 그렇다면 헤르메스와 같이 천상과 지상을 오가는 존재는 누군가요? '수태고지'라는 단어를 남긴 대천사 가브리엘의 모습과 비슷하죠. 야훼의 명으로 세상에 내려와 이야기를 전하는 존재 가브리엘 천사와 헤르메스의 모습은 닮아있습니다. 초승달이 떠있던 새벽녘, 잠자던 무함마드를 깨워 날개달린 말을 타고 천상을 다녀오도록 도왔던 것도 대천사 가브리엘이었습니다. 그래서 그랬을까요? 세계 최고의 한글 검색엔진의 이름 '네이버'는 헤르메스의 모자를 상징물로 쓰고 있습니다. 무엇이나 찾아준다는 검색엔진과 주어진 어떤 일이라도 완벽하게 해낸다는 헤르메스의 역할이 매우 잘 어울립니다. 유럽문화에서 헤르메스는 아주 사랑받은 존재인가 봅니다. 세계적 명품으로 명성이 높은 'Hermes'도 그의 이름을 따왔거든요.

종교로 이어지는 의료의 신, 아스클레피오스

널리 알려져 있지는 않지만 빼놓을 수 없는 신의 이름으로 '아스클레피오스'가 있습니다. 그는 의술의 신인데요. 병을 치료하는 행위는 종교 집단의 중요한 탄생 목적 중 하나입니다. 중국문화의 가장 큰 위치를 차지하는 도교의 시작은 동한 말 한중지역에 있었던 '오두미도五斗米道'에서부터입니다. 그곳에서는 병을 치료받기 위해 다섯 되의 곡식을 냈기 때문에 이런 이름이 붙었죠. 제가 어렸을 적 어머니가 편찮으셨을 때 무당이 와서 떠들썩하게 굿판을 벌였던 기억이 있습니다. 동서양 어디나 아픈 사람을 치료해준다는 신통한 사제들은 있게 마련인데요. 팔다리가 부러진 것은 외과의사에게 맡겨야 했겠지만 마음의 병을 앓고 있을 때에는 신전을 찾아 제를 올리면 낫는 경우가 많았던 거지요.

아테네에서 그리 멀지 않은 펠로폰네소스 동쪽에는 아스클레피오스를 모셨던 휴양지 에피다우로스가 있었습니다. 아름다운 숲과 물이 풍부한 계곡을 가진 이곳에는 신전, 경기장, 극장, 숙박시설 등 다양한 시설물이 있었고요. 이곳에는 헬라스전역에서 아픈 이들이 찾아와 오랫동안 머물며 병을 치료했습니다. 산 좋고 물 좋은 곳에서 신전에 제를 올리고 목욕을 하고 연극을 관람하며 시간을 보내다 보면 병이 나았던 것입니다. 오늘날에도 많은 관광객들이 이곳을 찾고 있는데, 신전 등 휴양시설은 대부분 파괴되었지만 그리스 식 극장만은 잘 보존되어 아름다움을 떨치기 때문입니다.

신화에서 아스클레피오스는 아폴론의 아들인 것으로 정리되어 있는데요. 하지만 아폴론은 결혼도 제대로 연애한 적도 없는 순진한 남자 신이었습니다. 그런데 왜 아스클레피오스가 아폴론의 아들로 설정되었을까요? 신화의 초기에는 아폴론이 가진 역할이 많았습니다. 태양의 신, 예언의 신, 점술의 신, 전염병의 신이었죠. 후대로 내려오면서 사람들은 좀 더 전문적인 역할을 할 신이 필요했다고 생각한 듯합니다. 그렇게 해서 아폴론의 아들이 되는 아스클레피오스탄생설화가 만들어졌는데요. 아폴론이 코로니스라는 처녀를 사랑했답니다. 그런데 아폴론이 올림포스로 간 사이, 처녀는 다른 남자와 바람을 피웠는데 이를 알게 된 아폴론은 화가 났습니다. 그래서 활을 쏘아 그녀를 죽였고요. 곧바로 잘못을 깨달은 아폴론은 코로니스의 장례식이 치러지고 있는 현장으로 달려가 불타고 있던 그녀의 배를 가르고 아들을 꺼냈습니다. 이렇게 태어난 이가 바로 아스클레피오스입니다.

아스클레피오스는 인간의 삶과 죽음에 관여합니다. 어쩌면 종교의 가장 중요한 탄생이유와 목적에 어울리는 역할이라 할 수 있겠네요. 그가 아폴론에게서 물려받은 것은 죽은 사람도 살려낼 만큼 대단한 치료능력이었습니다. 그러다 의욕이 지나쳐 실제 죽은 사람(태세우스의 아들 히폴리토스)을 살려내기도 하는데, 저승에 있어야했던 인간을 이승으로 돌아오게 만들었던 거죠. 이렇게 되자 심각한 문제가 발생합니다. 하데스가 저승의 법도를 무시하는 처사라고 제우스에게 강력히 항의하게 된 것이죠. 제우스의 중재에 의해 죽은 사람은 다시 저승으로 가게 되었는데, 하데스는 아스클레피오스의 목숨까지 요구합니다. 결국 제우스가 내린 벼락을 맞고 죽어 저승으로 가게 됩니다. 의료의 신 아스클레피오스가 저승에 머물게 되면 아픈 인간을 도울 수 없게 되는 거 아닙니까? 그렇게 인간세상이 어지러워지니 신이 되어 이승으로 돌아옵니다.(사람들은 그가 부활했다고 믿었다.) 처음에는 테살리아 사람들이 그를 구원의 신으로 숭배하기 시작했지만 곧 헬라스 전역으로 퍼졌습니다. 훗날 나사렛 예수가 공생애 기간에 아픈 이들을 고치는 기적을 행하는 것도 어쩌면 이런 신화와 연결될 가능성이 높은데요. 가장 많은 치유의 기적이 등장하는 루카복음서의 기록자 루카가 의사였다는 것도 그렇습니다. 그리고 죽은 후 부활한 것 까지도 말입니다.

헬라인은 풍광 좋은 여러 곳에 아스클레피오스 신전을 만들어 휴양지로 삼았습니다. 가장 유명한 장소는 코스 섬에 있었고, 펠로폰네소스의 에피다우로스는 시설이 좋아 많은 사람들이 방문하는 성역(sanctuary)이었습니다. 소크라테스가 사형선고를 받고 죽으면서 마지막으로 한 말은 무엇인지 아십니까? 플라톤이 쓴 대화편『크리톤』에는 소크라테스의 마지막 장면이 묘사되어 있습니다. 독초로 만든 약을 마셔 하반신이 점차 마비되자 그는 이렇게 말했습니다.

"크리톤, 내가 아스클레피오스에게 닭 한 마리를 빚졌다네.
좀 갚아 주겠나?"

이를 유추해 보면 신에게 빚을 졌다는 건 신전의 치료비를 내지 못했다는 것인데요. 아테네에도 아스클레피오스 신전이 있었다는 이야기이고 오늘날 파르테논을 오르는 길에 그 유적지를 만날 수 있습니다. 아마도 신전은 병을 치료하는 장소이니 도시마다 있었을 것이라 추측할 수 있죠. 아스클레피오스는 제우스나 아폴론보다 사람들과 더 친근한 신이었다고 생각할 수 있습니다. 이오니아의 유명 관광지 에페소스에도 아스클레피오스 신전이 있었는데 그곳에서는 묘한 변화가 감지됩니다. 그 신전에는 아스클레피오스뿐만 아니라 그의 딸 히기에이아도 함께 모셔졌거든요. 오늘날 대학을 졸업하고 의사자격을 획득한 이들이 외친다는 히포크라테스 선서는 다음으로 시작합니다.

"나는 의술을 주관하는 아폴론과 아스클레피오스와 히기에이아와 파나케이아를 포함하여 모든 신 앞에서, 내 능력과 판단에 따라 이 선서와 그에 따른 조항을 지키겠다고 맹세한다. (중략)"

그러니까 아폴론부터 시작하는 의술은 아스클레피오스를 거쳐 여성신 히기에이아로 이어집니다. 치료에 관해 초기에는 아폴론에게 의지했지만 곧 아스클레피오스를 신으로 모시기 시작했고, 점차 여성의 힘을 빌게 되었다는 것을 알 수 있습니다. 서방지역인 펠로폰네소스에서는 남신에게 치료를 주로 맡겼지만 동방지역에서는 여신숭배 문화와 접목해 여신에게 치료를 받는 문화로 바뀐 것이라 할 수 있는데요. 인간 여성의 권리가 낮은 것과 대조적으로 여신의 힘은 상당히 강력했습니다. 아테네의 수호신은 아테나였고 스파르타의 수호신도 여신 아르테미스였습니다. 동방지역에서는 상당수의 도시들이 아르테미스를 수호신으로 모셨습니다. 고대 7대 불가사의라 불리는 거대한 아르테미스 신전이 있었다는 도시 에페소스에서 예수의 어머니 마리아가 신의 어머니로 모셔진 이유도 여기에서 찾아볼 수 있지 않을까요?

3) 업적을 세우는 반신반인 영웅들

아르고호 원정대와 떠나는 사람들

서양인들은 어떤 사건이 벌어지면 이의 해결에 가장 큰 역할을 한 영웅을 찾아냅니다. 그리고 그(녀)의 영웅적 활동을 추앙하고 사람들에게 좋은 본보기로 삼죠. 그래서 911테러 같은 국가적 재난에서 뛰어난 활동을 한 소방관들은 영웅이 되었습니다. 오늘날 할리우드에서 제작하는 영화의 가장 보편적 주제 중 하나가 영웅이야기이기도 하죠. 어벤져스 시리즈의 줄거리는 대략 비슷합니다. 영화의 주인공은 다가오는 적군이나 세상의 종말에서 우리 편 가족과 나라를 지키기 위해 동분서주하는데요. 그는 자신의 목숨을 구하려 하지 않고 목표를 이루기 위해 최선을 다합니다. 그 과정에서 여러 어려움을 만나지만 신의 도움이나 자신이 가진 탁월한 능력을 바탕으로 문제를 해결하고 돌아옵니다. <007>영화의 주인공이나 목숨이 열개라도 되는 듯 활동하는 '람보', 남성적 매력을 한껏 드러냈던 '터미네이터'에 나오는 주인공이 그들입니다.

영웅은 평소에는 평범한 시민으로 활동하다 위기를 만나면 멋지게 문제를 해결합니다. 특히 그들은 안전하고 편안한 영역에 머물지 않고 원정을 떠나는데요. 다가올 위험을 기다리지 않고 적극적으로 나섬으로써 문제를 해결하려 하죠. 첨단기술이 발달한 오늘날에는 애니메이션이나 컴퓨터그래픽을 통해 상상할 수 있는 모든 게 가능하기 때문에 영웅이야기 만드는 일이 쉬워졌습니다. 왜 사람들은 뻔히 아는 구조를 가진 이런 영화에 몰입하며 즐기는 것일까요? 서양문화 속에 뿌리박혀 있는 영웅주의 신화 때문 아닐까요? 어린이들은 영웅의 위대한 모험 이야기를 어머니와 주변인들에게 듣고 자랍니다. 그래서 영웅이 어떤 행동을 통해 어려움을 극복했고 그로 인해 세상이 어떻게 바뀌었는지를 배우게 됩니다. 그러면서 '때가 되면 너도 영웅처럼 행동할 수 있어야 한다.'라고 강조하죠.

트로이 원정이 준비될 때 아킬레우스는 어머니 테티스와 대화를 나누었습니다. 원정을 떠나야 할지 말아야 할지 고민하면서 말입니다. 영화 <트로이>에서 어머니는 아들에게 이렇게 말하죠.

"네가 원정을 떠나지 않는다면 너는 가족과 함께 잘 지낼 수 있을 거다. 네가 죽은 후 후손들은 너를 잠시 기억할 테지만 시간이 지나면 모두 사라질 것이다. 하지만 네가 떠난다면 살아 돌아오지 못할 것이지만 세상 사람들이 너를 기억할 것이며 영광은 오로지 네 것이 된다."

여신 테티스는 아들이 전쟁에 나가면 죽을 것을 잘 압니다. 그럼에도 불구하고 아들에게 머물지 말고 떠나야 한다고 말하는데요. 영광을 위해서라면 말입니다. 머문다면 필부에 불과할 것이지만 영웅이 되고 영광을 얻으려면 떠나야 한다는 것입니다. 그 영광은 혼자만의 것이 아니라 가족의 것이고, 부족의 것이고, 또한 국가의 것이기 때문입니다.

아테네의 현자 솔론이 아나톨리아의 뤼디아를 방문했을 때 크로이소스 왕이 그를 환대하며 물었습니다.

"아테네에서 온 손님이여, 그대의 지혜에 대한 소문은 익히 들어 알고 있소. 나는 그대가 이 세상 누구보다도 행복한 이를 만난 적 있는지 묻고 싶소이다."[8]

세상에서 가장 큰 부자이며 강력한 권력을 가진 자신이 제일 행복한 사람이라는 소리를 솔론으로부터 듣고 싶었던 속셈이었습니다. 하지만 솔론은 크로이소스가 원하는 답을 주지 않고 아네테에 사는 텔로스라는 자가 가장 행복한 자라고 말합니다. 그러면서 텔로스가 건강한 두 아들을 두었는데 그들이 전투에 참가하여 죽었기 때문이라고 덧붙였습니다. 아들들이 적과 싸우다 명예롭게 죽는 것은 아비의 행복이오 가문의 영광이 되었다는 이야기죠. 전사의 나라 스파르타의 어머니들은 아들에게 늘 이렇게 말했답니다.

"전쟁에 나가거든 승리해 걸어오든지 방패에 누워 오거라."

싸움에 지면 시체가 되어 방패위에 누워와야지 지고도 걸어 돌아오는 아들을 용납할 수 없다는 건데요. 그래서 스파르타 시민 300명이 주축이 된 헬라스연합군은 테르모필레에서 페르시아 대군에 목숨을 아끼지 않고 용감하게 싸웠던 것이겠죠? 이런 영웅주의 문화는 헬라시대 뿐만 아니라 후대사람들에도 큰 영향을 주었습니다. 근대유럽이 세계를 석권할 수 있었던 이유 중 하나는 평범한 사람들이 떠남을 주저하지 않았다는 사실입니다. 포르투갈 출신 항해가 마젤란은 배 5척에 240명의 선원을 태우고 세계일주에 나섭니다. 항해에 대한 제대로 된 정보도 살아 돌아오리란 보장도 없었는데 말입니다. 결과적으로 그는 필리핀에서 살해되었고, 배 한척과 18명의 선원만이 출발했던 세비야의 항구에 도착할 수 있었는데요. 호주대륙을 발견한 영국인 제임스 쿡이나 아프리카를 여행한 리빙스턴도 용감하게 떠난 사람 중 한명이었습니다. 결국 이들의 용감한 떠남으로 인해 19세기에 이르러 영국은 '해가지지 않는 나라'라는 별칭을 들을 정도로 많은 지역에 식민지를 갖게 되었던 겁니다.

근대유럽인의 떠나는 문화는 어느 날 갑자기 생긴 것이 아니라 오랫동안 사람들의 인식 속에 잠재되어 있다가 발현된 것인데요. 그 첫 시작은 신화에 등장하는 영웅들이었습니다. 그리스신화에는 영광을 위해 떠난 영웅이야기가 많습니다. 아킬레우스와 그의 동료 오뒷세우스, 얼굴을 보면 돌로 변한다는 메두사를 잡기 위해 떠났던 페르세우스, 하늘을 나는 천마 페가수스를 타고 키마이라를 무찔렀던 벨레로폰도 있었습니다. 그 중에서 포르투갈인 마젤란이나 제노바인 콜럼버스가 신항로를 찾아 떠나는 모험의 모델로 삼은 것은 <아르고호 원정대argonautica> 신화입니다. 아르고호는 이아손을 대장으로 54인의 영웅이 흑해 동쪽 콜키스로 원정을 떠났고 훌륭히 임무를 수행하고 돌아왔던 배의 이름입니다. 이 과정에서 원정대는 헤파이스토스의 섬 렘노스와 미시아 섬의 해안가에 들러 여러 에피소드를 남깁니다. 우여곡절을 끝에 콜키스에 도착한 원정대는 원래 목적인 황금양피를 구하기 위해 애쓰는데요. 이때 콜키스

왕 아이에테스의 딸 메데이아의 도움을 얻습니다. 태세우스가 라비린토스에서 아리아드네의 도움을 얻었던 것과 비슷하죠.

아르고호가 콜키스에서 돌아오는 길은 오뒷세우스가 지났던 모험과 비슷한 상황으로 설정되었습니다. 배는 자꾸만 예정항로를 벗어나 엉뚱한 곳에서 방황하는데요. 키르케가 사는 섬에 가서 그녀의 도움을 받아 죄를 씻음으로써 갈 길을 찾습니다. 아름다운 목소리로 선원들을 유혹하는 세이레네스가 사는 곳을 통과하는 길은 오뒷세우스가 지났던 항로였습니다. 이때에는 아테나의 도움을 얻은 오뒷세우스의 지혜대신 아름다운 연주를 하는 오르페우스에 의해 세이렌의 유혹을 벗어나 길을 찾게 되죠. 그렇게 원정대는 원래 출발지였던 이올코스 항구로 돌아옵니다. 에우리피데스가 쓴 비극의 주인공 '메데이아'와 함께 말입니다. 오늘날 지도상에서 이 배의 항로를 그려보면 전혀 맞아떨어지지 않습니다. 바다를 항해하는 배가 유럽대륙을 횡단해야 하거든요. 신화를 기록할 당시엔 오늘날과 같은 구글지도가 없었으니 그냥 넘어가 주어도 되겠지요?

아르고호 원정대 신화는 에게 해와 흑해를 연결해 무역하던 시절의 이야기였다고 해석해 볼 수 있습니다. 트로이전쟁이 흑해로 가는 입구의 트로이를 정벌하기 위해 발생한 사건이라면 아르고호는 이미 열려있던 흑해 무역로를 이용해 콜키스에 다녀온 모험 이야기라 할 수 있는데요. 고대에 무역을 하던 사람들은 목숨을 걸어야 했습니다. 폭풍우, 해적 등 도처에 깔린 위험요소들을 만나서 이를 해결하는 과정에서 여러 어려움이 있었죠. 그럼에도 불구하고 목적달성을 위해 떠나야 했고 그 이야기가 아르고호의 모험으로 정리된 것입니다.

신의 아들이며 인간적 영웅 페르세우스

함께 떠나는 영웅들의 롤모델이 아르고호였다면 혼자 떠나 영웅이 되는 사람에게는 페르세우스가 있었습니다. 아테나의 모습은 참 독특합니다. 전쟁의 신이기도 한 그녀는 머리에 투구를 쓰고 한 손에는 창을 한 손에는 방패를 들고 있는데요. 이 방패의 이름은 아이기스인데 시인 헤시오도스는 아테나를 '아이기스 방패를 가지신'이라고 부릅니다. 이 둥근 방패의 한가운데에는 우리에게 잘 알려진 메두사의 얼굴이 새겨져 있는데요. 뱀의 머리칼을 가진 불행한 여인 말입니다. 그렇다면 왜 아테나의 방패에 메두사의 얼굴이 들어가게 된 것일까요? 메두사의 머리칼이 뱀이 된 이유는 그녀가 아테나의 신전 안에서 바다의 신 포세이돈과 정을 통했기 때문이랍니다. 이를 알게 된 아테나가 메두사의 아름다운 머리카락을 뱀으로 바꿨다는 이야긴데요. 큰아버지 포세이돈은 어쩌지 못하고 힘 없는 여인에게만 보복한 것이죠.

제우스의 아들로 태어난 페르세우스는 그 탄생과정이 독특합니다. 제우스는 인간처녀와 만나기 위해 사람이나 황소, 백조 등으로 변신해야 했는데요. 페르세우스의 어머니 다나에는 아버지 아르고스의 왕 아크리시오스에 의해 청동으로 만든 탑에 갇힌 신세였습니다. 아들을 낳으면 할아버지의 왕국을 빼앗고 죽일 것이라는 신탁이 있었기 때문이라나요? 그런데 어느 날 탑에 갇힌 딸로부터 연락이 와 찾아가니 임신했다고 말하는 게 아니겠습니까? 아니 이런 황당할 데가? 처녀가 아이를 가져도 이유가 있다지만 딸은 절대로 남자를 만날 수 없었는데 말입니다. 그녀의 말에 의하면 제우스가 황금비로 변신해 자신에게 왔기 때문이라네요. 황금비로 남자를 모르는 여인에게 아이가 잉태된다? 이렇게 신과 처녀가 직접 교접하지 않고도 잉태가 가능하다는 생각의 모티브가 된 신화가 되었고요. 그렇게 태어난 페르세우스는 제우스의 아들답게 외모는 물론 체력과 지력을 갖춘 영웅이 되었고 어머니를 구하기 위해 여행을 떠납니다.

그가 영웅이 되기 위해 수행해야할 목표는 메두사의 목을 가져오는 것이었는데요. 아테나는 메두사의 머리칼을 뱀으로 바꾼 것만으로는 화가 풀리지 않았던 모양입니다. 어쩐 일인지 그녀는 쳐다보는 사람을 돌로 만들어버리는 능력이 있었습니다. 이렇게 강력한 메두사를 처치하러 페르세우스가 떠날 때 여러 신이 그를 돕게 되는데요. 메두사를 극히 싫어하는 아테나는 청동방패를 빌려주었고, 헤르메스는 보석이 박힌 휘어진 칼과 날개달린 신발을, 하데스는 머리에 쓰면 보이지 않는 투구를 제공했습니다. 그리고 메두사가 사는 길을 찾아갈 수 있도록 아테나가 지속적으로 보살펴 줍니다. 고향에 돌아가려는 오뒷세우스를 돕던 모습과 비슷하죠. 후대의 헤라클레스가 오로지 자신의 능력만으로 힘든 과업을 수행하는데 비해 페르세우스는 보다 인간적인 영웅의 모습을 가졌네요. 신의 도움으로 목적달성을 하는 영웅 말입니다. 메두사는 보기만 하면 돌로 변하는 특성 때문에 많은 이들이 나섰지만 번번이 실패했고, 오로지 페르세우스만 성공하는 것도 신들의 도움 때문입니다.

날개달린 신발 덕분에 먼 길을 날아서 이동한 페르세우스는 메두사가 포함된 고르곤 자매의 은신처를 찾아냈습니다. 그녀의 궁전에는 수없이 많은 인간들이 찾아왔다가 돌로 변해버려 흡사 조각 전시장을 방불케 했죠. 그곳에서 페르세우스는 독특한 외모를 가진 메두사를 쉽게 발견합니다. 그리고 메두사의 얼굴을 직접 보지 않으려고 방패의 안쪽으로 비춰본 페르세우스는 보석이 박힌 휘어진 칼로 보기 좋게 그녀를 해치웁니다. 그리고 그녀의 목을 마법의 자루에 담아 돌아갑니다. 과연 메두사는 어떤 존재를 의미할까요? 아마도 올림포스신화를 믿지 않던 어느 야만인을 말하는 것 아닐까 싶습니다. 아테나가 메두사를 미워했다는 건 그들과 알력이 있었다는 이야기고 페르세우스를 보낸 건 군대를 파견했다는 뜻이죠. 결국 적을 쳐부수고 돌아오는 아군의 모습을 페르세우스로 의인화 했다고 보면 될 것입니다. 신화란 인간의 행위를 은유적으로 표현한 것이니까요.

페르세우스는 돌아가는 길에 또 한 번 영웅적 행위를 하는데요. 리비아의 바닷가에서 괴물에게 잡혀죽을 운명이었던 여인 안드로메다를 구한 일이었습니다. 포세이돈이 보낸 괴물이 어느 도시를 괴롭히고 있었는데, 이를 달래기 위해 정기적으로 여인의 목숨을 바쳐야만 했습니다. 마침 하늘을 날아가던 페르세우스는 바닷가에서 괴물의 먹이가 될 운명이었던 여인을 보고 사랑에 빠졌습니다. 제물이 되었던 안드로메다는 도시의 공주였는데요. 그녀의 아버지는 만약 그녀를 구해주면 결혼을 시키고 나라를 주겠다고 약속합니다. 당연히 페르세우스는 이 괴물을 간단하게 해치웠고 안드로메다와 결혼합니다. 중세시대에 여기저기 떠돌던 왕자가 어느 나라에서 열린 마상 창시합에서 우승해 사위가 되고 선물로 나라를 받았다는 것과도 비슷합니다. 나라를 주겠다는 약속은 사양하고 안드로메다와 함께 돌아온 페르세우스는 날개달린 샌들과 보석 박힌 칼을 주인에게 돌려줍니다. 그리고 본래 아테나의 것이었던 방패에는 메두사의 얼굴을 박아 돌려주는데요. 덕분에 이 방패는 이전보다 엄청나게 강력해졌습니다. 이 방패를 보는 누구든 메두사에 의해 돌로 바뀌었기 때문입니다.

페르세우스의 영웅 신화를 모티브로 유럽인이라면 다 아는 스토리가 탄생했는데요. 성 조지(성 게오르기오스)의 전설입니다. 예로부터 전해 내려오는 이야기를 수집한 『황금전설』에 의하면 4세기 소아시아 카파도키아에 있는 작은 나라 시레나에는 독기를 뿜으며 사람을 잡아먹는 거대한 용dragon이 있었습니다. 용은 도시를 위협해 제물을 내놓으라고 요구했고 사람들은 산 사람을 정기적으로 바쳐야 했습니다. 시레나는 작은 도시였기에 제물이 될 사람이 급격히 줄어들어 결국 왕의 외동딸이 나가야 할 차례가 되었습니다.

마침 이곳을 지나던 게오르기오스는 용을 해치우기 위해 나섰습니다. 용이 입을 벌린 순간 긴 창으로 입속을 찔러 제압했고 공주의 허리띠로 용을 묶어 돌아옵니다. 도시에 당도한 게오르기오스는 그리스도의 이름으로 용을 무찌르면 개종하겠다는 당초의 약속을 지키라고 명합니다. 이로써 이교를 믿던 도시의 모든 사람들이 개종하게 되었답니다. 훗날 그는 다른 이교도인들에게 잡혀 순교하게 되었구요. 이 전설이 후대에 이어져 그는 성인으로 추대되었고, 도나텔로, 라파엘로 산치오 등 르네상스 화가들의 작품에 많이 등장합니다. 그의 특징은 흰 바탕에 붉은 십자가가 그려진 깃발과 용, 그리고 백마를 탄 모습이었죠. 성 조지 또는 게오르기오스는 잉글랜드의 수호신으로 국기에 채용되었고 모스크바의 휘장 및 도시 깃발에도 그의 도안이 채용되었습니다. 심지어 카프카즈의 작은 나라 조지아는 나라이름으로 삼았고 미국에도 조지아주가 있으니 대단한 인물이 틀림없습니다.

영웅 페르세우스신화는 별자리 이름으로도 자리 잡았습니다. 아내 안드로메다, 장인 케페우스와 장모 카시오페이아의 이름이 그대로 별자리가 되었고 바다괴물은 고래자리가 되었습니다. 신화의 영웅 중 가장 강력한 인물 헤라클레스가 페르세우스의 후손으로 설정된 것도 재미있는 이야기중 하나죠.

그림 9. 휴식하는 헤라클레스, 나폴리 국립박물관 ⓒ안계환

신이 된 영웅 헤라클레스

불멸의 몸을 갖는 신들 사이에서 태어난 자식은 신이 되고 신과 인간 여인 사이에서 태어난 자식은 인간이 됩니다. 그리스와 로마시대에 보편적이었던 아버지가 시민이고 어머니가 노예이면 자식도 노예였던 것과 같죠. 이것을 조선시대에 적용시켜 보면 '종모법從母法'이라 하는데요. 자식은 어미의 신분을 따른다는 봉건시대 글로벌 표준이라 할 수 있겠습니다. 아비를 아비라 부르지 못했던 홍길동이 대표적 사례죠. 그러나 예외적인 신화 속 인물이 두 명 있는데, 하나는 디오니소스이고 또 하나는 헤라클레스입니다. 둘은 모두 어머니가 인간이었지만 인간으로 태어

나 살다가 죽은 후 신이 된 공통점이 있습니다. 더군다나 디오니소스는 올림포스 12신의 반열에 오르기까지 합니다.(헤라클레스가 12신 중 하나라는 설도 있다) 헤라클레스는 살아있을 때는 인간이었지만 죽어서는 하늘에 올라 제우스 옆에 존재하는 신이 되었는데요. 대단히 영광스러운 삶이었다고 할 수 있습니다. 태어날 때부터 헤라여신의 온갖 훼방을 이겨냈고 대단히 힘든 열두 과업을 완수했으니까요. 그만큼 그의 인생이 위대했다고 사람들은 생각했던 모양입니다.

헤라클레스는 제우스가 인간의 몸을 통해 탄생시킨 여러 인물 중 하나입니다. 어머니 알크메네는 남편 있는 몸이었지만 천하의 난봉꾼 제우스는 개의치 않았습니다. 이번에는 어떻게 변신할까 생각하다가 남편 암피트리온의 모습으로 바꾸기로 결정하죠. 그날 저녁 알크메네는 갑자기 돌아온 암피트리온(제우스가 변신한)과 관계를 가졌고 임신이 되었습니다. 그런데 그 다음날 진짜로 전쟁에서 돌아온 남편과도 관계를 맺었는데 이번에도 임신이 되었답니다. 그 결과는? 쌍둥이 남자 아이들이 태어났는데요. 옛날에는 쌍둥이가 한 여자가 두 남자와 관계를 함으로써 태어나는 것으로 인식했기 때문이랍니다. 결국 이렇게 태어난 두 아들 중 하나는 제우스의 아들 헤라클레스가 되었고, 또 하나는 암피트리온의 아들 이피클레스가 되었습니다.

바람둥이 제우스가 인간에게서 아들을 얻자 헤라가 가만히 있을 리 없겠죠? 그녀는 헤라클레스를 죽이기 위해 음모를 꾸미는데, 독사 두 마리를 쌍둥이가 누워있는 침대로 보냈습니다. 그때 한 아이는 울음을 터

뜨렸고 또 한 아이는 겨우 8개월밖에 안되었으면서도 뱀의 목을 졸라 죽였다네요. 어린 헤라클레스의 이 무용담은 꽤 유명했던지 폼페이에 있는 어느 집에 벽화로 그려져 있을 정도였는데요. 오늘날 나폴리 국립박물관에서 만날 수 있답니다. 이날부터 암피트리온 부부는 쌍둥이 중 누가 헤라클레스인지 확실하게 알 수 있게 되었고요. 이렇게 헤라클레스는 어릴 때부터 영웅의 풍모가 보였는데 성장하면서 각 방면 고수들로부터 말 타기, 전차를 모는 기술, 격투기, 검술, 궁술 등 무기 사용법을 배웠습니다. 하지만 헤라클레스의 성장과 활동에는 헤라의 나쁜 그림자가 어른거렸습니다. 용감하고 힘이 셌지만 헤라의 조종에 의해 난폭하고 급한 성질을 갖게 되었고, 한편으로는 불의를 참지 못하고 어려움에도 나서도록 하는 정의감도 함께 갖고 있었죠. 그가 죄를 짓고 열두 과업을 이행하는 고난을 겪게 되는 것도 헤라의 장난질 때문이었습니다.

그가 성장할 무렵 고향 테베의 키타이온 산에는 사자가 출몰해 가축들을 잡아먹는 일이 자주 있었습니다. 이때 헤라클레스는 처음으로 공을 세우는데 맨주먹으로 사자를 때려잡았던 거죠. 이 때의 공적으로 왕으로부터 딸 50명을 선물 받아 매일같이 다른 여성과 잠자리를 같이 했답니다. 여기서 의미 있는 건 여인 50명이 아니라 이로부터 태어난 아들들입니다. 이때 태어난 이들이 헤라클레스 가家를 이루었다고 하죠? 당시의 많은 남자들이 헤라클레스라는 이름을 쓰면서 자신이 영웅의 자손이라고 사칭했던 에피소드를 모으다 보니 그렇게 되었던 모양입니다. 대표적인 이가 '기게스의 반지' 에피소드로 유명한 뤼디아의 칸다울레스 가문이었습니다. 헤라클레스의 후손이었다는 칸다울레스는 기게스라는 이름의 하인에게 살해되었고 왕조가 끊어졌습니다. 헤로도토스와 플라톤이 이 에피소드를 각각 기록해 세상에 알려졌죠. 또 한명의 유명인물은 마케도니아의 알렉산드로스인데요. 그는 스스로를 헤라클레스의 자손으로 표방했습니다. 앞서 제우스가 바람피우는 경우도 마찬가지라고 했죠? 제우스의 후손이라고 사칭하는 건 조금 거북하지만 헤라클레스의 후손이라고 하는 건 봐줄만 합니다. 오늘날 스페인 남부의 아름다운 도시 세비야, 프랑스 남부 지중해변에 있는 소국 모나코의 창립자도 헤라클레스라고 전해옵니다.

헤라클레스가 그의 상징과 같은 열두 과업을 하게 된 건 헤라가 불어넣은 광기 때문이었습니다. 그에게는 아내 메가라와 세 명의 아들이 있었는데 어느 날 정신이 돌아버린 헤라클레스의 눈에 부인 메가라는 암사자로 보이고 아이들은 하이에나로 보였답니다. 결국 부인과 아들 셋을 죽이게 되는데 이로 인해 원죄를 짓게 되었죠. 헤라가 만든 죄를 지었기에 이를 해결하기 위해서는 헤라의 말을 들어야 한다? 조금은 이상하지만 어쨌든 이 죄로 인해 헤라클레스는 모험을 시작합니다.

헤라클레스가 수행했다는 열두 과업은 그 내용이 복잡할 뿐만 아니라 다양한 지명들이 나오기에 기억하기 쉽지 않습니다. 그런데 잘 들여다보면 그룹으로 묶을 수 있는데요. 앞에 나오는 여섯 가지는 고향 테베를 시작으로 펠로폰네소스 반도 내에서 일어난 일들이고 뒤의 여섯 가지는 세상 밖의 일들입니다. 처음 나오는 두 가지는 무기를 마련하는 일이었고 세 번째부터 여섯 번째까지는 국내 농업에 얽힌 문제를 푸는 일이었습니다. 일곱째부터는 남, 북, 동, 서의 순서로 당시 알려진 세상을 다니면서 일을 수행했습니다. 나머지 두 번은 사람들이 알고 있던 세상의 끝을 가고 저승에 다녀오는 일까지 하게 됩니다.

헤라클레스의 열두 과업

헤라클레스의 과업은 그의 상징과도 같은 사자가죽을 얻는 일부터 시작합니다. 후대 예술가들은 헤라클레스를 사자 가죽을 갑옷처럼 둘러쓰고 몽둥이를 든 모습으로 만들었습니다. 네메아에는 사람들을 괴롭히는 사나운 사자가 있었는데 가죽이 두꺼워 어떤 무기로도 죽일 수 없었는데요. 헤라클레스는 무기를 쓰지 않고 사자가 사는 동굴로 찾아가 목을 졸라 죽여버렸습니다. 그러고 나서 가죽을 벗겨 머리 부분부터 갑옷 삼아 쓰게 되었답니다. 유럽의 여러 박물관에서 사자가죽을 둘러쓴 남자를 보거든 틀림없이 헤라클레스라고 생각하면 됩니다.

두 번째 모험은 아르고스 근교 늪지대에 살고 있는 머리 아홉 개 달린 히드라 뱀을 죽이는 일이었습니다. 히드라의 머리 중 8개는 하나가 잘리면 두 개가 새로 생기는 거였고, 나머지 하나는 절대 죽지 않는 머리였습니다. 또한 살갗에 닿기만 해도 죽는 무시무시한 독을 갖고 있었고요. 이때 헤라클레스는 친구 이올라오스와 협력해 히드라의 머리를 자르고 불로 지져서 다시 살아나지 못하도록 했죠. 이후 히드라의 독을 채취하여 몸에 지니고 다녔는데 헤라클레스의 두 번째 무기가 되었습니다.

세 번째부터는 국내문제를 해결하기 위한 과제였습니다. 이웃마을 농부들은 피해를 주는 동물들 때문에 골치가 아팠는데요. 케이네이아에는 사슴이, 에리만토스에는 멧돼지가 농사일을 망쳐 놓았고, 스팀팔로스 호수에는 괴물 새가 있었습니다. 이들을 모두 해치움으로써 세 번째, 네 번째, 그리고 여섯 번째 과업이 해결되었습니다. 다섯 번째는 아우게이아스의 외양간을 치우는 일이었습니다. 아우게이아스는 3천 마리의 소를 기르고 있었는데 30년 동안 한 번도 치우지 않아 그 배설물이 산더미같이 쌓여 있었답니다. 이를 헤라클레스는 그다운 방식으로 처리하는데, 외양간 벽을 두 군데 허물고 가까이 있던 강물을 끌어들여 배설물을 쓸어버렸던 겁니다.

헤라클레스는 일곱 번째부터 테베를 중심으로 남, 북, 동, 서의 순서로 해외의 과업을 수행했습니다. 먼저 에게 해 남쪽 크레타에 가서 황소를 해치워야 했습니다. 크레타 섬은 두 마리의 황소 이야기와 관련 있는데요. 하나는 에우로페를 납치한 황소이고 또 하나는 왕비 파시파에와 교접한 포세이돈의 황소입니다. 포세이돈의 황소가 세상을 골치 아프게 하자 헤라클레스가 가서 죽이게 된 것이죠. 여덟 번째는 북쪽으로 가서 디오메데스의 말을 잡아 오는 것이었는데요. 디오메데스는 암말 4마리를 길렀는데 성질이 매우 사나왔고 사람고기를 즐겨 먹었기 때문에 주변의 피해가 많았답니다. 헤라클레스는 말들의 고삐를 하나씩 묶어서 붙잡았고 디오메데스를 죽여 먹이로 주었습니다. 그러자 말들은 사나운 성질이 사라지고 온순해졌습니다.

아홉 번째 과업은 동쪽에 가서 아마존족 여왕 히폴리테의 마법 허리띠를 가져오는 일이었습니다. 히폴리테는 전쟁의 신 아레스의 딸이었는데 허리띠를 순순히 줄 리 없겠죠? 결국 전사들과 싸워 그들을 죽이고 강제로 빼앗아 와야 했습니다. 헤라클레스의 열 번째 과업은 서쪽으로 가서 게리오네스의 소떼를 몰고 오는 일이었는데요. 돌아오는 길에 해협을 마주보는 이베리아 반도와 모로코에 각각 기둥을 세웠는데, 사람들은 이를 '헤라클레스의 기둥'이라고 부르게 되었답니다.

동서남북의 과제가 끝나고 열한 번째 과업은 세상 끝에 가서 요정 헤스페리데스의 황금사과를 훔쳐 오는 일이었습니다. 여기서 하늘을 지는 고역을 치르던 아틀라스를 만나 고생담을 듣게 되었는데요. 그리고 무사히 사과를 구해 옵니다. 마지막 열두 번째 과업은 저승에 가서 케르베로스를 데려오는 일이었는데요. 케르베로스는 하데스가 다스리는 저승을 지키는 역할을 하는 뱀의 꼬리에 개의 머리가 셋 달린 괴물이었습니다. 하지만 하데스가 이를 순순히 내주지는 않았을 터! 이때 하데스는 재미있다고 생각했는지 헤라클레스가 무기를 사용하지 않고 힘으로 케르베로스를 제압한다면 데려가도 좋다고 했습니다. 안되는 게 없는 영웅 헤라클레스는 우리를 실망시키지 않고 무기를 쓰지 않으면서 힘만으로 케르베로스를 제압합니다. 그리고 임무를 완수한 뒤에 케르베로스를 지하 세계에 돌려주었답니다. 이때 저승에 잡혀와 있던 태세우스도 구출해 주었다네요.

이렇게 힘겨운 과업을 수행했는데 그에게 어떤 보상이 있었을까요?

그가 아내와 아들을 죽였기에 시작한 과업이므로 죄는 이것으로 감면 되었습니다. 하지만 헤라의 질투는 여기서 끝나지 않았습니다. 다시 결혼했던 데이아네이라와의 결혼생활은 나쁘지 않았으나 아버지로부터 물려받은 바람기는 멈추기 어려웠죠. 결국 의심한 아내의 실수로 독이 묻은 옷을 입게 되었고 온 몸에 독이 퍼져 죽음에 이르게 됩니다. 영웅다운 그의 죽음도 화려합니다. 장작더미를 쌓아놓고 스스로 그 위에 올라갔는데요. 마침 지나가던 남자 필록테테스는 장작더미에 불을 붙여주었고 헤라클레스의 육체는 불속에 사그라져갔습니다.

이를 올림포스에서 내려다보던 아버지 제우스는 그가 불쌍했던지 영혼을 산 위로 끌어올려 자신의 오른쪽에 앉혔습니다. 죽어서 신이 되었던 거죠. 그토록 미워하던 헤라는 헤라클레스를 용서했습니다. 죽도록 고생을 시켰으니 미안해서 그랬을까요? 딸 헤베와 결혼시켜 주는데요. 헤베는 제우스와 헤라 사이에 태어난 딸로 신들에게 불사의 음료 넥타르를 나르는 역할을 하는 여신이랍니다. 그렇게 헤라클레스는 인간 어머니에게서 태어나 인간으로 살다가 죽어서 하늘에 올라 신이 되었습니다.

저승에 다녀온 신화의 인물들

신화를 읽다가 제가 가장 흥미를 느낀 부분은 저승에 다녀오는 인물 이야기입니다. 제우스의 아들이며 신적 존재인 헤라클레스가 저승에 가서 케르베로스를 잡아오는 것이야 그렇다고 해도 순수 인간인 오뒷세우스가 저승에 다녀왔다고 말하는 건 참 독특하죠. 코린토스의 창시자 시지푸스는 저승에 가서 제우스에게 사기를 쳐 이승으로 돌아오기도 합니다. 사람이 죽으면 육체는 썩어 없어지지만 불멸한 영혼은 저승에 가야 한다고 본 건 어떤 문화권에서나 비슷합니다. 이집트 신화에서는 죽은 영혼이 저승에서 오시리스에게 심판을 받아야 한다고 했죠. 지은 죄가 작아 심장이 깃털보다 가벼운 영혼은 부활할 수 있다고 했는데요. 그래서 돌아올 영혼이 들어갈 수 있도록 육체를 보존해야했는데 그렇게 만들어진 것이 미이라였습니다. 비슷한 개념으로 불교에서는 환생을 말하고 있고요.

이승을 떠난 영혼이 저승에 가려면 강을 건너야 했는데 신화에 따라 몇 개의 강 이름이 등장합니다. 플라톤은 대화편에서 영혼이 저승에 가기 위해 만나는 4가지 중요 강이 있다고 말했는데요. 아케론 강, 플레게톤 강, 레떼 강, 신들이 강의 이름을 걸고 맹세하는 스틱스 강 등이었죠. 가장 많이 알려진 아케론 강에는 뱃사공 영감 키론이 있어서 반드시 노잣돈을 내야 했습니다. 돈이 없어 강을 건너지 못하면 영원히 저승에 가지 못하고 떠돌아야 한다고도 했죠. 그래서 사람들은 저승문턱에서 영혼이 떠도는 걸 방지하기 위해 반드시 동전 한 닢을 망자의 입안에 넣어 주었습니다. 오늘날에도 가끔 발굴되는 로마인의 무덤에서 노잣돈으로 넣어준 동전들이 발견된다고 하는데요. 레떼 강의 경우에는 이 강물을 마시면 이승의 기억을 모두 잊게 만들어 돌아가지 못한다는 이야기도 만들어 두었습니다.

그런데 영혼이 저승에 갔다가 현세로 돌아온다? 헬라인은 특별히 능력 있는 사람은 그럴 수 있겠다고 생각한 모양입니다. 아니면 저승에 갔다가 돌아오는 이는 아주 특별한 존재로 인정했던 것 같습니다.(그렇게 주장하는 이다) 그걸 '부활'이라는 단어로 표현하면 잘못된 것일까요? 어떤 이가 부활할 수 있는 존재일까요? 베르나르 베르베르의 소설『타나토노트』에 보면 저승을 여행하는 코마상태의 인간 이야기가 나옵니다. 그러니까 육체를 떠난 영혼이 저승에 도달했다가 돌아올 수 있다는 건 유럽인에게는 자연스러운 이야기라고 할 수 있습니다. 신화에 등장하는 여러 특별한 존재들 때문이라고 할 수 있는데요. 저승에 다녀왔다고 주장하는 이들 말입니다.

그들은 누구일까요? 신화를 읽어보면 제가 찾은 이만 해도 8명이나 됩니다. 이들은 자신이 저승을 다녀왔으며 그곳에서 특별한 역할을 하고 돌아왔다고 주장합니다. 그렇게 되면 사람들에게 신적 능력을 가진 이로 추앙받을 수 있었고 이들 중 몇몇은 실제 신이 되기도 했습니다. 가장 대표적인 이는 헤라클레스와 디오니소스입니다. 둘은 모두 아버지가 제우스라고 주장했고 둘 다 고난을 겪었고 저승을 다녀왔으며 고통 속에서 숨을 거두었습니다. 그리고 따르던 사람들에 의해 신으로 추앙되었죠. 헤라클레스는 제우스에 의해 올림포스에 올려져 신이 되었다고 합니다. 디오니소스는 저승에 다녀온 후 여인들에 의해 높은 추앙을 받았고 신적 인물이 되었습니다. 하지만 이를 시기하던 사람들에 의해 잡혀 몸이 찢겨져 사방에 뿌려지는 고난을 당합니다. 따르던 여인들은 디오니소스의 몸과 피를 모아 그를 기렸는데요. 그의 몸을 먹고 피를 마시는 행위들은 디오니소스 종교 집단을 만들어 냈습니다.

음악의 신으로 추앙받는 오르페우스와 의술의 신 아스클레피오스는 스스로 신의 아들이라고 주장하지 않았습니다. 물론 둘 다 아폴론의 아들이라는 계보도가 만들어졌지만 그 근거는 희박합니다. 다만 둘은 각자 그럴듯한 이유로 저승에 다녀왔다고 주장했고 이후 신적 능력을 가진 이로 추앙되었던 거죠. 뛰어난 리라 솜씨로 저승에서 하데스와 페르세포네의 마음을 움직인 오르페우스는 음악의 신이 되었고, 죽어야 할 사람을 살렸던 아스클레피오스는 아픈 이를 치료해 주는 의술의 신이 되었습니다. 저승을 다녀왔다고 주장한 순수한 인간들도 있었습니다. 오뒷세우스와 아이네이아스입니다. 작가 호메로스와 베르길리우스는 이들이 부하들과 함께 저승 다녀온 이야기를 포함시켰는데요. 읽어보면 둘의 주장일 뿐 근거가 별로 없으니 잘난 체 하려한 것 아닐까 싶기도 합니다. 저승에서 신을 속였다는 시지포스와 페르세포네를 만나 젊음의 물이 든 물병을 가져왔다는 프시케 이야기는 다분히 전설적입니다. 이들의 탁월한 능력을 포장하기 위해 저승 다녀온 이야기가 첨부된 경향이 있는 거죠.

그리스신화는 아니지만 중요한 인물들을 빼놓을 뻔 했는데요. 나사렛 예수는 금요일 오후에 숨을 거둔 후 바위동굴에 매장되었는데 일요일 아침에 여인들 앞에 나타났습니다. 이걸 흔히 부활이라고 부르는데요. 신약성서 사도행전에는 바울이라는 디아스포라 유대인에게 목소리로 나타나죠. 나사렛사람 예수가 메시아 즉, 그리스도로 인정받는 중요한 사건이기도 합니다. 이승의 시간으로 보면 하루반 동안 예수는 저승에 다녀왔던 걸까요? 이슬람의 선지자 무함마드도 천상에 다녀왔다는 이야기가 있습니다. 예루살렘을 통해 하늘에 올라가 알라를 만나고 돌아왔다고 주장했는데요. 잠자던 중 죽지 않은 상태에서 천사에 이끌려 영혼만 다녀왔답니다. 그 시간은 찰나에 불과했는지, 돌아온 그의 잠자리가 따뜻했다고 하는데요. 세상을 바꿀 위대한 인물이 되려면 저승 다녀온 이야기는 필수 아니었을까 싶습니다.

4) 신화가 말해주는 것은?

신화는 특정 시점에 한꺼번에 만들어진 것이 아닙니다. 전해 내려오는 이야기 속에 복잡한 요소가 얽히고 오랜 역사적 과정을 거쳐서 형성된 것이죠. 인도·유럽어족에 속하는 아카이아인과 이오니아인이 기원전 2천 년대 초 북방에서 헬라스에 들어왔을 때, 그곳에는 선주민들이 살고 있었습니다. 고도로 발전된 크레타문명이 번성하고 있었죠. 이주해온 이들은 주변 지역을 흡수해 독자적인 세력을 구축했는데 이것이 미케네문명입니다. 오늘날 펠로폰네소스 반도의 아르고스 평원을 지나면 언덕에 요새처럼 생긴 미케네의 유적지를 발견할 수 있죠.

기후가 좋고 농업이 발달한 땅에 자리 잡은 문명은 끊임없이 북방인의 침입을 받았는데요. 중원에 침입한 흉노족과 몽골족 등 유목민, 서유럽으로 이동한 게르만족 등이 가장 잘 알려진 사례인데요. 헬라스도 예외는 없었습니다. 미케네인이 북방에서 침입한 것처럼 철기를 보유한 도리아인이 기원전 1200년경부터 남하하기 시작했던 거죠. 펠로폰네소스를 정복했던 이들은 미케네의 왕궁을 파괴했고 민중은 노예가 되고 문자를 아는 지식인은 죽거나 다른 곳으로 이주 했습니다. 그동안 사용하던 문자는 잊혔고 오랜 동안 문자 없는 시대가 계속되었는데요. 이때를 역사가들은 암흑시대라 불렀습니다. 하지만 미케네 사람들 일부가 소아시아 등 다른 지역으로 이주함으로써 공간적으로 확장되는 계기가 되었습니다.

그리스신화에는 다양한 지역적 요소들이 결합되어 있다는 걸 알 수 있습니다. 펠로폰네소스와 크레타에서 만들어진 이야기들, 북방에서 들어온 인도·유럽어적 요소, 소아시아와 그 동쪽에서 도입된 세 가지가 혼합되어 발견됩니다. 제우스와 여러 신이 살았다는 올림포스 산은 그리스뿐만 아니라 터키의 남부도시 안탈리아에도 있다는 사실은 알고 계셨나요? 그리스의 올림포스 산은 접근이 어렵고 아무런 관광꺼리도 없지만 안탈리아의 올림포스에는 케이블카도 있고 전망대에 스타벅스 커피숍도 있답니다. 제우스는 크레타에서 탄생했고, 농업의 신 데메테르는 시칠리아에서, 사랑의 여신 아프로디테는 키프로스에서 탄생했다고 알려져 있고요. 선주민이 갖고 있던 모계사회 전통이 부계사회 이주민에 의해 교체되는 과정도 만날 수 있습니다.

호메로스와 헤시오도스

그리스신화의 기록은 호메로스와 헤시오도스 두 시인의 역할이 가장 큽니다. 호메로스는 서양 최초이며 동시에 최고의 문학작품으로 평가되는 서사시 『일리아드』와 『오뒷세이아』의 저자로 알려져 있습니다. 그가 출생한 장소나 활동에 대해서는 여러 이야기가 혼재 합니다. 이오니아 도시 스미르나 출신이었다고도 하고 어떤 글에서는 그 존재조차 의심하는 경우가 있는데요. 대략 8세기 사람이었고, 장님이었으며 음유시인이었다고 알려져 있습니다. 하지만 읽어보면 두 책의 구조와 문체가 상당히 다르기 때문에 무명의 누군가가 구전 서사시를 기록한 후 유명인 호메로스라는 이름을 붙인 듯 보이기도 합니다. 동서양을 가리지 않고 고대의 기록물중 상당수가 이런 경향이 있거든요.

『일리아드』는 흔히 트로이와 그리스 간의 싸움을 다룬 서사시라고 합니다. 하지만 책을 읽어보면 10년 동안 진행되었다는 전쟁 가운데 겨우 열흘 동안의 이야기뿐입니다. 아킬레우스가 아가멤논과 티격태격 싸우는 장면부터 시작해 헥토르의 장례식으로 끝나죠. 아킬레우스가 발뒤꿈치를 화살에 맞아 죽는 장면도, 목마로 인해 트로이가 멸망하는 이야기도 등장하지 않습니다. 그렇다면 우리는 어떻게 전체 과정을 알 수 있을까요? 이는 흔히 '서사시권敍事詩圈'으로 불리는 일련의 서사시 모음으로 인해서입니다. 서사시권에는 일리아드, 오뒷세이아를 포함하여 퀴프리아, 아이티오피스, 소 일리아드 등 여러 권의 서사시가 포함되는데요. 이중에서 후대에 온전히 전해지는 것은 일리아드와 오뒷세이아 뿐이고 나머지는 단편으로 남아있습니다. 이것들을 후대의 작가들이 연결하여 하나의 큰 줄거리로 만든 것입니다.

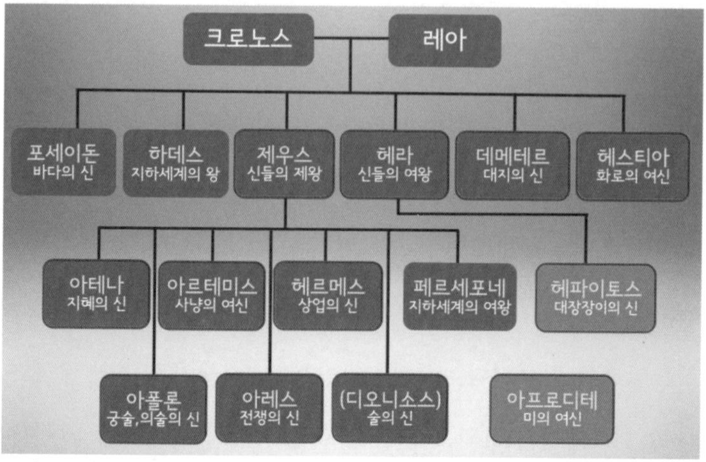

그림 10. 올림포스의 12신

또 한 사람의 서사시인 헤시오도스는 호메로스에 비해 실재 인물임이 확실합니다. 신들의 탄생이나 올림포스 12신 이야기 대부분은 그의 책 『신들의 계보theogonia』에 실려 있는데요. 우주의 생성에서 시작하여 제우스가 최고의 신으로 실권을 잡는 경위와 신들과 정령의 탄생을 계통적으로 잘 설명하고 있죠. 때로는 앞뒤가 맞지 않는 구절들이 포함되어 있고, 두 저자의 말이 다른 경우도 있는데요. 대표적으로 사랑의 신 아프로디테의 출생 경위입니다. 호메로스는 그녀가 제우스와 디오네 사이의 딸이라 말하고, 헤시오도스는 우라노스의 성기에서 나온 정액이 흘러 다니다 조개 위에서 탄생했다고 기록했습니다. 아레스와 바람을 피워 재밌고 떠들썩한 장면을 연출한 아프로디테는 디오네의 딸이었는데요. 우리에게는 조가비 위해서 태어난 헤시오도스의 설이 더 잘 알려져 있죠. 이는 키프로스 섬의 수호신이기도 했던 사랑의 여신 아프로디테의 모습을 잘 표현해줍니다.

헤시오도스는 기원전 8세기말경 사람으로 소아시아 아이올리스의 키메에서 태어났는데, 무역업을 하던 아버지가 보이오티아 지방에 정착했기에 그곳에서 살게 됩니다. 그런데 농사일을 싫어하던 동생 페르세스가 유력자에게 뇌물을 주고 자신의 상속분을 빼앗으려는 시도를 하는데요. 이런 상황을 맞아 동생을 훈계할 목적으로 노동의 신성함을 설파하는 『일과 나날(Erga Kai Hemera(Days and Works))』을 기록했습니다. 여기서 최초의 여성 판도라 및 프로메테우스와 같은 신화들이 실려 전해집니다. 또 인류의 탄생과 기원에 관한 내용이 기록되어 있는데 저자는 인류가 생존했던 다섯 시대로 나누어 설명하고 있죠. 황금시대, 은의 시대,

청동시대, 영웅시대, 철의 시대의 다섯입니다. 제우스가 주관하는 세상에서 균형 있게 살아가야 한다는 헤시오도스의 생각은 헬라스인에게 큰 영향을 주게 됩니다.

그리스신화의 발달에는 아이스킬로스, 소포클레스, 에우리피데스의 3대 비극작가들을 빼놓을 수 없는데요. 세 사람은 기원전 5세기경 아테네에서 활약했는데 당대에는 신화가 지금처럼 정리된 글이 아니었고 잡다한 이야기들이 입에서 입으로 전해지던 시절이었죠. 작가들은 이야기 속에서 에피소드를 찾아 연극으로 만들었고, 경연을 통해 비극을 무대에 올릴 수 있었습니다. 그에 따른 시상도 했다는데요. 이들이 지은 비극은 아테네를 비롯해 여러 도시에서 공연되었습니다.

아폴로도로스와 로마 작가들

헬라스의 여러 폴리스가 알렉산드로스에 의해 무너진 후 가장 발달한 문화도시는 알렉산드리아였습니다. 당시 프톨레마이오스 왕조는 도서관을 짓고 학자들을 후원했는데, 덕분에 이곳에는 시인보다 학자들이 훨씬 많았죠. 역설적이게도 이러한 분위기는 헬라스의 창조적 영감이 사라지게 만들었습니다. 새로운 시를 창작하고 비극을 만들던 사회에서 기존 것을 수집, 분류, 요약 및 정리하는 시대로 바뀌었다는 의미죠. 이때 신화를 정리 및 편집하는 이가 있었는데 그가 바로 아폴로도로스였습니다. 그는 아테네에서 공부하고 알렉산드리아에서 활동한 작가였습니다.

그가 남긴 것으로 알려진 『비블리오테케』는 신화와 영웅전설에 대해 포괄적으로 요약한 책입니다. 국내에는 『아폴로도로스 신화집』이란 이름으로 소개되고 있죠. 헤시오도스처럼 신화를 간결하고 체계적으로 정리하고 있다는 게 특징입니다.

그리스신화가 그리스로마신화로 이어지게 된 것은 로마 시인 베르길리우스와 오비디우스의 역할이 큽니다. 기원전 70년, 북이탈리아 만토바 근교에서 태어난 베르길리우스는 로마 건국신화 이야기를 담은 서사시 『아이네이아스』를 펴냈습니다. 일리아드와 이어지는 오뒷세이아처럼 아이네이아스도 그 후속편의 모습을 갖고 있고, 오뒷세이아를 카피한 것처럼 보이는데요. 다만 라틴어로 쓰였기에 로마인과 유럽인에게 사랑을 받았습니다. 피렌체의 시인 단테는 베르길리우스를 얼마나 사랑했던지 그를 지옥과 연옥의 안내자로 설정하고 있는데요. 예수그리스도를 알지 못했던 시기의 사람이기에 그를 차마 천국에 두지는 못했지만 자신의 안내자로서 높은 위치에 올려놓았던 겁니다. 이 책은 당시 황제 아우구스투스에게 후원을 받아 제작되었는데요. 로마제국의 영광을 드높이고자 하는 목적이 컸습니다.

베르길리우스보다 27년 후에 태어난 오비디우스는 『변신이야기_오비디우스(Ovidius Naso_Metamprphoses)』라는 제목을 가진 글을 남겼습니다. 신화와 전설을 모아 쓴 15권 200여 편의 이야기책입니다. 그는 아테네에서 법률과 수사학을 공부했기에 헬라스와 동방지역에 전해오는 신화를 다수 수집할 수 있었죠. 우리가 아는 전설 같은 신화들은 대부분 이 책에 나옵니다. 물에 비친 자신의 모습에 반했던 나르키소스, 사랑하는 아내 에우리디케를 찾아 저승에 갔던 오르페우스, 하데스에 납치되는 페르세포네 이야기도 여기에 기록되었죠.

신화를 읽던 중 페르세포네가 납치되었던 장소가 시칠리아 한가운데 있는 엔나 성벽 부근의 어느 호숫가라고 오비디우스가 말하더군요. 그래서 저는 수년 전 시칠리아 여행 중 그 장소를 찾아갔답니다. 저 멀리 에트나 화산이 보이는 그곳에는 페르구사라는 이름의 호수가 있었죠. 지금은 지역 사람들의 운동코스로 변신해 있었지만 페르세포네가 납치되었던 장소에 왔다는 감동이 얼마나 컸던지요! 저뿐만 아니라 이 장면은 후대 예술가들에게 많은 영감을 주었는데요. 이탈리아의 로렌초 베르니니는 대리석 조각으로 작품을 남겼고, 니콜로 델은 멋진 그림을 그렸습니다.

헬라스에서 발생한 신화는 지중해를 자신의 바다로 만든 로마로 이어집니다. 문화가 빈약했던 로마인은 헬라인의 것을 가져다가 자신들의 신화로 삼았죠. 신의 이름을 로마식으로 바꾸고 베르길리우스 등 학자들의 노력으로 다양화하려 노력합니다. 하지만 주된 내용은 여전히 그리스신화였고, 후대인들은 유럽에 문화를 확산시켰던 로마의 영향력을 감안해 그리스로마신화라 불렀습니다. 그리스도교가 로마제국의 국교가 된 후 신화는 언급해서는 안 되는 이교도의 상징으로 여겨졌는데요. 신전이 파괴되어 석재들이 재사용되었고 엄청난 서적을 보유했던 알렉산드리아 도서관이 그리스도교도들에 의해 불태워졌습니다. 아우구스티누스 등 초기교부들은 신화와 그리스도교와의 관련성을 지우려고 노력했습니다. 제우스에 바치는 축제로 진행되었던 올림피아제전이 종료된 것도 이런 이유였는데요. 하지만 그리스도교에는 헬라문화가 상당히 많이 담겨있을 수밖에 없었습니다. 유대인의 신 야훼를 가져와 신의 아들이라는 헬라스의 독특한 개념과 결합해 만들어졌기 때문이죠. 그리스도교가 유일신을 추종하면서도 다수의 수호성인들을 만들어 낸 것도 헬라스 다신문화의 영향이라 할 수 있습니다.

세월이 흘러 신화는 그리스로마문명이 다시 부각된 르네상스시대에 되살아나는데요. 문학과 예술 작가들에 의해 신화가 다뤄졌습니다. 단테는『신곡』에서 천국과 지옥의 개념을 사용했고, 셰익스피어는 <햄릿>의 모티프를 아이스킬로스의 비극 <오레스테스>에서 가져왔죠. 괴테는 이탈리아 여행 중 <이피게네이아>라는 제목의 희곡을 썼고요. 그녀는 아가멤논의 딸로 트로이 원정을 위해 희생되었던 여인이었습니다. 피렌체의 보티첼리는 <비너스의 탄생>을 그렸고 미켈란젤로의 그림 천지창조에는 흡사 제우스와 같은 어른의 모습도 발견할 수 있습니다. 덕분에 제우스, 헤라, 디오니소스 등 그리스의 신들은 다시 유럽인에게 친숙한 이름이 되었습니다. 유럽을 여행하다 보면 거리에서 박물관에서 신들을 형상화한 모습을 많이 발견할 수 있는데요. 그때마다 저게 누군지 어떤 이야기를 가진 존재인지를 알 수 있다면 여행이 훨씬 알차고 보람 있을 겁니다.

이번 장에서는 유럽문화의 근간을 이루는 그리스신화를 다루었는데요. 신화는 문헌에 담겨 죽은 채 내려오는 옛날이야기가 아니었습니다.

플라톤의 저술 속에는 신들의 이야기가 자주 등장합니다. 사랑에 관한 소크라테스와 친구들의 대화는 유명해서 '플라토닉 러브'라는 말도 생겨났죠. 당시의 지도자들에게 신들의 이야기는 자연스러웠던 겁니다. 그것이 사람들에게 읽히고 극장에서 연기되고 다음 세대에 전해졌고 그리스도교에 그 흔적이 새겨졌습니다. 각종 예술품에 담겼고 건축물에 조각되었고, 여러 형상으로 제작되어 성전과 귀족의 저택을 꾸미는데 사용되었습니다. 멋진 그림은 보는 이들로 하여금 아름다운 스토리를 상상하게 만들었고요. 오늘날 유럽 어머니는 아가를 재울 때 영웅들의 이야기를 들려줍니다. 안락한 곳에 머물지 말고 세상을 위해 험한 곳으로 떠나라고 말이지요. 다음 장에서 신화를 삶의 일부로 하던 헬라 사람들을 만나러 가보겠습니다.

제2장 유럽을 만든 헬라인과 로마인

1) 지중해를 주름잡은 헬라인

헬라문명을 연 이오니아

미케네 문명이 절정에 달할 무렵, 북쪽에서 강력한 무력을 가진 이들이 남하하기 시작했습니다. 그들은 펠로폰네소스로 들어와 미케네의 화려한 도시를 파괴한 후 주변지역에 정착했는데요. 오늘날 이들을 도리아인이라고 부르죠. 비슷한 시기에 아나톨리아에서 영광을 누리던 히타이트가 갑자기 멸망했습니다. 그 원인이 무엇인지 정확히 알려지지 않았지만 이곳에도 북방인의 침입이 있지 않았을까 추측할 수 있습니다. 도리아인은 펠로폰네소스 남쪽에 자리 잡고 농경문화를 이루었습니다. 그 대표적인 이들이 바로 스파르타인 이었는데요. 이들에게는 고유 문자가 없었고 체계적인 조직을 갖추지 못했습니다. 그래서 기원전 11세기부터 8세기까지 3백여 년 동안의 시기를 '암흑시대'라 하죠. 워낙 변방이어서 새로운 문명이 태동하기에는 시간이 필요했던 것입니다.

헬라문명을 열어젖힌 건 소아시아 서해안의 이오니아인이었습니다. 제가 읽어본 많은 역사서들이 그리스본토인들이 이오니아에 건너가 식민도시를 세웠다고 설명하고 있는데요. 이런 글을 보면 아테네 사람들이 바다를 건너 밀레투스나 에페수스를 건설했을 것이라는 느낌을 받습니다. 그래서 밀레투스가 아테네의 식민도시일 것 같다는 생각을 세계사를 배우면서 했었지요. 하지만 지리적 관점으로 둘러보고 여러 증거물을 찾아보면 이런 주장은 의심받을 만 합니다. 에게 해 서쪽지방 사람들과 동쪽 이오니아 사람들의 문화가 비슷하고 같은 언어를 썼지만, 과연 아테네 사람들이 동부로 이주해 이오니아 식민지를 건설했을까요?

저는 오히려 이오니아 사람들이 서쪽에 영향을 주고 발전시켰을 가능성이 더 높다고 봅니다. 문명수준이 이오니아가 훨씬 높았기 때문인데요. 철학의 시작을 알린 탈레스는 밀레투스에서, 수학의 피타고라스는 사모스에서, 역사학의 아버지 헤로도토스는 할리카르나소스에서, 의학의 히포크라테스는 코스 출신이란 것은 이 곳들이 선진지역이었다는 증거입니다. 오늘날 그리스와 터키를 모두 여행해본 사람이라면 에게 해의 서쪽지역 그리스본토보다 동쪽지역 터키서해안이 훨씬 비옥하고 풍요로운 자연환경을 갖고 있다는 것을 압니다. 더구나 북쪽에서 배를 타고 내려온 사람들이 이오니아에 도시를 세우면 동쪽의 발달된 문명을 받아들이기 수월합니다. 이미 동쪽 메소포타미아와 이집트는 고유의 문자체계, 법률, 예술, 종교 등 여러 방면에서 화려한 문명을 꽃피운 선진지역이었기 때문이지요.

이오니아 사람들이 배를 타고 동쪽으로 여행하면 쉽게 선진문물을 접할 수 있었으니 그리스본토지역에 비해 상대적으로 유리할 수밖에 없습니다. 에페소스에서 키프로스를 거치고 페니키아로 이동하면 메소포타미아와 이집트의 화려한 문명을 만날 수 있었던 거죠. 헬라문자가 페니키아 문자를 받아들여 탄생하게 된 것도 이러한 지리적 이유가 한몫

했습니다. 훗날 알렉산드로스가 이곳을 점령한 후에도 이오니아는 화려한 도시문화를 꽃피웠습니다. 한국인이 많이 찾는 고대도시 에페수스에는 2세기경 지었다는 켈수스 도서관의 정면이 화려한 모습으로 서 있는데요. 이곳은 헬레니즘시대의 중심도시였고 로마인들도 이 도시를 주요 거점으로 삼았기 때문입니다.

헬라문명을 공부하다 보면 자연스럽게 아테네중심 사고를 하기 마련입니다. 하지만 이는 5세기에 워낙 화려한 문화를 꽃피웠고, 이것이 문자기록으로 남아 우리에게 충실하게 전달되기 때문입니다. 하지만 아테네가 에게 해의 패권을 쥐는 5세기 이전, 헬라스의 중심은 키클라데스 제도와 이오니아였습니다. 탈레스·아낙시만드로스·아낙시메네스·헤카타이오스 등이 활동한 서양철학도 이오니아에서 시작했고, 신화도 이오니아에서 먼저 정리되었죠. 메소포타미아의 천문학과 기술이 건너왔고, 이집트신화도 페니키아인으로부터 받아들여졌습니다. 밀레투스출신 탈레스는 이집트를 직접 방문하기도 했는데요. 스미르나 출신 호메로스가 페니키아 문자를 변형한 이오니아 방언으로 일리아드를 기록하게 된 것도 이런 영향이라 할 수 있습니다.

오리엔트에서 쓰이기 시작한 화폐가 아나톨리아의 뤼디아를 통해 이 지역에 건네진 것도 이때부터였습니다. 프뤼기아의 왕이었던 미다스가 손을 대기만 하면 황금으로 변했다는 신화는 내륙의 황금이 그만큼 풍부했다는 걸 알려 줍니다. 화폐는 상인들에게 상품교환을 위한 필수도구였는데요. 때문에 페니키아인들처럼 이오니아인에게 화폐시스템의 전수는 큰 선물이었겠지요. 이들에게 가장 중요한 과제는 원활한 해상무역과 안전보장이었습니다. 따라서 안전하고 좋은 항구가 있는 해안가에 자리 잡는 게 유리했습니다. 바다로부터 오는 적을 막을 수 있고, 무역을 위해 바다로 쉽게 나갈 수 있어서입니다. 사모스와 레스보스 같은 섬에서 여러 도시들이 번영할 수 있었던 것도 이런 이유입니다. 육지에서 공격하는 기병과 보병의 침략을 받지 않을 테니까요.

그림 11. 이오니아에서 번성한 도시들

헬라스의 도시들

이오니아에는 고대에 번영했던 도시가 12개 있었다고 알려져 있는데요. 그곳은 밀레토스, 프리에네, 에페소스, 사모스의 티가니, 레스보스의 뮈틸레네 등입니다. 이들 도시들은 정치적으로 통합된 적이 한 번도 없었으며 서로 경쟁하며 독립적으로 발전했습니다. 해안가에 숨어있는 도시이니만큼 특정 세력이 통합하기에는 어려움이 있었고, 무역에 종사했기에 통합할 필요가 없었던 이유도 있었습니다. 도시들은 뤼디아 같은 내륙 국가들과 교류했고, 남쪽의 페니키아인과도 경쟁과 동시에 협력관계를 갖고 있었습니다.

비교적 가까운 거리에 있으면서 경쟁관계였던 두 도시가 프리에네와 밀레토스였습니다. 마이안드로스 강이 굽이굽이 흐르는 평원이 바다와 만나는 곳에 자리 잡은 두 도시는 강을 사이에 두고 서로 마주보고 있었는데요. 오늘날 발견할 수 있는 밀레토스 고대유적지는 강이 가져온 토사에 의해 바다가 멀리 물러나 육지 한가운데 있는 것처럼 보입니다. 하지만 헬라시대에는 프리에네와 밀레토스 둘 다 좋은 항구였습니다. 배후지 역할을 하는 비옥한 평원을 영위하는 동시에 해상활동을 통해 부를 축적했다는 공통점이 있었습니다.

저는 오래전 밀레토스를 찾아가는 길에 프리에네 고대유적지를 만난 적이 있었습니다. 도시유적이 있다는 사실을 모른 채 가다가 알려지지 않은 유적지를 발견한 기쁨! 바로 그곳으로 차를 돌려 유적지를 찾아갔죠. 평지에서 조금 올라간 곳에 위치한 도시는 새롭게 건설된 신도시였습니다. 구 도시는 기원전 494년 페르시아에 의해 파괴되었는데, 기원전 350년경 뮈카레 산 남쪽 기슭에 건설된 계획 신도시라고 발굴자들에 의해 밝혀졌죠. 구 도시가 어디에 위치했는지 아직 알려지지 않고 있다는데, 아마 땅 속 어딘가에 묻혀 있을 겁니다. 마이안드로스 강이 가져온 엄청난 토사에 의해 반쯤 묻혀있는 밀레토스처럼 말입니다.

비슷한 시기에 발전했던 그리스본토 지역의 주요 도시로는 훗날 사도 바울이 방문해 유명해진 코린토스가 있습니다. 에게 해에서 이오니아 해로 가는 길목에 위치한 이 도시는 좁은 지협에 자리한 이점을 이용해 경제적 활황을 누렸습니다. 펠로폰네소스를 남쪽으로 우회해 이탈리아로 가는 뱃길은 거리도 멀고 당시 항해기술로는 어려움이 많았는데요. 하지만 코린토스지협에 배를 정박시키고 화물을 코린토스만으로 옮긴 후 다른 배를 이용하면 상당한 항해일정을 절약할 수 있었습니다. 때로는 배를 육지로 옮겨 타고 온 그대로 이용할 수 있었다고 하는데요. 디올코스라는 이름을 가진 이 장치는 나무로 만든 선로를 이용해 배를 끌어올려 6.5킬로미터 거리의 지협을 건널 수 있었습니다. 이 과정에서 코린토스는 용역수수료를 받을 수 있었고, 선원과 여행객 등이 머물게 됨으로 관광수입도 상당했을 것입니다. 코린토스에 있었다는 아프로디테 신전에는 매춘부가 많이 고용되어 있었는데, 이곳이 얼마나 유명했던지 이런 말도 전해집니다.

"모든 배가 코린토스로 가는 것은 아니다."

당시 뱃사람들은 그들이 탄 배가 코린토스를 지나기를 기대했다는 거네요. 코린토스가 얼마나 환락이 발달했었는지를 알려줍니다. 이렇게 사람들의 이동거점에 위치하다보니 상공업이 발달할 수 있었는데, 기원전 8세기부터 6세기 중반까지 이곳에서는 도기산업이 활황이었습니다. 이곳에서 생산된 도기에 주변에서 생산한 올리브유와 포도주를 담아 다른 지역에 수출할 수 있었죠. 또 이곳에서 발달한 건축 양식을 코린트식이라고 부르죠? 훗날 로마가 다가오자 강력하게 저항했던 도시는 루키우스 뭄미우스에 철저히 파괴되었으나 율리우스 카이사르가 이 도시의 중요성을 인지해 재건했습니다. 그리고 남부 그리스를 다스리는 속주정부가 위치하게 되었죠. 기원전 7~8세기는 헬라인이 해외 식민도시[9]를 개척하던 시대이기도 했는데요. 에페수스를 비롯한 이오니아 폴리스들은 에게 해의 여러 지역과 흑해 연안에 70여 곳의 도시를 건설했고, 이집트의 나일 델타에도 나우크라티스라는 이름의 도시가 생겨났습니다. 그로 인해 헬라문화를 공유하는 도시들은 흑해를 포함해 지중해 전역에 1천여 개가 있었다고 하는데요. 크림반도의 테오도시아와 헤라클레아, 코카서스의 디오스쿠리아와 트라페주스, 발칸지역의 타라스, 아폴로니아와 비잔티움 등이 그런 곳이죠. 서부 지중해에도 도시들이 많이 생겨났는데요. 프랑스 남부의 니스와 마르세유, 스페인의 알리칸테도 헬라스의 식민지로 탄생한 도시입니다. 그리스라는 말이 탄생하게 된 이탈리아 남부지역에도 많은 헬라도시들이 있었습니다. 나폴리 북쪽에는 쿠마에라는 도시유적이 있는데 헬라어로는 키메였습니다. 이는 이탈리아 반도 최북단에 위치한 헬라도시였는데 이오니아 아이오리스 지방에 있는 키메 출신이 세운 식민지였습니다. 이곳에 가보면 언덕 위 바다가 내려다보이는 아크로폴리스에 아폴론신전이 있고, 부근에 미세노라는 항구를 이웃하고 있는 좋은 입지라는 것을 알게 됩니다. 이 항구는 로마제국에서 오랫동안 운영된 가장 중요한 군항이기도 했습니다. 훗날 쿠마에인은 인구가 늘자 남쪽에 신도시를 건설했는데, 오늘날 나폴리였습니다.

그림 12. 파에스툼 포세이돈 신전 ⓒ안계환

오늘날 거의 온전하게 기둥이 남아있는 신전을 볼 수 있는 장소는 나폴리 남쪽 약 80킬로미터 거리에 위치한 파에스툼인데요. 헬라어로는 포세이도니아라고 불렸습니다. 쉬바리스인들이 건설한 이 도시에는 도리아식 포세이돈 신전이 원형에 가깝게 보존되어 있기 때문입니다. 뿐만 아니라 헤라신전과 아테나신전도 비교적 잘 남아 있는데요. 그런데 이 도시에 가 보면 방어에 취약한 평지에 건설된 것을 알 수 있습니다. 또 말라리아 등 전염병이 자주 발생했다는데, 덕분에 오랫동안 유지되지 못하고 주변인들에게 정복된 후 주민들은 사라졌습니다. 사람이 안전하게 살기 어려운 곳이어서 그랬을까요? 신전이 거의 원형 그대로 보존된 행운을 입었답니다.

이탈리아 남부에는 이밖에도 철학자 파르메니데스와 제논이 활동했다는 엘레아, 피타고라스가 고향 사모스 섬을 떠난 후 정착했다는 크로토네 등 많은 도시가 있었습니다. 대부분이 이오니아에서 이주한 사람들에 의해 건설되었다는 공통점이 있죠. 시칠리아에도 여러 도시가 건설되었는데, 남쪽 해변에는 고대에는 아크라가스라 불렸던 아그리젠토가 있습니다. 성벽이 세워진 해변 언덕에 신전들이 줄지어 서 있기에 '신들의 언덕'[10]이라 불릴 만 하죠. 섬의 동남부에는 화려한 문명을 꽃피웠던 아르키메데스의 도시 시라쿠사가 있었습니다. 기원전 733년에 코린토스인에 의해 건설되었다고 전해지는 이 도시는 아테네와의 전쟁(기원전 415~ 413년)이후 서부지중해의 강국으로 발돋움합니다. 그러니까 아테네와 스파르타가 알렉산드로스에 의해 정권이 무너진 후(기원전 371년)부터 로마가 시라쿠사를 점령한 기원전 211년까지 160년간 최강의 헬라도시였다고 할 수 있겠습니다.

폴리스(Polis)란 무엇인가?

저는 언젠가부터 역사 유적지를 방문하게 되면 이곳은 어떻게 살아남았을까를 체크해보게 되었습니다. 고대에 가장 번성했던 아테네, 신탁소로 이름을 떨치던 델포이. 둘의 공통점은 바다에서 일정거리에 위치했다는 점입니다. 그래서 각 도시는 특정한 조건이 잘 맞아떨어질 때 생존할 수 있는 게 아닐까 생각하게 된 거죠. 1천개 이상 건설되었다는 헬라도시 중 살아남아 화려한 문명을 꽃 피운 곳들은 각각 특성에 따라 최적의 장소에 건설되었다는 것을 알 수 있었는데요. 문화를 공유하면서도 먹고 먹히는 관계로 치열하게 경쟁했던 헬라도시에게는 제반 조건을 잘 갖춘 입지가 중요했습니다. 이 지역 도시들이 가져야 할 생존조건을 간단히 정리하면 이러했습니다.

'바다로 나갈 항구가 있으면서 안전을 담보할 방법이 있는 적절한 위치의 도시'

토질이 척박한 지중해지역의 특성상 농업만을 영위하는 도시들은 가난했습니다. 주변에 농지가 있으면서 해상활동을 했던 상업도시들이 경제적으로 번성했죠. 상업도시가 바다에서 너무 멀리 떨어진 곳에 위치하면 항구이용이 불편하고 바다에 가까우면 방어에 애로사항이 많았습니다. 당시에는 해적의 침입이 일상이었기 때문이죠. 따라서 도시에서 상업이 가장 중요한 산업일 경우에는 바다 가까이에, 델포이나 올림피아 등 특수 기능을 가진 일부 도시는 바다에서 일정거리 떨어진 곳에 자리했습니다. 이들 도시의 입지에서 공통적으로 중요한 것은 시민의 안전이기 때문입니다. 헬라인들이 신탁을 받으러 가는 델포이가 왜 험한 파르나소스 산 중턱에 자리하고 있는지 현장에 가 보고 알게 되었는데요. 아폴론 신탁소는 온갖 보물이 보관되었기에 해적들이 목표물로 삼을 가능성이 높았습니다. 4년마다 제우스 신전에 제를 올리기 위해 찾던 올림피아의 경우도 마찬가지였습니다. 그래서 이 두 도시는 바다에서 어느 정도 떨어진 곳에 건설되었는데요. 멀리 바다가 내려다보이는 산 중턱에 자리하고 있기에 누가 찾아오고 있는지 알 수 있고 해적이 침입해도 대비할 수 있었습니다. 아테네가 피레우스라는 좋은 항구를 보유하면서도 바다에서 일정 거리를 갖고 있는 것도 비슷합니다.

하지만 무역업이 가장 중요한 산업이었던 밀레투스나 에페소스 같은 경우에는 바다 가까이에 위치할 수밖에 없었습니다. 해상운송의 길목에 위치했던 코린토스도 마찬가지였죠. 이 때문에 이들 도시는 방어에 취약했는데, 강력한 해군을 갖고 바다를 통해 들어오는 해적은 막아낼 수 있지만 육지로 접근하는 적을 막기 위해 조치를 취해야 했습니다. 그래서 밀레토스는 처음부터 섬에 자리 잡았고 안전을 위해 성벽을 쌓았고요. 시라쿠사의 경우에는 도시의 핵심을 오르티지아 섬에 두고 안전을 보장받으면서 육지 쪽에는 성벽으로 보호된 신도시를 만들기도 했습니다.

헬라스의 독특한 특징인 폴리스polis가 도시city와 어떻게 다른지 설명이 필요할 듯합니다. 기본적으로 폴리스는 독립적 자치 정치구조를 갖는 도시라 생각하면 됩니다. 여기서 정치politics라는 단어가 파생되었는데요. 헬라인은 다른 폴리스를 정벌해 속국으로 만들 경우 자치형태를 그대로 놔두었습니다. 속국이라도 패권도시에 세금을 납부하고 필요시 병력을 보내는 등의 역할만 잘 하면 된다고 생각했던 거죠. 아테네가 델로스동맹을 통해 패권을 쥐었지만 각 도시들은 자치형태를 유지했습니다. 유럽에서는 근대까지도 이런 폴리스가 유지되었는데 오늘날까지 살아남아있는 리히텐슈타인, 모나코, 룩셈부르크 등이 그들입니다. 이에 비해 동양에서는 정벌한 도시에 관리를 보내 다스리는 방식인 군현제를 진시황 때 처음 채택해 역사시대 내내 유지했는데요. 이는 동서양의 지리적 차이에 기인합니다. 중국과 한반도는 영토를 넓히고 통합해 다스릴 수 있는 지대였지만 유럽은 통일된 정치체제를 만들기 어려운 곳이었기 때문입니다.

자치정부를 갖고 있던 폴리스의 내부는 대체로 비슷한 구조를 갖고 있었는데요. 중심에는 사람들이 모여 공동생활을 하는 아고라가 있고 이곳에서 정치와 토론이 이루어집니다. 또한 물품을 교환하기 위한 시장인 스토아가 있었죠. 가장 중요한 장소는 신전지역sanctuary과 극장theatre이었습니다. 도시의 수호신을 모신 신전은 종교생활의 중심이었고, 극장은 정치토론과 연극을 상연하거나 축제를 즐기는 곳이었습니다.

또 빼놓을 수 없는 중요한 장소로 아크로폴리스가 있었죠. 아크로폴리스는 폴리스가 갖고 있는 자연지형에 따라 다양한 형태를 가졌는데요. 아테네처럼 폴리스 한가운데 바위언덕을 아크로폴리스로 삼기도 하고, 코린토스처럼 높은 뒷산을 아크로폴리스로 만드는 경우도 있었습니다. 아크로폴리스의 가장 중요한 기능은 적이 침입했을 때 시민들이 대피해

농성하는 장소였습니다. 조선시대 한양에서 북한산성을 긴급 피난할 수 있는 대피소로 만든 것과 비슷한 개념이죠. 이곳에는 신전이 자리하고 있어서 종교생활도 겸하게 했습니다. 서울대학교에 가면 도서관 앞에 넓은 공간이 있는데 학생들은 이곳을 아크로폴리스광장으로 불렀는데요. 과거 권위주의 시대에 이곳에서 정치집회가 많이 열렸죠. 그런데 이건 잘못 붙인 이름이랍니다. 정치집회가 열리는 곳은 극장이나 아테네의 프닉스 언덕이었지, 신성한 공간인 아크로폴리스가 아니었기 때문입니다.

제가 여러 폴리스를 찾아갔을 때 가장 감동받은 유적은 극장이었습니다. 방문한 모든 폴리스에 극장이 있었는데요. 헬라문명이 공동체를 유지하는 가장 중요한 장소였고 시민들이 모여 정치를 논하고 소포클레스의 비극을 감상하는 곳이었습니다. 음향시설이 없는데도 맨 꼭대기에 앉은 관객에게도 소리가 잘 들릴 정도로 탁월한 설계를 자랑합니다. 오늘날 극장유적을 방문하는 관광객들은 중앙 무대에 서서 노래를 부르거나 소리를 외쳐보는데요. 관객석 꼭대기에 앉아 있어도 작은 소리까지 잘 들립니다. 극장은 헬라스에서 탄생해 헬레니즘 시대를 거쳐 로마제국까지 이어졌는데 시대에 따라 용도와 형태가 조금씩 변했습니다. 펠로폰네소스의 에피다우로스에서 볼 수 있는 것처럼 원래 부채를 크게 편 형태의 관객석과 중앙의 원형 무대를 갖고 있었습니다. 우리네 마당극을 하는 공간처럼 무대는 없거나 작았고, 오케스트라라고 부르는 원형 장소에서 서사시를 읊거나 연극이 벌어졌습니다. 아마도 눈먼 음유시인 호메로스가 오케스트라 한가운데서 일리아드를 읊었을 것입니다. 스케네라는 이름의 무대는 배우들의 대기실이자 탈의실 역할이었구요.

헬레니즘시대가 되어 공연형태가 변하자 무대역할이 커졌고 이 때문에 관객석이 모두 무대를 볼 수 있는 반원형으로 바뀌었습니다. 연극은 무대에서 하고 서사시 낭송은 반원형 오케스트라에서 하게 되었죠. 로마시대에 이르면 서사시 낭송이나 연극 대신 검투사 경기를 열거나 동물사냥을 하는 것으로 변화하는데요. 이 때문에 극장의 모습이 바뀌게 되었는데 특히 1층 관객석이 달라졌습니다. 그리스 식 극장은 마당극처럼 하기 때문에 오케스트라와 1층 관객석의 높이가 차이가 없습니다. 하지만 로마식극장은 검투사 경기를 하기 때문에 1층에 앉은 관객보호를 위해 높은 턱을 만들어야 했습니다. 특히 첫줄의 귀빈석을 잘 만들어 두었던 게 큰 특징이기도 했죠. 현장에 가실 분들은 이런 차이를 보고 그리스식인지 헬레니즘식인지, 또 로마식인지 구분해 보시면 재미있답니다.

그림 13. 그리스식 에피다우로스 극장

그림 14. 로마식 에베수스 극장 ⓒ안계환

2) 아테네의 전성시대

역사학의 아버지 헤로도토스

헬라문명권은 이오니아부터 그리스 본토, 흑해연안, 그리고 서쪽 마그나 그라이키아[11] 등 아주 넓습니다. 하지만 우리가 아는 상당수의 역사 이야기는 아테네를 그 중심에 두고 있는데요. 지중해에 산재해 있는 헬라스 도시에서 신전과 극장 등 유적을 발견할 수 있지만, 문자기록으로 남아있는 건 아테네 중심이어서 그렇습니다. 사람이 사는 곳에는 역사가 있었지만 누군가에 의해 기록되고 그것이 후대에 전해질 수 있어야 진짜 역사로 인식될 수 있는데요. 그래서 20세기 역사학자 풍우란 선생은 『중국철학사』에서 '역사에는 진짜 역사가 있고 기록된 역사가 있다.'[12] 라고 말했던 것이죠. 그 역사 기록을 남긴 대표인물이 바로 『역사historia』를 쓴 헤로도토스와 『펠로폰네소스 전쟁사』의 투키디데스였습니다. 원래 이 책들은 모두 <역사>라 불렸지만 후대인들이 헤로도토스와 투키디데스를 구분하기 위해 제목을 붙였습니다.

아테네가 헬라스의 다른 도시들을 압도하는 화려한 전성기를 가졌던 건 분명합니다. 그리스-페르시아 전쟁이 끝나고 델로스동맹의 맹주로서 부와 권력을 차지했죠. 따라서 당시 아테네는 헬라스에서 가장 부유하고 강력한 폴리스였습니다. 때문에 이오니아의 고향을 떠나 해외로 떠돌던 헤로도토스는 기원전 445년경, 풍요를 누리던 이 도시에 와서 강연자로 활동할 수 있었습니다. 그리고 극장에 사람을 모아 그가 방문했던 이집트와 바빌론 등 다른 지역의 흥미로운 이야기를 들려주었습니다. 특히 페르시아와 3차에 걸쳐 치러졌던 전쟁을 아테네 시민들에게 알려주었던 것이죠. 그곳에는 기원전 479년 전쟁이 끝났으니 30여 년 전에 직접 경험한 당사자도 있었을 테지만, 대부분 시민이 그 전쟁의 내막을 소상히 알기는 어려웠을 것입니다. 헤로도토스는 이오니아 출신의 직접 당사자이자면서 제삼자로서 이 전쟁의 과정을 상세히 설명해 주었던 거죠. 헤로도토스의 강연을 듣던 시민들의 마음을 어떠했을까요? 그들의 아버지들이 엄청난 대병력을 자랑하던 페르시아를 무찔렀다는 사실을 알게 될 때 애국심이 하늘을 찔렀을 것 같군요.

또 한명의 역사저술가 투키디데스는 아테네인이었습니다. 그는 귀족 집안에서 태어나 좋은 교육을 받고 자랐습니다. 일찍부터 정치에 두각을 나타냈고 34세였던 기원전 424년에 이르러 두 명의 집정관중 한 명으로 선출되었습니다. 그리고 스파르타와의 전쟁수행을 위해 트라키아의 암피폴리스로 파견되었지만 예상 밖으로 길어진 전쟁으로 인해 본국으로 소환되었습니다. 그리고 본의 아니게 20년 추방형에 처해집니다. 결국 그는 고국에 돌아오지 못한 20년 동안 위대한 역사서를 쓰게 되었는데, 바로 『펠로폰네소스전쟁사』였습니다. 이렇게 보면 개인의 고난이 위대한 저술을 하게 한다는 사마천의 '발분저서發憤著書'가 생각나네요. 위대한 저술가가 되려면 일부러 고난을 겪어야 할까요?

우선 헤로도토스 이야기부터 해보지요.

“이 글은 할리카르나소스 출신 헤로도토스가 제출하는 탐사보고서다. 내가 이 보고서를 쓰는 목적은 인간의 행적들이 시간이 지나면서 망각되고, 헬라인과 비헬라인의 위대하고도 놀라운 업적들이 사라지는 것을 막고, 무엇보다도 헬라인들과 비헬라인이 서로 전쟁을 하게 된 원인을 밝히는 데 있다.”

‘역사학의 아버지’라 불렸던 헤로도토스의 『역사』 서문입니다. 저에게는 이 책이 사마천의 『사기史記』와 함께 인생 최고의 책이라 말할 수 있는데요. 동양에 ‘사기’가 있다면 서양에 ‘역사’가 있다고나 할까요? ‘역사학의 아버지’란 말은 로마의 정치사상가 키케로로부터 나왔습니다. 그는 『법률론』에서 헤로도토스를 이렇게 불렀습니다. 말하자면 키케로 당시에는 현지를 여행하고 자료를 모아서 쓰는 것이 ‘역사학’이라는 의미였다는 말입니다. 헤로도토스가 쓴 글은 오늘날 우리가 읽는 역사책과 많이 다릅니다. 신화적 이야기와 팩트 체크 되지 않은 자료의 모음집 같기도 하죠. 흔히 역사가들은 유물과 문헌에 기반한 것만을 역사의 영역에 포함시키는데요. 그런데 헤로도토스는 이러한 역사서술의 원칙을 갖고 있지 않았던 거죠. 이 책을 체계적으로 계획하고 쓴 것도 아니었을 겁니다.

그 자신도 서문에서 ‘탐사보고서’라는 말을 쓰고 있는데요. 세상을 여행하면서 읽고, 듣고, 경험한 것들을 모아 놓았다는 의미로 받아들이면 될 것입니다. 전해 내려오는 신화, 사람들에게서 들었다는 이야기, 직접 경험한 것들이 섞여 있습니다. 첫 에피소드에 나오는 여인 '이오'의 납치 사건은 사람들이 말하는 신화에 대해 자신의 생각은 어떤지 말하고 있는데요. 특히 많은 내용이 어느 지역에 갔더니 그 지역에서 존경받는 원로가 말했던 이야기, 또는 동네 사람들이 이렇게 말하더라 하는 것도 기록합니다. 사마천이 천하를 여행하며 이야기를 수집해서 기록한 것과도 비슷합니다. 이 책이 만들어지게 된 이유는 서문 끝에 언급된 '전쟁' 때문입니다.

헤로도토스는 서문에서 밝히고 있는 것처럼 오늘날 터키 보드룸인 할리카르나소스에서 태어났습니다. 당시 그곳은 델로스동맹의 일원이었는데 내부정변이 일어나 그와 일족은 근처 사모스로 망명해야했습니다. 그리고 기원전 445년경 아테네로 이주하기 전까지 주변지역 여행을 했죠. 북으로 스키타이, 동으로는 유프라테스를 따라 내려가서 바빌론까지, 남으로는 이집트에 들러 문물을 수집하고 나일 강 상류 엘레판티네까지 갔습니다. 서쪽으로는 시칠리아를 방문했고 북아프리카 키레네에도 들렀습니다. 그리고 사모스로 돌아와 가족들을 데리고 아테네로 이주했는데, 여기서 페리클레스와 소포클레스 등 여러 사람들과 친교를 맺습니다. 이때 아테네 시민들에게 여행하면서 수집한 재밌는 이야기를 들려주어 큰돈을 벌게 됩니다. 이집트에서 미라를 만드는 방법, 나일 강 탐사 이야기라든가 특히 페르시아 전쟁을 간접 경험한 내용으로 큰 인기를 끌게 되었죠. 그의 강연장에는 50세의 지도자 페리클레스가 있었고 파르테논신전 공사장에서 돌을 깎던 당시 25세의 소크라테스도 잠시 일손을 놓고 앉아 있었을 겁니다. 말하자면 인기 작가이자 특강 강사로 데뷔했던 겁니다.

그림 15. 테르모필레의 레오니다스 청동상 ⓒ안계환

헤로도토스의 그리스-페르시아 전쟁

헤로도토스 기록의 핵심은 페르시아가 아테네를 침입한 그리스-페르시아 전쟁입니다. 이 책을 읽지 않은 사람이라도 할리우드 영화 <300>을 통해 이 전쟁의 상황을 접했을 겁니다. 악마 같은 모습을 한 페르시아 황제 크세르크세스, 근육질의 멋진 남자 스파르타인 레오니다스. 영화를 보면 악의소굴 대장이 아름다운 우리 땅을 쳐들어온 것 같은 기분을 느끼게 됩니다. 오랜 시간 수없이 만들어졌던 선과 악의 대표적 대결이었죠. 유럽인들은 이 사건을 동방과 서방이 본격적으로 맞붙은 최초의 전쟁이라 보고 있고, 유럽문명이 본격적으로 열리는 사건이라 평가하는데요. 3차에 걸친 전쟁이 헬라스연합군의 최종승리로 끝나고 본격적으로 아테네의 전성시대가 시작되기 때문입니다.

그렇다면 이 전쟁이 벌어진 이유는 무엇이었을까요? 페르시아는 오늘날 이란고원의 페르세폴리스에 수도를 둔 거대 제국이었고, 아테네와 스파르타는 변방에 위치한 작은 폴리스들에 지나지 않았습니다. 오랫동안 자유를 누리던 밀레토스를 비롯한 이오니아 폴리스는 세력이 확장되던 페르시아의 지배를 받게 되었는데요. 바닷가에 위치했던 도시들은 해양으로부터 다가오는 적은 얼마든지 대처 가능했지만 육지로부터의 공격은 당해내기가 쉽지 않았던 겁니다. 그러던 중 페르시아가 북쪽 스키타이를 공격했다가 패해 막대한 피해를 입었고, 밀레토스는 이 기회를 이용해 독립하기 위해 애썼습니다. 페르시아에 저항하며 봉기했고 그리스본토에 사절단을 보내 지원을 요청했습니다.

이때 스파르타는 지원을 거절했지만 아테네는 함선 20척과 병력을 보냈고 에레트리아를 비롯한 몇몇 폴리스도 함선을 파견했습니다. 헬라인들은 해안 폴리스의 자유를 얻고 내륙으로 진군해 과거 뤼디아의 수도였던 사르디스를 공격하고 불태웠습니다. 하지만 이렇게 얻은 밀레토스의 독립은 오래가지 못했고, 기원전 494년 페르시아의 공격에 다시 속국이 되었습니다. 이오니아의 반란을 잠재운 다리우스 1세는 에게 해의 패권을 노리던 중 밀레토스를 도와주었던 아테네에 대한 공격의지를 불태우게 되었죠. 그런데 페르시아 입장에서는 처음부터 전쟁을 하려는 생각은 없었던 듯합니다. 그저 아테네에 본때를 보여주고 속국 이오니아 해안 폴리스들의 군사력을 이용해 해상권을 가지려 했던 거죠.

이렇게 시작된 다리우스의 그리스 공격은 1차와 2차에 걸쳐 진행되었습니다. 기원전 492년 해군 위주로 진행된 1차 공격은 풍랑으로 큰 손실을 입어야 했고, 2년 후에 일어난 2차 공격은 그 유명한 마라톤평원의 패전으로 이어집니다. 이때 아테네가 가졌던 중장보병전술이 빛을 발하는데요. 비록 병력 수에서는 열세였지만 탁월한 훈련과 전술로 여러 도시의 연합군으로 구성된 페르시아군을 물리쳤던 것입니다. 3차 페르시아 전쟁은 본격적인 두 세력 간의 쟁투였습니다. 페르시아 입장에서는 앞서 두 번의 실패가 뼈아팠습니다. 쉽게 생각했던 두 번의 원정에서 참패를 겪었기에 자존심도 상했고 동맹국의 동요가 생길 우려가 있었죠. 이번에는 확실하게 제압해 자신들의 힘을 보여줄 필요가 있었습니다. 하지만 다리우스 1세는 사망했고 그 아들 크세르크세스에 의해 3차 전쟁이 진행되었습니다.

기원전 480년 크세르크세스가 직접 이끄는 페르시아육군은 헬라스폰토스 해협을 건넜고, 이오니아의 동맹국은 해군으로 참여해 에게 해를 가로질렀습니다. 이때 레오니다스가 이끄는 스파르타와 헬라스동맹군은 테르모필레에서 적을 맞이했는데요. 하지만 그 유명한 근육질 남자 300명과 기타병사로 구성된 연합군은 중과부적으로 패했고, 아테네는 적의 수중으로 넘어갔습니다. 이때 아테네의 장군 테미스토클레스는 여자와 아이들은 살라미스 섬으로 피난시키고 전 시민을 군함에 태웠습니다. 강력한 해군을 활용해 적군을 무찌르겠다는 생각이었는데요. 살라미스 해협 전투에서 수적으로 열세였던 아테네군은 좁은 지형의 이점을 살려 페니키아와 이오니아로 구성된 페르시아해군을 물리쳤습니다. 다음해 벌어진 플라타이아 전투에서는 스파르타, 아테네, 코린토스 등 헬라스연합군이 페르시아육군을 물리침으로써 그리스-페르시아 전쟁은 막을 내립니다.

아테네의 전성기가 열렸다

페르시아를 물리친 헬라인은 자신감에 충만해 있었습니다. 페르시아의 압제에 시달렸던 에게 해의 여러 섬들도 다시 독립을 찾을 수 있었죠. 승리를 거둔 폴리스들은 힘을 합칠 필요성이 있었습니다. 또다시 페르시아가 세력을 뻗친다면 언제 다시 독립을 잃을지 몰랐기 때문이죠. 스파르타에는 해군이 없었고 소수의 시민이 다수의 노예를 지배하는 체제였기에 운신의 폭이 크지 못했습니다. 결국 페르시아에 대항하는 헬라스의 구심점은 아테네가 될 수밖에 없었습니다. 투키디데스는 아테네를 '헬라스의 학교'라고 말했는데요. 자신의 도시가 헬라스에서 최고라고 본 것인데, 이는 무리한 주장이 아니었습니다. 아테네가 정치안정과 경제번영을 구가하자 시민들은 다양한 축제를 열었고, 희극과 비극을 만들어 극장에서 공연을 했습니다. 역사가와 철학자들이 등장해 토론을 하고 기록을 남겼는데요. 이는 풍요롭고 자유로운 분위기에서 헤로도토스 등 외국인들이 찾아와 활동한 영향도 큽니다.

기원전 478년에서 477년 사이의 겨울, 에게 해의 여러 섬과 이오니아 연안 폴리스들은 성스러운 아폴론의 섬 델로스에 모여 동맹서약 의식을 거행하게 됩니다. 불에 달군 쇳조각을 던지며 이 쇳조각이 바다위로 떠오를 때까지 동맹에 충성하겠노라고 맹세했습니다. 영원히 지속되는 동맹을 생각했던 거죠. 그 후 동맹은 성공적으로 기능해 바다에서 페르시아 세력을 완전히 소탕했고, 소극적인 일부 폴리스를 강제로 가입시키기도 했습니다. 기원전 448년 성립된 페르시아와의 평화조약 '칼리아스 강화'에 의해서는 완전한 평화가 이루어졌습니다.

동맹은 사실상 아테네를 위해 유지되고 있다고까지 평가될 정도가 되었는데요. 아테네는 폴리스의 내부문제에도 개입했는데 법적, 재정문제를 간섭하고 우호적인 정치체제가 들어서도록 조종하기도 했습니다. 이제 아테네는 각 폴리스들을 휘하에 두고 중심에서 좌지우지하는 모양새를 갖게 되었습니다. 마치 근대 프랑스나 영국처럼 제국주의와 흡사한 방향으로 나아가게 되었던 거죠. 델로스에 두었던 동맹의 보물창고도 아테네 아크로폴리스로 옮기고 강력한 해군을 활용해 동맹체제 수호에도 힘썼습니다. 그 덕분에 아테네는 경제적 풍요를 누리게 되었고, 오늘날 아테네를 방문하면 만날 수 있는 화려한 파르테논 신전이 동맹의 자금으로 만들어졌던 겁니다.

동맹을 유지하고 안전을 보장하는 해군은 아테네가 주도하는 체제였습니다. 하지만 그 소요비용은 전 동맹국이 부담하는 방식이었기에 부담을 느낀 폴리스들의 저항도 생겨났죠. 더구나 페르시아의 군사적 위협이 없어진 상태에서는 더 이상 돈을 내지 못하겠다고 했던 겁니다. 동맹을 통해 패권을 유지하려는 아테네로서는 이를 묵과할 수 없었습니다. 가장 먼저 동맹에서 탈퇴하고 분담금을 못 내겠다고 통보한 곳은 에우보이아의 폴리스들이었습니다. 이에 아테네는 곧바로 50척의 삼단 갤리선과 육지 쪽에서 5천명의 중무장보병을 보내 공략했습니다. 이때에는 쉽게 점령했으므로 지도자 몇 명만 사형시키고 원래 위치로 돌리는 것으로 끝났는데요. 낙소스가 반발했을 때에도 그 처리는 어렵지 않았습니다. 하지만 레스보스의 중심도시 뮈틸레네가 반란을 일으켰을 때에는 이 정도로 끝날 수 없었습니다. 강력한 저항으로 인해 몇 달에 걸친 포위전쟁을 치러야 했던 겁니다. 끝내 뮈틸레네는 함락되었고 1천명의 남자는 살해되고 여자와 어린아이들은 모두 노예로 팔렸습니다. 도시를 보호하던 성벽은 헐렸고 대부분의 땅은 3천개 구획으로 나뉘어 신의 성역으로 남겨둔 3백 필지를 제외한 나머지가 아테네인에게 분할 판매되었습니다.

평화의 시대는 짧았고 제국의 시간은 긴 영광을 주지 않았습니다. 처음에는 여러 폴리스가 함께하는 모양새였지만 점차 아테네의 이익을 추구하는 제국주의적 행태를 가지게 되니 이에 실망한 폴리스들이 반기를 들었기 때문입니다. 여러 도시들이 아테네에 저항했는데 특히 육지국가 테베와 스파르타가 그 선봉에 섰습니다. 헬라인은 두 그룹으로 나뉘 치열한 쟁투를 벌였는데, 결국 아테네가 스파르타에 패하게 되었습니다. 이 사건을 투키디데스는 현장에 있던 당사자로『펠로폰네소스 전쟁사』를 기록했던 겁니다.

시민참여 민주주의의 탄생

유럽인은 민주주의를 그들이 만든 최고의 정치제도로 꼽습니다. 오늘날 전 국민이 선거를 통해 지도자를 뽑는 직접민주주의는 지구상 대부분의 국가에서 채택하고 있는데요. 19세기 이후 유럽인이 세계에 퍼뜨린 영향이 큽니다. 이 때문에 민주주의가 탄생하고 성장한 도시 아테네를 유럽인들이 사랑할 수밖에 없는 것이죠. 물론 민주주의는 아테네에서 시작한 것이 아니고 아테네만의 것도 아니었습니다. 헬라문명이 이오니아에서 시작되었을 것이라고 앞에서 말씀드렸죠? 연구에 의하면 6세기 중엽 키오스에서 최초의 '민주'정체가 등장했다고 하는데요.[13] 그건 기록에 나온다는 이야기고 이미 상당히 많은 폴리스에서 시민참여의 권력구조가 실현되어 있었던 겁니다. 제가 찾아갔던 시칠리아 섬 한가운데 위치했던 모르간티나 유적지에는 시민들이 모여 의견을 나누었던 '베마'를 발견할 수 있었습니다. 처음 알게 된 작은 폴리스에서도 이런 정치구조를 가졌다는 것은 헬라문명을 공유하는 폴리스끼리 유사한 방식의 정치가 이미 실현되고 있었다고 생각해볼 수 있습니다. 아테네가 중요한 건 앞선 도시에서 시작된 민주주의를 여러 투쟁 과정을 통해 완성하려 했다는 겁니다.

아테네는 본래 농업위주의 폴리스였습니다. 척박한 아티카평원을 일구며 살아가던 가난한 폴리스일 뿐이었죠. 그들이 처음 채택한 정치제도는 부족의 권력자나 지주들이 연합해 만든 귀족정이었습니다. 때로는 귀족 중에서 권력을 독점하는 자가 등장하면 왕이 되는 현상도 있었죠.

그들의 권력은 오로지 소유한 토지에서 발생했습니다. 그러다 등장한 이가 솔론이었습니다. 그는 젊어서부터 상인으로 활동해 부를 획득했으며 헌신적 공헌을 통해 아테네인들의 높은 지지를 얻었습니다. 부와 권력을 거머쥔 그는 민주주의의 근본이 되는 헌법과 경제개혁을 시행합니다. 그가 시행한 여러 개혁조치 중 중요한 점은 시민의 등급을 혈통이나 토지소유 여부가 아니라 재산에 따라 구분했다는 겁니다. 그러니까 이전에는 농업 국가였으니 토지를 얼마나 소유했는지가 중요했는데 상업으로 부를 축적한 이가 많이 생기니 변화가 필요했던 것이죠. 재산을 기준으로 시민의 등급을 나누는 건 여러 의미가 있었습니다. 당시에는 전쟁 참여시 무장을 스스로 갖추어야 했는데, 일정한 재산이 없으면 그것이 불가능해집니다. 또 정치에 나갈 때에도 재산의 여유에 따라 어떤 등급의 리더가 될 것인지가 결정되었던 겁니다.

솔론이 정한 첫 번째 계급은 부유한 귀족이었고 둘째는 귀족과 신흥상인이었습니다. 세 번째는 보통수준의 농부들이었고 네 번째 계급은 재산이 거의 없어나 아예 빈민이었습니다. 이 계급구분에 따라 최고위 행정관인 아르콘이 될 수 있었던 건 상위 두 계급뿐이었고, 민회를 구성하는 400인 회의에는 세 번째 계급까지만 참여할 수 있었죠. 그러나 민회에는 모든 시민이 참여할 수 있었습니다. 그가 이런 개혁을 하게 된 것은 아테네뿐만 아니라 이웃 폴리스에서 폭군이 등장해 홍역을 치루는 것을 목격했기 때문입니다. 또한 경제구조의 변화도 무시할 수 없는 부분이었는데요. 아테네의 농토는 생산력이 높지 않았기 때문에 늘어나는 인구를 먹여 살리기 어려웠습니다. 해결책은 바다로 나가 식민지를 개척

하거나 상업 활동을 하는 것이었습니다. 외국인 무역상인들에게 시민권을 부여하는 방식으로 상업 종사자들을 끌어안았고, 올리브 농사를 장려해 무역활동의 기본 상품이 되게 했습니다. 이러한 경제정책은 아테네가 상업국가로 성장할 수 있는 발판이 되었고, 상업의 발달은 자연스레 부유한 시민계급을 만들어 냄으로써 이들이 민주주의를 이끌어나갈 수 있도록 한 것입니다.

그러나 정치라는 게 제도를 잘 만든다고 그것이 이상적으로 작동하리라 생각하면 큰 오산이죠? 초기의 혼란과 궤도수정, 그리고 안정과정이 필수로 이어져야 합니다. 솔론의 개혁도 과도기를 거치게 되는데, 페이시스트라토스라는 인물로 인해서입니다. 역사가 플루타르코스에 의하면 그는 솔론과 어릴 때부터 친한 사이였다고 하는데요. 계략과 수완에 능한 인물이었기에 기원전 561년 최초로 참주 자리에 올랐습니다. 호위대를 동원하고 정략결혼을 통해 정권을 잡았는데요. 몇 년 후 정치투쟁 과정에서 아테네에서 쫓겨난 그는 뛰어난 사업수완을 발휘해 은광채굴을 통해 거부가 되었고, 기원전 546년 용병을 거느리고 귀국해 참주 자리에 다시 올랐습니다. 이후 죽을 때까지 권력을 독점해 사실상 왕이 되었습니다.

이렇게 무력을 동원해 권력을 쟁취하고 유력가문 사람들을 인질로 두는 등 절대 권력자였지만 서민들의 마음을 사로잡은 대중정치가로 이름을 떨쳤습니다. 훗날 아테네가 페르시아 전쟁에서 이길 수 있는 해군을 보유하게 된 것도 그의 경제성장 정책 때문이었는데요. 농업을 장려

했고 수로를 건설해 아테네의 물 문제도 해결합니다. 특히 그의 치세동안 아테네는 높은 상업적 성공을 거두었는데요. 코린토스가 지배하던 도기시장에서 아테네제품이 지중해를 석권하게 만들었습니다. 아테네산 도기는 실용적이면서도 예술성이 뛰어났습니다. 오늘날 유럽 여러 박물관에서 만나는 도기들은 우리에게 신화를 그림으로 알려주고 있는데요. 당시 사람들에게 신화는 생활의 일부가 아니었을까 생각하게 할 정도입니다. 페이시스트라토스로 인해 솔론이 만든 민주주의는 후퇴했지만 아테네가 다른 폴리스들 사이에서 주도적인 역할을 할 수 있는 기반을 만든 건 그의 역할이 컸던 셈입니다. 민중이 이상적 정치의 구현보다는 경제적 이득에 더 민감한 건 예나 지금이나 다르지 않습니다.

그림 16. 아킬레스가 아마존족 여왕과 싸우는 장면이 그려진 아테네산 도기, 영국박물관 ⓒ안계환

페이시스트라토스의 사후 그의 정권은 아들들에게 이어지지 못했습니다. 그들의 무능력으로 인해 민중의 지지를 받지 못했기 때문인데요. 기원전 510년, 클레이스테네스는 스파르타의 도움을 받아 참주 히피아스를 몰아내고 아테네의 정치실권을 차지했습니다. 그리고 정치개혁을 단행하는데 귀족의 특권을 약화시키고 시민에게 완전히 평등한 참정권을 부여했습니다. '이소노미아'라는 이름을 가진 이 원칙은 모든 시민들에게 적용되었는데, 비록 20세 이상의 아테네 시민 남자로만 구성되었지만 개인들에게 동등한 권리를 부여한다는 개념이 이때부터 생겼습니다.

그는 전통적인 4부족 체제를 해체하고 거주지에 따라 10부족제로 재편하여 귀족의 권력기반을 약화시켰습니다. 이때 등장한 용어가 '데모스'라 불리는 촌락공동체인데 정치의 기본단위였습니다. 남자들은 20세가 되면 데모스에 등록해 재산이나 출신에 상관없이 민회에 참가할 권리가 부여되었던 거죠. 바로 이 민회가 아테네의 핵심적 주권 기구였는데요. 민회는 1년에 40회 이상 회합하며 주요한 의사결정의 최소 정족수는 6천명이었습니다. 이 민회에서 법률제정, 재정, 직접과세, 도편추방, 대외업무 등이 결정되었던 거죠. 그는 또 시민 법정을 설치해 공정한 법의 심판이 이루어지도록 했는데, 오늘날 아테네의 아레오파고스 언덕에 그 흔적이 남아 있습니다.

클레이스테네스에 의해 제정된 독특한 제도가 있는데 참주의 출현을 막기 위한 도편추방제ostracism였습니다. 민주주의는 유능한 인물을 중심으로 한 파벌(정파)이 생길 수밖에 없는데 경쟁자를 합법적으로 몰아낼 수 있는 좋은 방안이었던 거죠. 만약 어떤 이가 독재할 위험인물이라 판단되면 민회에서 연설을 통해 투표를 실시하자고 요구합니다. 투표결과 추방에 찬성한 표가 6,000개를 넘으면 그는 10년 이상 아테네에서 추방되었죠. 이 제도로 인해 여러 인물들이 쫓겨나는 사건이 벌어졌는데요. 이 제도는 참주의 등장을 막기 위해서였지만 때로는 악용되어 정적을 제거하는 도구로 쓰이기도 했습니다. 투키디데스도 이 제도의 희생양이었고, 페르시아 전쟁 영웅 테미스토클레스도 도편추방을 당해 페르시아로 넘어가야 했습니다.

그림 17. 페리클레스의 두상, 영국박물관, ⓒ안계환

페리클레스와 민주주의

폴리스 아테네의 가장 중요한 인물은 페리클레스입니다. 막대한 재산을 가진 귀족출신 부자이며 클레이스테네스의 먼 친척이기도 했던 페리클레스는 빼어난 용모에 인품도 뛰어났고, 웅변술은 당대에 당할 사람이 없었습니다. 학자나 예술가들과도 친했는데 철학자 아낙사고라스, 프로타고라스, 소포클레스, 조각가 페이디아스 등과는 평생 친구관계였습니다. 그의 시대는 페르시아의 침략을 막아내고 동지중해의 패권을 쥐었던 아테네의 최전성기였습니다. 동맹국으로부터 들어오는 막대한 재화를 사용해 아름다운 파르테논 신전을 지었을 뿐만 아니라 조각, 회화, 철학과 문학에서도 찬란한 성취를 이뤘습니다. 이 시기에 소포클레스, 아이스킬로스, 에우리피데스가 비극을 완성했고 헤로도토스와 투키디데스는 역사학을 창립했습니다. 젊은 소크라테스는 시민으로서 전쟁터에서 또는 채석장에서 활발하게 활동 중이었고, 아크라가스에서는 엠페도클레스가, 아브데라에서는 데모크리토스가 우주의 이치를 탐구했습니다.

기원전 461년, 페리클레스는 경쟁자이자 보수파의 대표인 키몬을 도편추방으로 쫓아낸 후 유일한 권력자가 됩니다. 그로부터 30년 후 그는 아테네의 정치제도에 관해 이런 연설문을 남겼습니다.

"우리의 정치체제는 이웃의 제도를 모방한 것이 아닙니다. 남을 모방하기보다 남에게 본보기가 되고 있습니다. 소수자가 아니라 다수자의 이익을 위해 나라가 통치되기에 우리 정체를 데모크라

티아(민주주의)라 부릅니다. 시민들 사이의 사적인 것을 해결할 때는 법 앞에 만인이 평등합니다. 그러나 주요 공직 취임에는 개인의 탁월성이 우선시되며 추첨이 아니라 개인의 능력이 우선입니다. 누구나 출신을 따지지 않고 오직 능력에 따라 공직자를 선출합니다.[14]

이 글은 투키디데스가 남긴 페리클레스연설문의 일부입니다. 아이러니하게도 이 연설은 아테네의 몰락을 알려주는 시초였는데요. 자신의 조국 아테네의 정치제도가 탁월하다고 이야기하는 그 순간, 시민들은 그의 연설에 홀려 있었습니다. 전몰자를 추모하는 장소에서 적국 스파르타와 전쟁을 계속해야 한다는 그의 주장을 믿고 따르게 되었던 것이죠. 플루타르코스를 읽어보면 투키디데스는 페리클레스의 정치가 이름만 민주정치였지 사실은 귀족정치였다고 말합니다. 그렇게 볼 수밖에 없는 것이 페리클레스는 거의 30년 동안 사실상 아테네의 참주였습니다. 물론 형식적으로는 민주제 하에서 선거를 통해 뽑히게 되었지만 그는 자신이 원하는 일이라면 못하는 게 없었거든요. 오늘날 러시아를 비롯한 여러 국가의 지도자가 선거를 통해 뽑히면서도 사실상 종신직으로 유지하는 것과 같았던 거죠.

페리클레스가 델로스 동맹을 잘 이끌던 당시에는 큰 문제가 없었습니다. 그의 탁월한 덕성에 의존해 모두에게 긍정적인 결과물이 생겼기 때문이지요. 하지만 위급한 전쟁 상황에서는 연설에 능한 선동가에 의해 휩쓸리거나 포퓰리즘을 추구하는 경향이 나타났습니다. 시민이 원한다는 명목으로 비이성적 정치행위들이 벌어지게 된 것이죠. 페리클레스가 사망한 후 선동정치는 극명하게 드러나는데요. 스파르타와의 치열한 쟁투가 벌어지는 와중에 재물을 획득하기 위해 시라쿠사 정벌에 참여하자는 알키비아데스와 전쟁의 위험을 이야기하는 니키아스가 맞섰습니다. 이때 시민들은 잘 생기고 연설 잘 하는 알키비아데스의 손을 들어주었는데요. 전쟁으로 인해 발생할 부정적 측면보다는 얻을 이익에 집중한 연설가의 선동에 넘어간 것입니다. 그렇게 해서 기원전 415년과 414년 사이에 시라쿠사 정벌전이 벌어졌고 아테네 동맹군 5만 명의 몰살로 이어졌습니다. 결국 강력했던 아테네해군이 사라지자 델로스동맹이 와해되었고 아테네의 화려한 영광은 사라졌습니다.

아테네 민주주의는 오늘날 모든 성인남녀가 참여하는 민주주의와 비교하면 불완전했습니다. 20세 이상의 남성만이 시민이었고 여성은 정치적 권리가 없었습니다. 수세대 전에 가족이 아테네에 정착한 이주민도 공적과정에 참여할 수 없었죠. 정치적으로 가장 크게 배제된 집단은 전쟁포로와 그들의 후손으로 구성된 노예였습니다. 페리클레스 시대 아테네에는 시민보다 노예가 더 많았는데, 그들은 농업, 광업, 가사노동 등 경제전반을 담당하고 있었죠. 노예는 그저 시민에 예속된 부속품에 불과했습니다.

이러한 정치과정과 스승 소크라테스의 억울한 죽음을 지켜본 플라톤은 이런 정치를 다수의 우민에 의한 정치(폭민정치:mobocracy)라 말했고, 아리스토텔레스는 다수 빈민의 정치(빈민정치:ochlocracy)라고 규정했습니다.

그 대안으로 플라톤은『국가』에서 충분히 훈련받은 철학자가 '지혜의 통치'를 해야 한다고 주장합니다. 민주주의가 도입된 오늘날에도 투표에 의해 당선된 통치자가 국가의 장래를 길게 내다보지 않고 인기 영합적 공약을 내놓는 것을 자주 볼 수 있습니다. 민주주의가 가진 전형적 폐해라 할 수 있는데요. 과연 민주주의는 어떤 방향으로 제도개선이 되어야 할까요?

3) 지혜를 사랑한 헬라인

이오니아의 철학자들

헬라문명이 시작된 곳이 이오니아라는 증거는 최초의 철학자들이 어디 사람인지 알면 됩니다. 우리는 서양철학을 이해하는데 있어 소크라테스, 플라톤, 아리스토텔레스의 세 사람을 주목하지만 이들은 시작이 아니라 전개과정이었다고 해야 옳습니다. 앞선 문명지역, 이오니아에서 활동한 이들이 있었고 그들로부터 서양철학은 시작되던 겁니다. 헬라문명은 이오니아에서 시작되어 헬라 전 지역으로 퍼져갔고 잠시 아테네가 그 중심이 되었습니다. 철학사상도 이오니아와 마그나 그라이키아 지역에서 시작되어 아테네로 옮겨갑니다. 그렇게 해서 플라톤과 아리스토텔레스 시대에 화려한 꽃을 피웠다고 이해하면 되겠습니다. 헬라스는 주변의 다른 문명권과 마찬가지로 주술과 신화, 그리고 디오니소스와 오르페우스를 위시한 광신적 종교문화가 압도한 사회였습니다. 끝없는 전쟁과 창궐하는 전염병으로 사람들은 쉽게 죽어나가고 미래를 예측하기 힘든 세상을 살기위해 신에게 의지하는 건 당연한 일이었지요. 지배층은 자신들의 기득권이 유지되는 전쟁의 승리를 신에게 빌었고, 신의 영광을 노래했습니다. 여인과 노예들은 그들의 고달픈 삶을 신에게 의지했고요. 자연현상도 신의 뜻이라고 하면 모든 게 설명되는 곳이었습니다.

하지만 이오니아의 지도자들은 조금 다른 생각을 했는데요. 신의 영향력을 배제하고 과학적, 철학적 사유를 함으로써 유럽식 정신문화가 탄생했던 겁니다. 이곳에서 어떤 일이 있었는지 자세하게 알려지지 않지만 탈레스, 아낙시만드로스, 아낙시메네스 등 몇몇 선각자들의 이름과 활동이 전해져 옵니다. 이오니아의 부유한 상업도시 밀레토스에서 태어난 이들 세 사람을 '밀레토스학파(Milesian school)'라는 이름으로 부릅니다. 세상의 이치를 탐구하는 학문이란 기본적으로 경제적 여유가 있어야 탄생할 수 있는 법인데요. 6세기경의 밀레토스는 남쪽 이집트에서부터 북쪽 흑해를 연결하는 길목에 있어 활발한 상업 활동으로 부유한 도시였습니다. 최초의 철학자라 불리는 탈레스는 헤로도토스처럼 여행을 통해 이웃 페르시아와 이집트의 선진문물을 접할 수 있었죠. 그럼으로써 신화를 배제하고 세상의 근본에 대해 연구한 첫 인물이 되었습니다. 여기에 에페소스 출신 헤라클레이토스와 사모스의 피타고라스까지 포함해 이오니아학파라고 부르기도 합니다.

비슷한 시기 이탈리아 남부의 조용한 도시 엘레아에서 활동했던 크세노파네스, 파르메니데스, 제논 등 철학자들은 엘레아학파라고 부르고요. 시칠리아의 아크라가스에서 활동했던 엠페도클레스도 있었네요. 당시 철학자들의 주요 관심은 세상의 불변한 진리가 있는가 아니면 변화하는 무엇이 있는가 탐구하는데 있었습니다. 또한 '아르케'라는 이름을 가진 세상 존재물의 근거를 찾으려 애썼습니다. 엘레아의 세 사람은 세상 변화에도 흔들리지 않는 일체적, 불변적 진리가 무엇일까 탐구했고, 밀레토스학파는 세상의 근본은 무엇인지, 변화하는 세상에서 무엇에 집중해야 하는가를 찾았습니다.

탈레스는 지혜를 사랑하는 자, 즉 철학자이면서 천문학자이자 수학자였습니다. 이집트에서 배운 기하학을 사람들에게 전수했고 근본적인 기하원리들을 발견해냈습니다. 원이 지름에 의해 2등분된다는 사실을 처음으로 주장했고, 이등변삼각형이 두 밑각의 크기가 같다는 사실도 밝혀냈죠. 또 바빌로니아 천문학에도 친숙했는데 태양의 궤도에 대해 규정했고 태양과 달의 크기도 언급했습니다. 탈레스에 관해 가장 유명한 건 세상을 구성하는 기본요소가 '물水'이라는 주장입니다. 그는 지구를 무한한 대양위에 떠 있는 편평한 판이라고 생각했습니다. 정기적 홍수를 통해 인간을 이롭게 하는 나일 강의 물과 부정기적으로 홍수를 일으키는 메소포타미아의 두 강에서 힌트를 얻었을까요? 제가 밀레토스 유적지를 방문해 보니 그가 왜 물에 대해서 언급했는지 알겠더라구요. 오늘날 이곳은 고대유적지인데도 찾는 이가 별로 없고 목동이 데리고 온 양들이 풀을 뜯는 곳이었습니다. 더구나 강이 가져온 퇴적물에 의해 대부분의 유적이 흙에 묻히고 물에 잠겨 있었습니다.

과거 밀레토스는 마이안드로스강의 하구에 위치한 항구도시였습니다. 탈레스가 살았던 당시 도시는 방어를 위해 육지에 붙어있는 섬에 세워졌고 그래서 사방이 물이었습니다. 바닷물과 강물이 섞이는 곳에서 살았던 탈레스가 세상의 근본이 물이라고 생각하는 건 아주 자연스러운 게 아닐까요? 탈레스의 중요성은 그때까지 세상을 신의 조화라고 생각했던 것을 자연에 근거한 탄생과 조화라고 본 최초의 인물이었다는 점입니다. 그래서 아리스토텔레스는 그를 '자연철학의 개척자'라고 평가했던 겁니다.

저는 이탈리아 나폴리에서 남쪽으로 차로 한 시간 정도 거리에 있는 도시 엘레아(지금의 벨리아)에도 다녀왔는데요. 이곳은 티레니아 해의 흰 파도가 보이는 한적한 바닷가 부근에 위치해 있습니다. 기원전 510년경 콜로폰의 크세노파네스가 이곳으로 와서 세워진 엘레아는 지금은 무너진 신전의 흔적밖에 없습니다. 그 흔한 복원된 신전기둥하나 없으니 찾아오는 관광객도 많지 않아 애써서 이곳까지 찾아온 제겐 아주 쓸쓸한 기분이 들더군요. 고대의 철학자들이 바람 부는 바닷가 언덕에 앉아 세상의 변하지 않는 진리가 무엇인지 탐구했을 것을 상상해봤습니다. 당연히 그들은 도시의 지배층이었을 테니 현안을 토론하고 통치 구조를 논의했을 것입니다. 엘레아 학파에 관한 가장 유명한 이야기는 '제논의 패러독스'가 있는데요. 가장 유명한 아킬레우스와 거북이가 경주하는 경우입니다.

"만약 아킬레우스와 거북이가 길이가 a인 광장에서 경주를 한다고 해보자. 먼저 거북이가 a/2만큼 간 후 아킬레우스가 a/2만큼 간다면 거북이는 다시 a/4만큼 앞서 가게 되고, 아킬레우스가 a/4만큼 따라가면 거북이는 다시 a/8만큼 더 가 있을 것이다. 따라서 아킬레우스는 거북이를 영원히 따라잡을 수 없다."

이거 정말 말이 되는 건가요? 하지만 이를 논리적으로 반박하기는 쉽지 않습니다. 점점 거리가 좁혀지기는 해도 거북이는 a/4, a/8, a/16… 이렇게 남은 거리의 1/2만큼 앞서 갈 것입니다. 이걸 수학적으로 계산해보면 무한대로 숫자가 작아지기는 해도 0이 되는 것은 아니죠. 한없이

0에 가까워질 뿐이지 거북이를 아킬레우스가 따라잡을 수는 없다는 이야기입니다. 논리적으로 맞는 거 같은데 뭔가 이상하죠? 제논은 옳고 그름을 떠나 우리가 당연하고 상식적이라고 여겼던 것에도 논리적 허점이 있다는 것을 알려주려고 했습니다. 결국 이는 근대에 이르러 라이프니츠가 고안한 미분계산법에서 해결되는데요. 제논이 시작한 논리학은 과학, 문학, 예술 등 다양한 분야에 적용되었습니다. 근대에 이르러 과학철학의 발전에도 크게 기여한 셈입니다.

사모스 출신 피타고라스도 빼놓을 수 없는 인물입니다. 피타고라스의 원리로 유명한 그가 주장한 수학(기하학)이 철학의 기초라고 말한 플라톤 철학에 상당한 영향을 주었기 때문이죠. 우리는 그를 수학의 시조쯤 되는 인물로 알고 있지만 엄밀히 말해 그는 종교집단의 교주였습니다. 그는 사모스를 떠나 이집트 테베에 유학을 갔고 한때는 바빌로니아에 머물기도 했다고 전해집니다.[15] 이곳에서 페르시아의 마고스 사제들을 만나기도 했다는데, 이집트와 바빌론의 경험은 신들에 관한 비의秘儀를 익힐 수 있는 좋은 경험이 되었습니다. 그리곤 고향으로 돌아가지 않고 남이탈리아의 크로토네로 이주해 그곳에서 비밀 종교집단을 세웁니다. 피타고라스학파로 불리는 이들은 음악의 신 오르페우스를 모시며 영혼의 윤회를 믿었고, 이 세상은 수數로 이루어졌다고 보았습니다. 그밖에 조금 이상한 규율이 있었는데요. 콩을 먹는 것을 죄악으로 삼았고 흰 수탉을 만지지 말 것, 빵을 쪼개지 말 것, 심장을 먹지 말 것, 불 핀 재 위에 그릇자국을 남기지 말 것 등이었습니다.

피타고라스가 남긴 가장 위대한 업적은 기하학이었습니다. 그에 의해 직각삼각형 빗변의 제곱은 직각을 낀 두 변 제곱의 합과 같다는 것을 발견했습니다. 이것이 우리가 아는 피타고라스의 정리죠. 또한 여기에서 비롯된 음악의 현에 대한 음정의 기준을 발견한 것이었는데요. 몇 가지 실험을 통해 한 현이 다른 현보다 두 배 길면 음이 한 옥타브 차이가 나고 1과 3분의 1이 더 길면 네 음(도와 파)의 차이가 난다는 것을 발견했습니다. 그러니까 여기서 현의 길이와 음의 관계를 파악해 낸 것이죠. 그는 천문학에도 기여했는데요. 월식이 지구와 다른 천체와의 관계에 의해 나타난다는 것을 발견했고 우주cosmos라는 이름을 붙인 최초의 인물이기도 했습니다. 19세기말 일본인들이 한자로 철학哲學이라고 번역한 필로소피아philosophia는 그에 의해 지혜에 대한 사랑이라는 의미로 정착 되었구요. 기원전 6세기의 철학자는 피타고라스학파pythagorean와 동의어였습니다.[16]

중요하지만 후대에 잊힌 인물 중 하나는 우주와 자연에 관심을 갖고 연구한 데모크리토스였습니다. 그는 소크라테스의 탄생시기와 비슷하게 기원전 470~460년경에 트라케 지방 해안도시 압데라에서 부유한 시민의 아들로 태어났습니다. 경제적 여유가 있었기에 페르시아, 이집트, 인도, 에티오피아 등을 여행하며 다양한 경험을 쌓았죠. 철학, 문학, 의학, 농업, 지리학, 역사, 윤리학 등 다양한 분야를 연구했는데 철학사에서 그는 무신론의 대표주자로 인식되고 있습니다. 그가 주장한 핵심은 '원자론'입니다. 이 세계의 모든 것이 원자로 이루어져 있으며 세계는 원자와 텅 빈 공간으로 구성되어 있다는 이야기죠. 그리고 원자가 합쳐지기도 하고 멀어지기도 하면서 자연의 모든 변화가 일어난다고 봤습니다. 이 같은 입장에서 사물과 문화의 발달 등을 설명했는데요. 원자론을 중심으로 한 그의 학설은 물질을 근본적인 실재로 하고 마음이나 정신은 부차적인 것이라고 보았던 유물론의 시작이었습니다.

그는 플라톤에 필적할 만큼 엄청난 저술을 남겼다고 하는데요. 하지만 플라톤의 저작물이 대부분 남아있는 것에 비해 그의 저작물은 3세기경 모두 사라졌습니다. 후대인들이 인용을 많이 한 것을 보면 꽤 인기가 있었던 저작물이었는데 왜 그렇게 되었을까요? 의심해 볼 점은 그의 사상이 무신론에 가까우며 플라톤과 대척점에 있었다는 점입니다. 플라톤의 뒤를 이은 알렉산드리아의 플라티노스가 정립한 사상을 그리스도인들이 채택하는데요. 그 영향 아니었을까 생각해 볼 수 있습니다. 이는 인간이 만든 종교나 사상은 옳은 것이 살아남는 게 아니라 누군가의 선택에 의한다는 세상의 기본 원리를 깨닫게 해 줍니다.

그림 18. 소크라테스 ⓒ안계환

소크라테스의 제자 플라톤과 크세노폰

서양철학은 누구로부터 시작되었느냐는 질문을 받아 '소크라테스'라고 대답한다면 틀리지 않을 것입니다. 우리에게는 '너 자신을 알라', '나는 내가 무엇을 모르는지 안다' 등 소크라테스가 말했다던 명언들이 잘 알려져 있죠. 하지만 가장 유명한 '너 자신을 알라'라는 명언은 소크라테스가 한 말이 아니라 델포이 신전에 적혀 있던 글이랍니다. 『고대 그리스 철학자의 생활과 의견 및 저작 목록』이란 중요하고도 긴 제목의 책을 남긴 라에르티오스는 탈레스가 한 말이라고 언급하고 있는데요. 그 외에 소크라테스에 관한 철학적 질문들이 그의 것인지 알 수 없습니다. 그는 자신의 저작물을 남기지 않았기 때문이죠. 우리가 알고 있는 소크라테스의 연설이나 죽음에 관한 에피소드는 제자 크세노폰과 플라톤이 저술한 책으로부터입니다. 소크라테스가 말했다는 철학 사상도 그의 것인지 플라톤의 것인지 확실하지 않습니다.

폴리스 아테네는 미래가 암담했습니다. 화려했던 전성기는 우매한 정치로 인해 무너지고 스파르타와의 오랜 소모적 전쟁은 경제를 피폐하게 했습니다. 결국 전쟁에서 패한 후 들어선 참주정의 폭정과 비민주적인 정치 행태는 사람들에게 환멸을 주었고요. 참주정 이후 들어선 민주정도 별반 다를 게 없었는데, 기원전 399년 스승 소크라테스가 억울한 재판에 의해 죽는 것을 봐야 했던 겁니다. 그렇게 아테네 앞에 놓인 상황은 정치도 경제도 모두 암담할 뿐이었습니다. 결국 젊은이들은 살아갈 방안을 마련해 보려고 조국을 떠날 수밖에 없었고요. 그 대표적 인물들이 크세노폰과 플라톤이었습니다.

스승 소크라테스가 죽기 2년 전, 제자 크세노폰은 바다를 건너 아나톨리아로 갔습니다. 비록 적국이었지만 페르시아의 키루스(소 키루스)가 용병을 모집했고 헬라스의 젊은이들은 응했던 겁니다. 스승에게서 미리 상의하지 않고 떠날 결정을 먼저 했다고 핀잔을 들었지만 그는 개의치 않고 용병의 일원이 되어 멀고먼 바빌론까지 이동했죠. 하지만 그가 만나게 된 현실은 용병료를 지급해야 할 사령관의 죽음과 적국 한가운데 놓인 헬라스 병사 1만 명이었습니다. 그곳에서 살아남아 고향에 돌아가기 위해 토론을 통해 리더가 되어야 했던 크세노폰. 그는 탁월한 지략과 용맹함으로 동료들과 함께 살아 돌아왔는데요. 그리곤 그 2년간의 모험을 『아나바시스(페르시아 원정기)』라는 위대한 책에 남겼습니다.

뛰어난 레슬링 선수였으며 자부심 강한 아테네 귀족 출신 플라톤. 본명이 아리스토클레스였던 그의 젊은 시절 주요 관심사는 정치였습니다. 귀족출신이니 아테네 정치를 혁신하고 더 나은 미래를 설계하고 싶었을 겁니다. 스승이 죽은 2년 후, 서른 살의 플라톤도 새로운 기회를 찾아 고향을 떠났습니다. 우선 최고의 문명지역 이집트로 건너가 그곳의 전통 종교문화와 신비사상을 접했습니다. 메소포타미아에서 조로아스터의 신비종교를 배웠다는 설도 있는데요. 그가 이원론인 이데아론을 주장하게 된 것도 조로아스터교가 표방한 이신교설[17]의 영향일 가능성이 있죠. 그렇게 12년을 떠돈 후 이탈리아의 타렌툼으로 건너가 본격적으로 피타고라스학파에게 기하학을 배우게 됩니다. 이후 서지중해 최고의 문명도시였던 시라쿠사를 방문해서는 참주 디오니시우스 2세를 만나 자신의 정치철학을 설파하기도 했습니다. 하지만 현실적 정치인 디오니시우스는 플라톤의 말을 새겨듣지 않았습니다. 이후 아테네로 돌아왔고 그 과정에서 해적에게 잡혀 노예로 끌려가는 등 고초를 겪기도 했습니다.

친구들의 도움으로 몸값을 주고 풀려나 42세에 아테네로 돌아온 그는 현실정치의 꿈을 접고 아카데메이아학당을 세우고 사상연구에 매진했습니다. 자신의 뜻을 펼치기 위해 천하를 주유하다 포기하고 돌아와 제자양성에 힘썼던 사상가 공자와 삶의 궤적이 일치하는 부분입니다. 플라톤은 공자보다 훨씬 젊은 나이에 천하를 주유했기에 오랫동안 후진양성을 했고 직접 방대한 저술을 남길 수 있었다는 점이 다를 뿐이죠. 당시 아테네에는 김나지움이라는 이름으로 불린 학교가 있었는데, 이곳에서는 학문연구 뿐만 아니라 체육활동을 했습니다. 고대 올림픽이 열렸다던 올림피아에 가 보니 스타디움 옆에 김나지움의 유적이 있더군요. 헬라인들은 정신뿐만 아니라 육체를 단련하는 것도 시민의 중요한 의무라 생각했고 신에 대한 예의라고 봤던 것이죠. 아테네의 김나지움 가운데 가장 유명한 곳이 아카데메이아 학당이었습니다. 이곳에서는 교육과 토론이 이루어졌는데 6세기에 폐쇄될 때까지 무려 1천년동안 명맥을 유지했습니다. 플라톤은 이곳에서 제자를 양성하며 무려 30여권의 저작물을 남겼다고 하는데요. 그의 사상은 앞선 철학자들인 피타고라스, 파르메니데스, 헤라클레이토스 등의 영향을 받았으며 당시 유명한 유물론자였던 데모크리토스와는 대립관계였습니다.

플라톤이 주장한 것은

플라톤과 아리스토텔레스, 그리고 후대 철학자들에게서 만나는 중요한 관점은 세상을 둘로 나누는 '이원론dualism'입니다. 우주만물이 보이는 세계와 보이지 않는 세계, 실재(이데아=신神)와 그림자(사람, 나무), 정신과 육체로 구성되어 있다고 보았습니다. 그래서 유럽인은 세상을 모순 대립되는 관계라는 생각을 강조하는 편입니다. 밝음과 어두움이 분명하게 나뉘고 신을 믿는 유신론은 그렇지 않은 유물론을 용납하지 않죠. 이에 비해 동양의 음양오행 사상은 세상이 음과 양으로 이루어져 있다고 했지만 이는 서로 모순 대립하는 게 아니라 상호 보완적 요소입니다. 음이 양이 되고 양이 음이 되는 태극의 사상이 주역의 기본원리이며 주자학의 근본 바탕이었죠. 서양의 음양은 분리와 대립의 관계이지만 동양의 음양은 조화와 균형의 관계였습니다.

이원론은 선신과 악신의 이신교를 표방하던 조로아스터교에서 출발한 것이지만 이집트, 인도, 페르시아 등 중근동 지역의 일반적인 생각이었을 겁니다. 이집트에서는 인간을 육체와 영혼으로 나눠서 봤고 인간이 죽으면 영혼은 저승에 가서 심판받아야 한다고 생각했습니다. 그리고 이승에서 높은 수양을 쌓아 깃털보다 가벼운 심장을 가진 영혼이라면 저승에서 심판을 받아 부활할 수 있는 자격이 있다고 했죠. 그리스신화에서는 죽은 영혼이 고난을 겪는 타르타로스와 이상향의 세계 엘리시온이 있다고 했습니다. 플라톤은 영혼이 죽지 않는다는 헬라인의 보편적 생각을 믿었습니다. 그는 소크라테스의 입을 빌어 이런 말을 남기는데요.

"모든 영혼은 죽지 않는다네. 영혼이란 스스로 운동을 얻는 존재이기에 그렇다네. 필연적으로 영혼은 생겨나지도 죽지도 않을 걸세."[18]

이러한 영혼불멸설은 죽음이후를 고민하는 인간에게 종교의 필요성을 일깨워 줍니다. 이런 사상들이 철학과 종교에 반영되어 선과 악을 구분하고, 선을 선택하는 '자유의지'가 강조되었죠. 이것은 이승에서 신을 따르고 공덕을 쌓아야 지옥과 천국으로 나뉜 세상에서 천국으로 갈 수 있다는 평소 수양을 강조하는 그리스도교 사상으로 이어졌는데요. 훗날 종교개혁의 바람이 불 때 자유의지는 네덜란드의 에라스무스와 마르틴 루터간의 논쟁으로 다시 등장합니다. 에라스무스는 로마가톨릭의 생각처럼 인간은 선하고 존엄한 존재이기에 자유의지와 자유선택은 인간이 갖는 고유 능력이라고 말했는데 비해 루터는 신의 선택이 더 중요하며 은총으로 구원을 받아야 한다고 했던 겁니다.

플라톤이 주장한 가장 중요한 사상은 이데아론입니다. 이원론에 따라 현실과 반대되는 이상적 개념을 말하는 것이 이데아인데요. 이데아는 모든 사물이 가지고 있는 원인이자 가장 중요한 본질입니다. 인간이 살아있다는 것은 이데아가 있기 때문인데요. 하지만 인간이나 살아있는 모든 것들은 세월이 지나면 낡고 사라지게 마련인데 이데아는 시간이 흘러도 그 모습이 변하지 않습니다. 모든 사물의 출발점이면서도 궁극적인 목표점이 이데아라 할 수 있죠.

이데아론이 무엇인지 가장 잘 설명한 우화는 『국가』 제7권에 서술된

'동굴의 비유'입니다. 플라톤이 소크라테스의 입을 빌어 말하는 이데아론을 간단히 설명하면 이렇습니다. 어느 동굴에 죄수들이 쇠사슬에 몸이 묶인 채 벽을 바라보고 앉아 있습니다. 그들 뒤편에는 동굴 입구가 있고 그곳으로부터 빛이 들어와 동굴 벽에 비친 자신들의 그림자가 보입니다. 죄수들은 그들 눈에 보이는 빛과 그림자가 세상의 전부인 것처럼 알고 지냅니다. 그러던 중 죄수 하나가 사슬이 풀려 동굴 밖으로 나왔습니다. 나와 보니 웬걸! 처음에는 밝은 빛 때문에 눈이 부셔 볼 수 없었지만 잠시 후 눈앞에 새로운 세계가 있다는 걸 알게 됩니다. 그때까지 자신은 벽에 비친 자신들의 모습이 세상의 전부라고 생각했는데 이젠 밝은 태양아래 진짜 세상이 있다는 걸 깨달은 겁니다. 특히 밝게 빛나는 태양이야말로 사계절과 자연의 변화를 만드는 원인제공자임을 알게 됩니다. 깨달음을 얻은 죄수는 용감하게도 동료들을 구하기 위해 동굴 안으로 들어갔고 그곳에 있던 동료들을 설득합니다. 밖에 진리가 있으니 사슬을 풀고 나가자고 말이죠. 하지만 그들은 현실에 안주할 뿐 생각을 바꿀 의지가 없습니다. 심지어 밖에서 들어와 떠드는 죄수에게 해를 입히기까지 합니다.

플라톤이 동굴의 비유에서 주장한 내용을 정리해 보면 이렇습니다. 현실세계에 살고 있는 인간은 태어날 때부터 동굴에 갇혀 사는 죄수처럼 세상의 이치를 모르는데요. 눈에 보이는 것은 진실이 아니라 그림자일 뿐인데도 그들은 알아차리지 못하죠. 그런데 쇠사슬에 풀려난 죄수가 동굴 밖에 나와서 보는 것이 바로 이데아의 세계입니다. 이데아를 볼 수 있는 사람은 쇠사슬을 풀고 어둠에서 밖으로 나오려 노력한 철인뿐입니다. 철인이 되기 위해서는 먼저 현실을 묶고 있는 쇠사슬을 풀 용기가 있어야 하고, 어둠에서 밝음으로 가는 변화과정을 겪어야 합니다. 이데아를 알게 된 후 동료들을 구하기 위해 동굴로 들어가는 용기 또한 철인이 갖춰야 할 필수 능력입니다. 하지만 쇠사슬에 묶인 동료들은 이데아 세계를 알려 주어도 듣지 않는데요. 그저 현실에 안주하며 여전히 그림자만 바라보며 살 뿐이죠. 더 나아가 동굴 안으로 들어와 동료들을 교화시키려 애쓰는 철인을 죽이기까지 합니다. 묘하게 어떤 중요 인물과 겹치지 않습니까? 당시에는 이렇게 이상향의 세계를 주장하는 철인이 많았던 모양입니다.

플라톤은 철인이 되기 위한 실천 방법들을 제자들에게 직접 가르쳤습니다. 그가 세운 아카데메이아 정문에는 '기하학[19]을 모르는 자는 들어오지 마시오.'라는 문구가 새겨져 있었다는데요. 기하학이 철학을 연구하기 위한 선수과목으로 지정된 셈입니다. 그는 피타고라스와 마찬가지로 우주가 숫자와 기하라는 근본 관념을 바탕으로 질서가 잡혀 있다고 생각했습니다. 특히 원이나 삼각형을 완전한 것(이데아의 세계)이라 봤습니다. 원의 정의는 '한 점에서 같은 거리에 있는 점의 집합'이죠? 그런데 실제로 이를 증명할 방법이 있나요? 삼각형 내각의 합이 180° 라는 건 우리 모두가 압니다. 그런데 이를 자로 잴 수 있을까요? 완전한 원이나 삼각형은 수학적 증명만 가능할 뿐 자연에서는 찾아낼 수 없습니다. 이것이 바로 플라톤이 생각한 이상의 세계가 바로 수학(기하학)에 구현되어 있다고 본 것입니다. 그래서 이상의 세계를 찾아내고 실천하는 철인이 되기 위해서는 수학을 배우고 훈련하는 것이라고 강조했던 것이고요. 이걸 보면 그는 이탈리아에 가서 피타고라스학파 사람들에게 제대로 배운 듯 합니다.

자연철학자 아리스토텔레스

플라톤 아카데메이아의 수제자는 아리스토텔레스라고 알고 계시죠? 그런데 그는 왜 아카데미아를 물려받지 못하고 새로운 학교 '리케이온'[20]을 세웠을까요? 저도 학창시절 이게 참 궁금했습니다. 수제자인데 학교를 물려받지 못했다는 게 이상했거든요. 공부해 보니 이는 아테네가 가진 '시민'의 개념 때문이라는 걸 알게 되었습니다. 아테네에서는 시민권 보유자만이 온전한 국민으로서 참정권을 행사할 수 있었죠. 아리스토텔레스는 아테네시민이 아니라 변방 마케도니아 출신 외국인이었습니다. 플라톤은 지체 높은 귀족이자 아테네 시민이었는데 그가 세운 학당을 외국인이 차지할 수는 없었겠죠. 더구나 당시 아테네에 군사적 위협을 가하고 있던 마케도니아 출신 아리스토텔레스는 기피인물이었을 가능성도 있었습니다.

기원전 347년에 플라톤이 죽자 아리스토텔레스는 아테네를 떠났고, 얼마 후 마케도니아에서 필리포스 왕의 아들 알렉산드로스의 스승이 되었습니다. 궁정의사였던 아버지 덕분이었고 당시 문화선진국 아테네에서 유학한 경력 때문이었습니다. 이로써 3년 동안 미래의 왕을 가르칠 수 있었고, 알렉산드로스가 동방원정을 떠나자 아테네로 돌아와 자신의 학교를 세웠습니다. 플라톤 아카데미에선 선수과목으로 기하학이 있었다고 했지요? 이처럼 이곳은 일정한 학력을 가진 사람만 들어갈 수 있는 대학과정이었다면 리케이온은 고교과정이라 할 수 있었는데요. 아리스토텔레스의 지적 관심 분야는 형이상학, 논리학, 정치철학, 윤리학, 자연철학, 과학, 생물학 등 엄청나게 다양해서 오늘날의 대학 강좌별로 나누면 무려 17명의 교수가 담당해야 할 정도라니 참 대단합니다.

이곳에서는 대화를 하면서 건물 주위를 맴돈 것으로 유명한데, 그래서 페리파토스(산책길)에서 유래된 소요학파(peripatetic school)라고도 불립니다. 이곳에는 아리스토텔레스가 남긴 강의록뿐만 아니라 엄청나게 많은 책들이 수집되어 있었다고 하는데요. 여기서 만든 도서 분류 체계가 훗날 알렉산드리아 도서관의 설립에 큰 영향을 주었죠. 이는 알렉산드로스로부터 학비조로 많은 돈을 지원받았기 때문이었답니다. 미래 왕의 스승이었으니 당연한 일이었을 텐데, 그러고 보니 아카데메이아 학당을 물려받은 것 보다 더 낫지 않았을까 싶네요.

아리스토텔레스는 의사였던 아버지의 영향이었는지 현실세계와 자연에 관심이 많았습니다. 특히 생물의 발달과 부패과정에 관심을 쏟았는데 매일같이 달걀을 깨고 닭의 성장과정을 도표로 만들기도 했답니다. 스승과는 다르게 비물질적 이상 세계보다는 물리학적 변화과정에서 의미를 찾았고요. 천문학에도 관심을 쏟았는데 플라톤의 우주론을 받아들여 우주를 신성하다고 봤으며 별을 살아 있는 신으로 생각했습니다. 세상을 창조한 신성한 존재가 있다고 생각했으며 '움직이지 않고 움직이게 하는 자'라고 정의했죠. 따라서 태양과 별들이 지구 둘레를 돌게 만드는 그 무엇은 분명히 움직이지 않을 것이라고 봤습니다.

이러한 절대 존재 사상은 중세 그리스도교 사상에 엄청난 영향을 주었는데요. 12세기에 들어와 유럽인은 그때까지 알지 못했던 그의 글을 읽을 수 있었는데, '움직이지 않고 움직이게 하는 자(부동의 원동자)'에 대한 그의 합리적 증명에 매료되었습니다. 여기서 말하는 움직임(운동)이란 질적·양적·실재적 변화 모두를 의미하는데요.[21] 아리스토텔레스의 '부동의 원동자'를 간단히 설명해 보면 이렇습니다. 출생이란 없던 것이 탄생한다는 의미에서 분명 운동입니다. 그 누구도 부모 없이 태어날 수는 없으므로 그 부모가 있을 것이고, 이를 무한대로 소급한다면 끝이 있어야겠지요? 그 끝은 부모 없는 부모인 존재로 귀결됩니다. 아리스토텔레스는 자신은 탄생하지도 변화하지도 않으면서 모든 탄생과 변화의 원인이 되는 원리를 부동의 원동자라고 이름 붙였던 것이지요. 이전까지 헬라인은 사람 형상을 닮은 신의 모습을 그려왔는데 이때부터 무형의 원리가 신이 되었던 겁니다.

하지만 이건 아리스토텔레스가 의도한바가 아니었습니다. 그와 동료들의 철학에 담겨있는 이데아, 그리고 창조자의 개념과 후대 그리스도교의 야훼는 전혀 달랐습니다. 중세 그리스도인들이 아리스토텔레스의 생각을 자의적으로 해석해 이용했을 뿐이죠. 그는 올림포스 신앙 등 다신교 전통신의 폐지를 원하지 않았습니다. 죽음의 고통이 가까이 있었던 인간에게 자연을 지배하는 우월한 존재에 대한 갈망은 당연한 것이었죠. 전래되는 신화는 고대로부터 내려오는 지혜와 사상이 담겨있다고 본 것입니다. 천체에 신성을 부여한 것도 비슷한 생각이었습니다.

플라톤과 아리스토텔레스의 사상은 서양철학에 큰 영향을 끼쳤습니다. 20세기 초반의 수학자이며 철학자인 화이트헤드(Alfred North Whitehead)

가 "서양철학은 플라톤의 각주(foot notes)에 불과하다."라고 말했을 정도로 플라톤의 위치는 대단합니다. 이는 아우구스티누스 등 초기 그리스도교 교부들이 플라톤과 플라티노스의 생각을 받아들여 교리를 완성하는데 애썼기 때문입니다. 세상을 이분법으로 나누고 영혼불멸을 믿으며 이데아의 세계를 추구한 것이 그리스도교에 녹아들어 중세철학을 형성하는데 기여했던 겁니다. 근대에 이르러서 데카르트, 스피노자, 니체 등 철학자들은 플라톤과 그리스도교의 신 중심 철학에서 벗어나기 위해 애썼습니다. 아리스토텔레스에 의하면 사과가 땅에 떨어지는 건 움직이지 않는 절대자에게로 움직이는 개체에 불과했습니다. 하지만 시대가 바뀌어 다른 눈을 갖게 된 과학자이자 철학자 아이작 뉴튼은 지구와 사과는 서로 힘을 주고받는 존재로 봤습니다. 절대자와 개체가 아니라 지구와 사과라는 동등한 개체간의 관계역학이라고 생각한 것이죠. 이전까지 세상의 모든 것이 신의 의지로 이루어지는 것이라고 해석되었지만 이젠 인간의 존재와 의지도 작용할 수 있는 세상이라는 깨달음이 있었죠. 하지만 뉴튼도 절대자 신의 존재를 부정하지 않았습니다. 결국 유물론자 마르크스에 도달해서야 서양 사상가들은 그리스도교와 플라톤의 속박에서 벗어납니다. 그러니 화이트헤드가 서양철학은 플라톤의 각주라고 말할 만 하죠.

4) 알렉산드로스와 헬레니즘

영웅 알렉산드로스

아테네가 헬라문명의 중심이 되었던 영광의 시절은 기원전 478년 성립된 델로스동맹 시기부터 스파르타에 최종적으로 패한 기원전 404년까지 70여 년간이었습니다. 이때 파르테논 신전이 건축되었고 소포클레스에 의해 비극이 제작되는 등 화려한 시기를 누렸습니다. 하지만 태양이 떠오르면 지는 시간이 오듯이 아테네는 더 이상 패권을 누리지 못하고 저물고 있었는데요. 플라톤과 아리스토텔레스가 학교를 열었던 시기는 아테네가 전성기를 지나 쇠퇴하던 때였습니다. 스파르타와의 경쟁에서 패한 아테네는 함대, 패권, 그리고 민주정을 잃었는데요. 그러나 스파르타도 주도국이 되기에는 역량이 부족했습니다. 시민의 수가 적어 강력한 군대육성도 쉽지 않았고 이를 뒷받침할 경제력을 갖고 있는 것도 아니었죠. 이오니아 원정 초반에는 페르시아를 상대로 승리를 거두어 성공한 듯 했지만 아테네, 코린토스, 아르고스, 테베 등의 반발로 지속되지 못했습니다. 결국 기원전 371년 테베와의 레욱트라 전투에서 결정적 패배를 당하면서 스파르타는 패권을 상실합니다. 이후 헬라스의 패권국은 존재하지 않게 되었고 북방의 신흥 세력 마케도니아의 도전을 받게 됩니다.

북쪽에서 국력을 키우며 기회를 엿보던 마케도니아는 필리포스 2세

이후 강력한 군대를 육성하고 차츰 주변국을 정벌하기 시작했습니다. 북방 초원에서 육성된 기병과 강력한 집단보병대(팔랑크스phalanx)의 힘 덕분이었죠. 테베와 아테네를 비롯한 여러 폴리스가 필리포스의 말발굽아래 들어온 건 당연한 수순이었습니다. 그리고 아버지의 급작스러운 사망으로 왕위에 오른 알렉산드로스는 헬라스 연합군을 규합해 동방원정을 떠났습니다. 그런데 누가 봐도 그의 원정은 무모해 보입니다. 역사상 그 누구도 이처럼 대담한 정벌을 계획하거나 시도한 적은 그 이전에도 이후에도 없었으니까요.

그는 짧은 기간에 페르시아를 물리치고 광대한 제국을 건설하는데요. 동쪽으로는 간다라까지 갔고 남쪽은 나일 강 상류에 이르렀습니다. 비록 그에게 주어진 영광의 시간은 기원전 336년부터 323년까지 겨우 14년뿐이었지만 그가 남긴 영향은 컸습니다. 그의 이름을 딴 도시 알렉산드리아가 여러 장소에 만들어졌고 헬라스와 페르시아문명이 합쳐졌습니다. 그 결과물 중 하나가 '간다라 불교예술'이라고 하는데요. 알렉산드로스 사후 그의 제국은 여러 개로 갈라졌는데 힌두쿠시산맥과 아무다리아강 사이에 세워진 박트리아(기원전 246~138년)도 그중 하나였습니다. 중간에 페르시아의 존재로 인해 서쪽과 단절된 이곳에서는 새로운 그레코-박트리아 문화가 탄생했는데요. 그때까지 불교에는 형상을 만드는 문화가 없었습니다. 그런데 인간의 모습을 본 딴 신의 형상을 조각하는 헬라문화와 결합해 형상으로 만들어진 부처의 모습이 탄생한 것이죠. 그렇게 시작된 불교예술은 동쪽으로 전해져 중국 산서성의 운강석굴을 거쳐 신라 경주의 석굴암 탄생에도 기여했다고 하네요.

그림 19. 알렉산드로스 모자이크, 나폴리국립박물관, ⓒ안계환

알렉산드로스가 페르시아 왕 다리우스와 이수스 전투에서 싸우던 장면은 대형 모자이크에 그려져 있습니다. 로마의 도시 폼페이에서 발견된 이 모자이크는 기원전 310년에 제작된 원작은 사라졌고 로마시대에 복제되어 어느 귀족의 마당에 제작된 것입니다. 세계사 교과서에 나오던 이 그림을 나폴리국립박물관에서 발견했을 때 얼마나 큰 감동이 오던지요! 투구도 쓰지 않고 갈색 머리를 휘날리며 군을 지휘하는 알렉산드로스. 창에 맞아 쓰러진 말과 사람, 긴 창을 들고 있지만 후퇴하고 있는 페르시아군과 다리우스 왕. 치열한 전쟁터의 모습을 박진감 있게 그려주고 있습니다. 이 모자이크의 주인공 알렉산드로스는 서른셋이라는 나이에 죽은 탓으로 젊은 영웅의 모습으로 그려져 있습니다. 로마제국에서도 그리 중요하지 않은 중소도시 폼페이의 개인 저택 응접실 바닥

에 이 모자이크가 그려져 있었으니 부유한 로마 귀족들 집에는 어디나 있었다는 이야기 아닐까요? 그만큼 알렉산드로스의 활약은 당시 사람들에게 대단히 인기 있고 중요한 사건이었나 봅니다.

우리는 지금까지 아테네가 몰락한 후 헬라문명 전체가 운명을 다한 것처럼 알고 있는데요. 같은 나라끼리 싸워 국력이 쇠퇴 했다고도 배웠죠. 민주주의를 최고의 가치로 두었던 19세기 영국을 비롯한 유럽인들은 아테네에서 민주주의가 약해지고 북방의 마케도니아가 점령한 것을 문명의 쇠퇴로 생각했습니다. 하지만 과연 그렇게 보는 게 옳을까요? 아테네시대에 이어 헬레니즘시대로 이어졌을 뿐 여전히 헬라문명은 발전하고 있었습니다. 아테네 대신 시라쿠사가 전성기를 누렸고, 에페수스 등 이오니아 도시들도 다시 힘을 썼습니다. 예술품 제작 능력은 더욱 발전되었고 시라쿠사에 아르키메데스가 있었던 것처럼 과학기술도 발전하고 있었거든요. 300여년에 걸쳐 진행된 이 시기에 헬라문화가 동지중해 전역에 퍼지게 되었는데요. 특히 헬라어가 지역의 중요한 의사소통 수단이 되었는데, 헬라어는 공통된 것이라는 의미로 '코이네koine'라고 불렸습니다. 바로 이 코이네로 헬라인에 의해 『신약성서』가 쓰였던 것이죠.

많은 이들이 찾아가는 루브르 박물관의 최고 유물 '밀로의 비너스'나 '사모트라케의 니케'상은 헬레니즘시대의 제작품입니다. 키클라데스제도의 메로스 섬과 북방의 작은 사모트라케 섬에서 제작되었으니 이때 헬라스의 기술, 문화, 예술이 정점에 이른 것 아니었을까요? 2세기경 비잔티움출신 철학자 필론은 당시 알려진 세계를 여행하고 나서『세계 7대 경관』이란 책을 썼는데요. 여기에 우리에게 잘 알려진 고대 7대 불가사의 건축물이 기록되었죠.(원래는 7가지 놀랄만한 건축물이란 뜻이다) 쿠푸왕의 피라미드, 바빌론의 공중정원, 올림피아의 제우스 상, 에페소스의 아르테미스신전, 할리카르나소스의 마우솔레움, 로도스의 청동상, 알렉산드리아 파로스의 등대 이렇게 일곱 개입니다. 지금까지 온전하게 남아있는 건 이집트의 피라미드뿐이지만 여기서 몇 가지를 유추해 볼 수 있습니다.

하나는 필론이 살았던 로마제국은 평화가 지속되었기에 이렇게 넓은 지역 여행이 가능했다는 겁니다. 오늘날에도 중동지역은 지역 간 분쟁이 상존해 위의 7개가 있던 지역을 모두 여행하기 힘든데 말입니다. 또 하나는 일곱 개중 네 개가 헬레니즘 시대에 제작되었다는 겁니다. 오늘날 아테네의 파르테논 신전이 그 아름다움을 뽐내고 있지만 당시에는 에페수스의 아르테미스 신전이 훨씬 거대하고 아름다웠을 가능성이 있습니다. 파르테논이 여기 7개에 들어가지 못하는 것을 보면 말이죠. 오늘날 아르테미스 신전은 고고학자들이 발굴해 겨우 기둥 한 개를 억지로 세워놓았지만, 당시에는 신전의 아름다움을 많은 이들이 칭송하기도 했습니다. '위대한 자가 살아남는 게 아니라 살아남은 자가 위대한 것이다.' 라는 말처럼 지금까지 비교적 온전한 형태를 유지하고 있는 파르테논 신전이 기초만 남은 아르테미스 신전보다 더 멋지게 보이는 건 분명합니다.

알렉산드로스가 일찍 죽은 후 그의 제국은 시리아의 셀레우코스 왕조, 발칸반도의 마케도니아 왕조, 이집트의 프톨레마이오스 왕조 이렇게 셋으로 나뉩니다. 페르시아 지역에서 헬라인은 힘을 잃고 사라졌고 파르시인의 나라라는 뜻의 파르티아가 자리 잡습니다. 서쪽의 세 나라 중에서 경제와 문화면에서 아테네의 뒤를 이은 건 프톨레마이오스 왕조였습니다.

알렉산드리아 도서관(Museum)

헬라스가 알렉산드로스에 의해 정치적으로 통합된 후 철학은 현실적으로 변해갔습니다. 폴리스가 무너지고 절대 권력이 생겨 정치철학을 논할 수 없으니 개인의 행복이나 자연현상을 연구하는 방향으로 나갈 수밖에 없었지요. 절대행복을 추구하는 에피쿠로스학파와 정신과 영혼의 안정을 위해 금욕주의를 주장한 스토아학파가 탄생한 것도 그런 이유일 것입니다. 자연학의 중심지는 나일 삼각주에 있던 알렉산드리아였습니다. 알렉산드로스는 점령지 곳곳에 자신의 이름을 딴 도시를 건설하라 명했는데, 이집트 삼각주에 위치한 이곳만이 거의 유일하게 살아남았습니다. 로도스 또는 마케도니아 출신이라는 디노크라테스가 도시설계를 맡았는데 직선 대로들이 수직으로 교차하는 격자도시가 탄생했습니다. 스승 아리스토텔레스의 영향을 받은 알렉산드로스는 정복한 땅에서 자연과 문화의 샘플을 다수 수집했는데요. 그리고 이것을 자신의 도시에 모아두었죠. 이런 제왕의 생각은 후계자 프톨레마이오스에 이어져 아리스토텔레스의 도서관 체계를 들여와 파피루스를 정리하기 시작했습니다. 19세기 유럽인들은 그들이 탐험하는 땅에 대한 다양한 자료들을 모으려 애썼고 이를 모아 전시했는데요. 찰스 다윈이 생물학자로 참여해 항해했던 비글호에는 군인과 선원 외에도 다양한 학자들이 승선했습니다. 새로운 땅을 발견하면 그곳에 대해 제대로 분석할 수 있는 전문가가 꼭 필요해서죠. 이는 알렉산드로스와 아리스토텔레스로부터 시작한 박물관식 사고가 이어진 때문입니다.

기원전 280년경, 알렉산드리아에는 '무세이온mouseion'이 세워졌습니다. '무사 여신들의 성지'라는 의미를 갖는 무세이온은 영어로 뮤지엄이 되어 도서관이라고 번역되는데요. 이 도서관이 파피루스 장서를 모으는 방법은 집요하고 치밀했습니다. 어느 곳에 파피루스가 있다는 소식이 들리면 사람을 보내 구입하거나 강제로 빼앗아 왔습니다. 심지어 배에 실린 파피루스를 압수한 후 복사하고 대신 사본을 돌려주기도 했다는데요. 이렇게 모은 장서가 40만 권(일설에는 70만 권)에 이르렀습니다. 그러자 도서관 건립경쟁이 붙어 소아시아의 페르가몬에도 도서관이 들어섰습니다. 알렉산드로스가 남긴 보물창고였던 페르가몬이 훗날 '동방의 아테네'라고 불린 이유도 이것 때문이었는데요. 이 소식을 들은 프톨레마이오스 왕가에서는 경쟁도시를 견제하기 위해 나일의 생산품인 파피루스 수출을 금지했습니다. 그러자 페르가몬에서는 이 난관을 타개하기 위해 양피지라는 새로운 기록매체를 발명하게 됩니다. 결핍이 창조를 낳는다는 말이 딱 맞는 사례죠.

이 사건 이전에 이미 양피지가 사용되고 있었다는 설도 있는데요. 비록 가격이 비싸고 제작이 어려웠지만, 파피루스가 습한 지역에서 곰팡이가 피거나 손상되기 쉬웠던 반면 양피지는 내구성과 보존성이 뛰어났습니다. 또한 파피루스는 식물섬유라는 특성으로 인해 양쪽 면을 쓰기 어려웠지만 양피지는 가능했고 필요할 때에는 원래 기록된 글을 칼로 긁어내고 다시 쓸 수도 있었습니다. 파피루스가 두루마리 형태인데 비해 양피지는 오늘날의 책처럼 펼칠 수 있었기에 사용이 편리한 점도 추가할 수 있습니다. 결국 보존이 어려운 파피루스 대신 양피지가 사용됨으로써 고대문서들이 후대까지 전달될 수 있었던 거죠.

알렉산드리아 도서관에서는 장서를 갖추는 것과 동시에 학자들을 초청해 생활비를 지급하고 연구 활동을 지원했습니다. 그러니 엄청나게 많은 사람들이 아테네를 비롯한 헬라스 전 지역에서 몰려왔겠죠. 전국시대 제나라의 '직하학당'에 학자들이 모여 학문을 연구하던 것과 비슷하다 할 수 있겠는데요. 그런데 이렇게 국가에서 지원하는 연구기관에서는 새롭고 창조적인 결과물이 탄생하지 않는다는 공통점이 있습니다. 헬라스 전역에서 탄생했던 신화, 과학, 철학 등 앞선 선각자들의 연구를 분류하고 정리하는 그쳤거든요. 제나라 직하학당도 마찬가지였습니다. 제자백가사상이 모두 연구되었지만 이곳만의 고유 철학사상은 발견하기 어렵습니다. 왜 그럴까요? 왜 환경이 좋으면 창의적 생각을 하기 어렵고 창조적 결과물을 만들어내기 어려운 걸까요?

창의적 결과에 영향을 미치는 요소는 여러 가지가 있습니다. 우선 '경쟁'이라는 치열한 투쟁이 있어야 합니다. 경쟁이 있어야 다른 상대를 이겨낼 방안들을 찾아내려 노력하게 되죠. 최고의 경쟁은 생존경쟁입니다. 머리를 짜내고 치밀한 계획을 세우고 이기는 전략을 만들어야 살아남을 수 있는 거죠. 헬라시대에는 폴리스들이 경쟁을 했고 춘추전국시대에는 제후들이 부국강병을 위해 경쟁을 했습니다. 또 한 번의 창의적 시대인 르네상스에서는 도시 간에 경쟁을 했고 지배층 귀족뿐만 아니라 부르주아로 성장하던 상인들도 경쟁에 참여했습니다. 그들의 경쟁에 의해 정치가 탄생했고 화려한 예술, 독창적인 사상이 탄생할 수 있었습니다.

두 번째는 '한계'를 정해두지 말아야 합니다. 이것은 되고 저것은 안 된다 라면 창조적 생각이 도출될 수 없습니다. 강력한 권력이 생겨 정치가 안정되면 좋은 듯 보이지만 이렇게 되면 권력자가 원하는 내용만 살아남고 나머지는 사라질 수밖에 없습니다. 정치가 경쟁할 때에는 부국강병을 위해 다양한 생각들이 채택되지만 권력이 집중되면 그럴 가능성이 사라집니다. 한 무제 시대에 정치가 안정되자 권력자는 유학자에게만 경제적 지원을 해주었고 다른 사상은 살아남기 어려웠습니다. 유학 이외의 학자들을 핍박하고 사상을 몰아내서가 아니라 경제적 지원을 하지 않음으로써 창의적 개인들이 연구에 참여할 방법이 없었던 것이죠.

프톨레마이오스에 의해 설립된 알렉산드리아 도서관은 치열한 경쟁도 없고 한계도 분명했습니다. 실력 경쟁이 아닌 권력자의 눈에든 학자만 도서관에서 일할 수 있었고 정치는 절대 다루면 안 될 주제였을 텐데요. 그러니 창조적 생각이 자리 잡을 수 없어 이전과 다른 독창적 학문은 탄생할 수 없었죠. 신화 또한 잡다한 것들이 사라지고 아폴로도로스에 의해 논리적이지도 현실적이지도 않은 이야기들은 도태되고 체계화된 신화만 살아남을 수 있었습니다. 그래서 가장 많이 연구될 수 있는 분야가 정치와 관련 없는 수학이나 과학입니다. 알렉산드리아에서 과학연구가 많았던 것도 이러한 이유 때문이라 할 수 있는데요. 이 도서관에서 가장 잘 알려진 세 사람은 유클리드(에우클레이데스), 에라토스테네스, 그리고 프톨레마이오스입니다.

무세이온의 과학자들

시대 순으로 보면 기원전 300년경 활동했던 에우클레이데스가 가장 빠른데, 그가 펴낸『기하학원론』(원제 : stoicheia, 영어로는 elements)은 2천년 넘게 수학분야를 지배하고 있는 책입니다. 어떤 이는 성서 다음으로 지성인들에게 많이 읽힌 책이라고 말하기도 합니다. 여기에 기록된 수학지식은 그가 만든 게 아니라 이미 세상에 알려져 있던 것들이었는데요. 탈레스, 피타고라스와 같은 철학자들의 연구를 총 정리 한 것에 지나지 않죠. 하지만 이러한 지식들을 분류하고 전개한 형식과 구조가 독창적이었기 때문에 후대인들은 그를 인정하고 높이 추앙했던 것입니다.

세계최초로 지구 크기를 측정해 유명한 에라토스테네스는 리비아의 키레네 출신입니다. 기원전 246년부터 활동했던 그는 도서관 관장이었습니다. 그곳에 있던 상당수 파피루스를 읽어 당시 거의 모든 분야에서 탁월한 지식보유자였다고 하는데요. 자신을 스스로 '로고스를 사랑하는 자philologos'라고 부를 정도로 다재다능한 학자였습니다. 오늘날로 치면 수학자, 천문학자, 지리학자, 역사학자, 철학자였으며 시인이자 운동선수이기도 했답니다. 그의 업적 중 가장 유명한 것은 지구 둘레를 잰 일입니다. 당시에 이미 지구는 둥근 존재라는 것이 알려져 있었다는 게 대단해 보입니다.

서기 2세기에 활약한 천문학자 프톨레마이오스는 아리스토텔레스가 남긴 천문학 과제들을 새로운 방식으로 해결해서 유명해졌습니다. 우리가 알고 있는 천동설 모델인데, 그가 남긴 '위대한 책'을 의미하는 '알마게스트'는 이것들을 담고 있죠. 탈레스로부터 시작해 아리스토텔레스로 이어지는 자연철학연구에서 프톨레마이오스는 아주 중요한 존재입니다. 그의 주장 '천동설'은 중세를 거치는 동안 우주를 이해하는 가장 중요한 학설이었죠. 그런데 그에 앞서 '지동설' 즉 태양 중심적 세계관을 펼친 인물이 있었습니다. 기원전 3세기 전반에 살았던 사모스 출신 아리스타르코스였죠. 그는 지구가 자전축을 중심으로 돌고 태양을 중심으로 회전한다고 주장한 최초의 인물이었는데요. 훗날 코페르니쿠스가 채택해 근대 천문학의 길을 열었던 바로 그 '지동설'이었습니다. 그는 일종의 가설을 세운 것이었는데요. 이를 전제로 세계를 볼 때 수학적으로 더 짜임새 있고 확실한 질서를 보인다는 확신이 들었던 것입니다.

하지만 그는 경험을 통한 근거를 갖고 있지 못했습니다. 사람들의 눈에 보이는 태양은 매일아침 동쪽에서 떠오르고 저녁에 서쪽으로 사라졌습니다. 여전히 우리는 태양이 아침에 떠오른다고 말하죠? 이런 자연스러운 인간의 의식을 뒤집을 만큼 논리적인 설명을 제시하지 못했던 겁니다. 또한 지구가 하루에 한 번씩 자전한다는 구체적 근거를 발견할 수 없었는데요. 아마 현대인도 학교에서 배우지 않았다면 이를 믿지 않았을 겁니다. 현실 생활에서는 전혀 인식하지 못하기 때문이죠. 결국 아리스타르코스의 태양 중심 천문학은 아리스토텔레스가 제기했던 지구중심 가설에 패했습니다. 좀 더 훌륭하게 설명할 수 있는 프톨레마이오스의 생각이 확고하게 자리 잡았던 겁니다.

그의 설명은 천체관측기술이 부족하던 시절, 눈으로 볼 수 있는 행성의 이동을 설명할 수 있는 최적의 방식이었습니다. 지구가 우주 중심에 있고 태양계 천체들은 달·수성·금성·태양·화성·목성·토성의 순서로 자리하고 있다고 여겼죠. 하지만 전문가의 관점으로 하늘을 바라보면 여러 행성들이 순행과 후행을 반복했기 때문에 이를 해석할 설명이 필요했습니다. 그래서 행성이 어떤 중심을 갖고 도는 주전원이란 개념을 도입해야 했는데 이것이 무려 80개에 이르렀을 정도로 복잡했고요. 물론 오늘날에는 지구중심이 아니라 태양 중심으로 행성들이 위치하고 있다는 것을 초등학생도 배우지만 당시로서는 반박하기 어려운 훌륭한 설명이었습니다. 이렇게 아리스토텔레스로부터 이어지는 천문학은 프톨레마이오스를 거쳐 중세 유럽과 르네상스 시대에 이를 때까지 1,400년 동안이나 절대적인 영향력을 미칠 수 있었습니다.

5) 헬라문화를 계승한 로마인

헬라문화를 만난 로마

이탈리아의 작은 도시로부터 출발한 로마는 팽창했고 반도 남쪽의 바닷가에 산재해 있던 폴리스들을 필연적으로 만나게 되었습니다. 그때부터 로마인은 헬라인의 선진 문화를 배우게 되었는데요. 포로로 잡은 지식인으로부터 수사학과 철학이 들어왔고 남부지역에 성행했던 디오니소스(로마인의 칭호로는 바쿠스)숭배 의식과도 만나게 됩니다. 술과 향락으로 진행되었던 이 의식은 하루하루 어렵게 살아가고 있던 가난한 계층, 특히 여성들에게 정서적 해방감을 제공했는데요. 보수적인 로마 지배층에서는 이들의 방종을 문제 삼아 축제를 벌이지 못하도록 제지하기도 했습니다. 또한 제우스와 아폴론 신앙이 로마로 들어와 제우스는 유피테르, 헤라는 유노 여신으로 바뀌어 숭배되었습니다.

기원전 3~2세기경부터 로마인은 헬라인 노예를 가정교사로 고용해 자식들에게 헬라어와 철학을 교육시켰는데요. 그때의 가장 대표적 인물이 역사가 폴리비오스였습니다. 그는 펠로폰네소스의 메갈로폴리스 출신으로 기원전 168년 로마와의 싸움에서 패해 노예가 되었는데요. 탁월한 학문실력으로 인해 명문 스키피오 가문에서 스키피오 아이밀리아누스를 교육시키게 되고 얼마 후 노예에서 해방되어 포에니전쟁에 관한 <역사>를 40권으로 저술했습니다. 그로 인해 우리는 카르타고 출신 한

니발과 로마간의 전쟁이야기를 재미있게 즐길 수 있게 된 거죠. 또 다른 헬라스 출신 피해방인들은 문법학교를 열어 가정교사를 두지 못하는 가난한 가정의 아이들을 가르쳤습니다. 그러다 로마 고유의 라틴문학이 탄생하면서 라틴 문법학교도 탄생합니다. 기원전 2세기말에 이르면 귀족계층은 교사를 데려다 교육시키는데 만족하지 못하고 아테네나 로도스 등 학문의 선진지역에 직접 가거나 자식들을 유학보내기 시작했습니다. 『변신이야기』를 쓴 오비디우스는 아테네에서 유학하고 신화집을 정리했던 인물입니다.

기원전 211년, 집정관 마르쿠스 마르켈루스가 시라쿠사를 점령했을 때 그곳에는 예술작품이 가득했습니다. 고대의 가장 유명한 과학자 아르키메데스가 살아있었을 때죠. 로마군은 시라쿠사를 1년여 간 포위공격으로 함락한 후 도시를 파괴하고 예술품을 약탈했습니다. 그 후 로마에서는 부유한 귀족들이 자신의 집에 헬라스의 예술품을 장식하는 문화가 생겨났는데요. 기원전 86년에는 독재자 술라에 의해 아테네가 약탈되자 그곳에 있던 예술품도 같은 운명이 되었습니다. 그런데 로마인의 이런 예술품 사랑은 다른 현상으로 이어졌는데요. 복제품 시장의 탄생이었습니다. 원본 예술품 수량은 한정되어 있고 로마귀족들의 수요는 많았기 때문입니다.

오늘날 우리는 헬라스의 오리지널 예술작품이 많지 않아 아쉬움을 감출 수 없습니다. 아테네 국립박물관의 '제우스청동상'이나 루브르박물관의 '밀로의비너스'처럼 박물관마다 한두 개 정도밖에 없기 때문인데요. 청동제품은 녹여져 다른 물품이 되었고, 대리석으로 만들어진 것들은 시멘트 재료로 쓰기 위해 파괴되었습니다. 오늘날 남겨진 작품들은 대부분 로마 기술자들이 오리지널 작품을 보고 복제한 것들입니다. 가장 유명한 복제품은 대리석으로 만들어진 '라오콘 군상'이 있고, 바닥의 모자이크로는 나폴리국립박물관에 전시된 '알렉산드로스의 이수스 전투' 장면입니다. 이 둘의 오리지널 작품은 모두 헬레니즘 시대에 만들어졌다고 알려져 있습니다. 그 외에도 로마인이 만든 복제품은 유럽의 박물관마다 가득한데요. 얼마나 많은 예술품 복제가 일어났는지를 알 수 있는 거죠. 하지만 이 덕분에 헬라인들이 얼마나 아름다운 예술품들을 만들었는지 간접적으로나마 접할 수 있으니 로마인에게 고맙다고 해야겠네요.

헬라문화를 발전시킨 로마

아우구스투스시대가 오면 로마인은 본격적으로 헬라문화를 그들의 것으로 변화 발전시킵니다. 눈에 띄는 변화는 바실리카 건축방식[22]을 받아들여 로마신전을 세운 겁니다. 아우구스투스는 로마시내에 공립도서관, 아폴론신전, 헤라클레스신전 등을 세우고 수리했는데요. 그 스스로 '벽돌의 도시를 물려받아 대리석의 도시로 물려주었다.'라고 말할 정도로 로마시를 바꾼 지도자였습니다. 아우구스투스의 오른팔이며 군 사령관이자 기술자였던 아그리파는 아쿠아 마르키아 수로를 보수했고 판테온을 건축했습니다. 오늘날까지 거의 완전하게 보존된 판테온은 후대 하드리아누스 황제 때 재건한 것이지만, 신전 정면에는 아그리파의 이름이 남아 있는데요. 'M. AGRIAPA. L. COS TERTIUM FECIT 루키우스의 아들 마르쿠스 아그리파가 세 번째 콘술 재위기간에 이것을 건축했다'라는 의미입니다. 이 신전은 헬라신전의 정면형식과 로마식 돔을 함께 사용했다는 것을 알 수 있습니다.

그림 20. 로마의 고대신전 판테온, 그리스의 신전과 로마의 돔을 결합해 건축했다. 오늘날에는 성모마리아 교회로 사용중이다. ⓒ안계환

아우구스투스시대에 헬라문화를 채용한 대표적인 영역으로 문학을 들 수 있습니다. 역사가 하이켈하임은 이때를 세계문학의 위대한 시기의 하나로 아테네의 페리클레스 시대, 영국의 엘리자베스1세 시대, 프랑스의 루이 14세 시대와 견줄만하다고 평가하고 있는데요.[23] 이 시대에 위대한 문학작품들이 많이 탄생한 건 분명합니다. 하지만 문학작품이 쏟아져 나올 수 있었던 원동력은 아테네를 비롯한 헬라문학의 영향으로부

터였습니다. 호메로스, 아이스킬로스, 헤로도토스, 투키디데스 등의 저작물이 로마로 쏟아져 들어온 후 아우구스투스는 문인들을 후원했습니다. 그 영향으로 시인들이 많이 배출되었는데요. 그 대표 인물은 베르길리우스, 호라티우스, 오비디우스 등이 있는데, 앞선 카이사르 시대에 키케로, 카이사르, 살루티우스 등 산문 작가들이 많이 탄생했던 것과도 비교할 수 있습니다.

특히 베르길리우스는 호메로스의 서사시에 영향을 받아 『아이네이아스』를 쓰는데요. 모두 열두 권으로 구성된 이 서사시는 전편 여섯 권은 오뒷세이아에 해당하고, 후편 여섯 권은 일리아드에 대응됩니다. 그러니까 불타는 트로이를 탈출한 아이네이아스가 지중해를 떠돈 뒤 라틴 땅에 도착해 나라를 세웠고, 그 나라가 세계제국으로 발돋움하게 된 경위를 소상히 밝히고 있습니다. 이 책의 가장 중요한 목적은 카이사르와 아우구스투스의 가문 율리우스가의 영광을 드높이기 위해서였습니다. 또 로마인은 아프로디테(비너스)의 후손 아이네이아스와 마르스의 후손 로물루스로부터 시작되었다는 것을 알려주는 중요한 신화가 되기도 했습니다. 어쩌면 군주의 지원을 받아 그의 영광을 높이기 위해 쓴 어용문학이라 할 수도 있겠는데요.[24] 그래서 그랬을까요? 베르길리우스는 죽으면서 이 책을 불태워버리라고 했답니다. 아직 완성되지 않아서였다고 그랬다고 하는데, 어용작품이기에 부끄러워서 그러지 않았을까요? 베르길리우스는 비록 호메로스를 베끼기는 했지만 자신의 목소리를 낸다는 것을 자랑스러워하는 면도 있습니다. 일리아드와 오뒷세이아의 첫 머리가 '노래하소서, 무사 여신이여!'인데 반해 아이네이아스는 '나는 노래하노라!'라고 되어 있거든요.[25] 호메로스 시대에는 무사여신을 통해 이야기를 들려주길 원했지만 로마에서는 말하는 자신의 목소리라는 것을 강조하고 있는 것이죠.

로마인의 정신문화, 스토아철학

로마인이 후대에 남겨준 정신문화의 하나는 스토아철학입니다. 시인 유베날리스는 '건전한 정신은 건전한 육체에 깃든다.'란 문장에서 육체와 정신의 관계를 말하고 있는데요. 여기서 말하는 '정신spirit'에서 '영혼soul'의 개념이 나왔습니다. 물론 플라톤의 저술에 담겨있는 것을 보면 이미 헬라인의 보편적 생각이었으며 로마인은 이를 추종한 것이라고 보면 되고요. 이처럼 로마인은 육체에 담겨있는 영혼의 존재, 그리고 그 영혼을 잘 다스려야 한다는 것을 강조했던 것이죠. 아이러니하게도 그리스도교를 핍박했던 로마인의 생각은 그리스도교의 체계를 잡는데 상당히 기여했습니다. 그 사상이 스토아철학에 담겨 있는 것이죠.

스토아란 키프로스의 제논이 아테네의 '얼룩덜룩하게 칠해진 복도(stoa poikile)'에서 제자들과 함께 학문을 논했기에 붙여진 이름인데요. 기원전 4세기 초반 헬레니즘시대에 탄생했지만 로마의 위대한 인물들이 이 사상을 익히고 실천했습니다. 그들은 네로의 스승이었던 세네카, 노예 출신으로 장관 자리까지 오른 에픽테토스, 5현제 중 한명이었던 황제 마르쿠스 아우렐리우스가 있습니다. 황제였지만 전투현장의 막사를 전전했던 고통스런 상황에서 마음의 평화를 얻으려 애썼던 아우렐리우스의 『명상록』은 잘 알려진 고전입니다. 어쩌면 이 사상이 우리가 배웠던 서양철학 중에서 유럽인에게 가장 큰 영향을 주고 있는지도 모릅니다. 제국 말기에 탄생한 그리스도교가 유럽인의 정신세계에 가장 큰 영역을 차지하고 있다는 것을 생각해 본다면 당연한 일일 텐데요.

탈레스로부터 시작한 헬라인의 철학적 사고는 플라톤과 아리스토텔레스를 거쳐 로마의 스토아 철학자들로 이어졌습니다. 그렇다면 그들은 왜 이런 사고를 했던 걸까요? 먹고 살기도 힘든 시절에 왜 그들은 생각하고 정리하고 다른 이들에게 영향을 주려 했을까요? 유럽인은 오랫동안 자연을 극복하며 살아왔고 그 근본 원리를 캐는데 집중했습니다. 기원전 6세기 에페수스 출신 헤라클레이토스가 남긴 이런 말로 유럽인의 사고를 유추해볼 수 있습니다.

"인간의 길에는 지혜가 없지만, 신들의 길에는 지혜가 있다."
(The way of man has no wisdom, but that of the gods has.)

거의 대부분 국가의 지도자들이었던 사상가들이 철학적 사고를 했던 건 사회의 연약함 때문입니다. 가뭄과 홍수, 추위와 더위가 있었고 부족한 자원을 얻기 위한 전쟁, 끊임없이 발생하는 질병, 기아로 인한 죽음이 일상적이었습니다. 하지만 인간은 이를 해결할 능력이 별로 없습니다. 동료와 가족이 죽어나가는데도 그냥 바라볼 수밖에 없는 것이죠. 그럴 때 강력한 힘을 가진 신이 있다면 그에게 의지하고 싶은 마음이 들지 않을까요? 그래서 세상을 지배하는 근본 원리와 그 동력은 무엇인지 성찰했던 것입니다. 세상을 이끄는 지도자라면 삶의 고통과 죽음의 불안에 떠는 민중들에게 답을 주어야 할 의무가 있었습니다. 정치가들은 전쟁과 통치를 이용해 답을 찾았고 사상가들은 말과 글로써 해답을 찾아 나섰습니다. 그렇게 사상이 생기고 종교가 탄생할 수 있었습니다. 밀레토스의 탈레스는 세상의 근본 원리가 물이라 생각했고 플라톤은 정치가 무너져 힘들어하는 아테네 시민에게 철인정치라는 답을 주려 애썼습니다. 헬레니즘시대에는 에피쿠로스로 대표되는 쾌락주의가 삶의 행복을 논했습니다. 이런 철학연구는 앞선 이들의 생각을 받아들이거나 비판하고 발전 또는 심화하는 것을 기반으로 하는데요. 플라톤이 피타고라스의 생각을 받아들였고 제논이 헤라클레이토스의 로고스론을 이어받았습니다.

로마시대에 들어오니 정치는 로마로 통일되었고 치열하게 경쟁하고 자유롭게 사유하던 문화는 사라졌습니다. 리더들은 민중의 고통을 해결해줄 존재로서 신과 자신들의 역할을 인지했는데요. 그래서 신을 칭송하고 노블리스로서 역할에 최선을 다하려 했던 거지요. 전쟁에 적극 참여해 재물을 획득하고 이를 민중을 위한 공공시설물 건설에 사용합니다. 어려운 상황에 닥쳐도 고통을 참고 인내하는 정신의 고양에 힘썼습니다. 이것이 스토아 사상이 추구하던 방향이었던 거죠. 고통을 참고 인내하는 정신이란 군인이 가져야 할 가장 기본적인 의식이었다는 것을 생각해 보면 로마에서 스토아사상이 발전한 게 지극히 당연하게 느껴집니다. 로마인들은 이전 시기에 비해 철학적 발전을 이룩하지는 못했지만 로마인답게 현실속의 실천에 주력했습니다. 중세를 지나 근대에 이르러

스피노자, 칸트, 괴테와 같은 17~19세기 지식인들에게도 스토아사상의 영향은 아주 컸습니다.

스토아철학에서부터 유래한 용어가 진리, 이성, 논리로 해석되는 '로고스logos', 그리고 '정신' 또는 '영혼'이라고 번역되는 '프네우마pneuma'입니다. 두 단어 모두 그리스도교의 핵심 의제가 되었는데요. 로고스는 요한복음에서 '말씀'으로 등장하는데 이는 '예수그리스도'를 의미합니다. 원래 로고스는 이성을 뜻하는 단어로 감성의 이미를 갖는 '파토스pathos'와 보완되는 개념[26]이었습니다. 그러니까 연설할 때 말하고자 하는 바를 로고스라 하고 이를 어떻게 감동적으로 표현할 것인가가 바로 파토스입니다. 스토아학파의 시조 헤라클레이토스는 만물은 하나의 로고스에 의해 지배되며 이를 인식하는 것 안에 지혜가 있다고 말했는데요. 여기서부터 로고스는 세상의 지배원리라는 의미로 변해갔습니다. 플로티노스에 이르면 만물의 근원이 되는 일자(一者, the One)는 로고스를 초월한다고 설명합니다. 그러니까 세상의 절대적 존재가 있고 그 아래에 로고스가 있다는 의미를 말하는데요. 이로부터 그리스도교에서는 로고스가 신이자 제1위격인 '성자'란 설명을 할 수 있었습니다.

프네우마는 헬라시대 초기부터 의학과 철학에서 사용되었습니다. 우주와 인간의 생리작용에서 공기와 함께 '정신'은 가장 중요한 기능을 하는 것으로 인식되었죠. 아리스토텔레스는 정신은 심장에 위치하며 거기서 피와 함께 육체를 관통한다고 생각했습니다. 그래서 스토아 사상가들은 육체에 깃든 정신의 중요성을 강조했습니다. 여기 철학자 세네카의 유명한 문장이 있는데요.

"육체가 그 의무를 다했을 때, 고통 받는 영혼을 육체로부터 구해내는 것은 올바른 일일 것이다. 노년이 되더라도 나 자신의 모든 것이 여전히 제대로 지켜지고 있다면, 단지 노년이라고 해서 삶을 포기하지 않을 것이다. 그러나 노년이 내 이성을 빼앗고 그것을 조금씩 갉아먹기 시작한다면, 나에게 삶이 아니라 단지 수족의 움직임만 남는다면, 나는 힘없이 금세 부서질 그 건물에서 당장 뛰쳐나올 것이다."

네로황제의 자살명령을 받고 목욕탕에서 스스로 혈관을 잘라 죽음에 이르렀던 강인한 정신력의 소유자다운 발언이라 할 수 있습니다. 그러니까 당시 사람들은 육체 안에 영혼이 갇혀있고 육체가 그 수명을 다할 때 영혼을 빼내야 한다는 생각을 했다는 이야기죠. 육체는 유한하지만 영혼은 불멸한다는 플라톤 철학이 이어졌다고 할 수 있겠습니다. 그렇게 프네우마 개념은 플로티노스의 신 플라톤 철학에 전달되었고 이를 채용한 그리스도교에서 정신은 비물질적 실재, 곧 신이나 인간의 영혼을 지칭하는 말로 사용되었습니다. 여기서 삼위일체의 개념도 탄생했는데요. 성부와 성자는 동일 본질이며 신의 영혼 즉, 성령은 나뉠 수 없고 "성부와 성자로부터 동시에 나온다는 주장이었습니다." 그렇다면 그리스도교는 어떤 과정을 거쳐 어떻게 탄생하게 되었을까요?

유럽을 이해하는 두 번째 키워드

‘그리스도교’

제3장 그리스도교의 탄생

1) 유대교의 탄생

메소포타미아 전승과 유일신 사상

유럽을 여행하며 건축과 미술을 배우고 싶은 사람은 그리스도교라는 거대한 산과 만나게 됩니다. 루브르박물관에 전시된 성화, 성당들이 보관하고 있는 성물의 의미를 모르면 여행의 재미가 없죠. 복도에 전시된 수많은 그림들을 제치고 달려가 구석방에 전시된 모나리자만 보고 돌아올 수밖에 없게 되는데요. 그래서 많은 이들이 유럽여행을 다녀온 후 대부분 후회하죠. 공부 좀 하고 올걸 하고 말입니다. 그렇다면 어떤 공부를 하고 떠나야 했을까요? 그건 종교가 아닌 문화적 관점의 그리스도교 아닐까요? 우리가 서양철학을 배울 때 이해하기 어려운 면이 많은 건 그 배경에 담긴 그리스도교를 다루지 않아서입니다. 17세기 철학자 르네 데카르트의 '나는 생각한다, 고로 존재한다. Cogito, ergo sum.' 는 아주 유명한 문장입니다. 우리는 이를 설명하기 위해 온갖 어려운 단어를 언급해야 하죠. 검색엔진에 이 문장을 넣으면 '명제', '이원론', '방법적 회의' 등등 무슨 말인지 이해할 수 없는 단어가 쏟아집니다. 학교에서 이를 제대로 설명해 주신 선생님이 계셨나요?

고대로부터 이어진 신과 인간의 관계에 대해 설명할 수 있어야 하는데 그걸 빼놓고 말하는 철학은 말장난 같이 느껴집니다. 플라톤은 영혼불멸을 믿은 유신론자였고 소크라테스는 국가에서 정하지 않은 다른 신을 섬겼다는 이유로 사형이 언도되었죠. 고대인은 세상의 모든 것은 신이 좌우한다고 했는데요. 중세시대는 오로지 신만이 생각하는 의지를 갖는 존재였습니다. 아직 근대에 이르지 못한 시대를 산 데카르트는 화형장의 죄수 신세가 될지 모른다는 심각한 걱정을 하며 이 글을 썼을 겁니다. 신을 모욕했다는 이유로 말이죠.

여기서의 신은 삼위일체 예수 또는 야훼 하나님을 말합니다. 유럽문화의 거의 모든 것이 그리스도교를 기반으로 하고 철학도 이를 기반으로 성장 발전했는데, 가르치는 분이나 배우는 사람이나 제대로 이야기하지 못하니 어려운 것 아닐까요? 무신론자가 많고 불교와 유교전통도 있는 우리네 교실에서 종교를 말하는 건 약간 조심스러운 부분이 있는 것도 분명합니다. 하나의 틀로 말하기 어려운 부분도 분명 있고요. 하지만 유럽인을 제대로 이해하려면 그리스도교를 다루고 조금이라도 본질을 알고 있어야 합니다. 그런 의미에서 이번 장에서는 종교적 측면이 아닌 유럽인을 제대로 이해하는 도구로서 그리스도교를 다루려합니다.

인류가 신봉하는 종교는 유일신사상과 다신교로 나눌 수 있습니다. 인구수로 보면 유대교·그리스도교·이슬람교로 대표되는 유일신을 신봉하는 이들이 훨씬 많죠. 하지만 문명 탄생이후 지구상에는 다신교사회가 일반적이었는데요. 다신교는 인간을 탄생하게 한 대상으로 특정 동물이나 식물을 지목하고 인간의 조상 혹은 지배자로 믿는 토템이즘과 무생물에도 영적 능력이 있다고 믿는 애니미즘 등으로 나눌 수 있는데요. 단

군신화가 대표적인 토템이즘이고 태산을 동악대제東岳大帝로 모시는 도교가 애니미즘이라 할 수 있습니다. 인도의 힌두교, 중국의 도교, 일본의 신도 등 지금까지도 많은 지역에 다신교가 남아 있습니다. 그러고 보니 동양사회에는 여전히 다신교 문화가 많네요.

고대 지중해세계도 다른 지역과 마찬가지로 다신교가 주류였습니다. 이집트에서는 자연의 움직임과 원리에 신의 힘이 작용한다고 보았고 자연 속에 신성이 있다고 믿었죠. 그래서 신의 모습이 스핑크스처럼 암사자의 모습을 한다든지 공기나 습기, 땅과 같은 요소도 신으로 섬겨졌습니다. 때로는 파라오에게 강력한 신권을 부여하여 그 절대성을 상징하기도 했습니다. 메소포타미아에서도 비슷했는데요. 수메르인은 하늘을 상징하는 아누, 땅의 신 엔릴, 물의 신 엔키 등을 숭앙했습니다. 메소포타미아의 신앙관이 이집트와 다른 건 사후세계를 인정하지 않았다는 점입니다.

오늘날 이란고원에 자리 잡은 고대 페르시아에서 섬겨지던 조로아스터교에서 유일신사상의 흔적이 생겨나기 시작했습니다. 여러 신을 섬기는 게 보편적인 세상에서 '아후라 마즈다(ahura mazda : 지혜의 주님)'를 유일신으로 주장한 것은 실로 놀라운 사건이었습니다. 당시에도 완전한 유일신만 존재한 것은 아니었고 아후라 마즈다는 여러 불사의 존재 혹은 천사장을 통해 등장하는 이들 가운데 하나였습니다. 또 악의 세계를 의미하는 '아흐리만ahriman'이 있는데 다른 이름은 샤이틴 혹은 사탄이었습니다. 성서에 나오는 사탄의 의미가 여기서부터 나왔다고 할 수 있겠는데요. 사탄의 주변에는 악마무리가 있어서 명령에 따라 사람을 시험하거나 괴롭히는 일을 수행합니다. 그래서 조로아스터교는 이원론적 일신교라 불립니다. 이런 선과 악의 이원론dualism[27] 개념들은 그리스도교의 교리에 큰 영향을 주게 됩니다. 앞서 말한 플라톤의 이데아론도 이원론에서 영향을 받아 만들어졌다고 볼 수 있습니다.

이집트에서도 유일신의 존재를 주장한 사건이 있었습니다. 신왕국 시대(기원전 1552~1084년)의 파라오 아크나톤은 태양 원반을 상징하는 아톤을 유일한 최고신으로 옹립했는데요. 그리고 자신의 이름을 아톤의 이름을 따라 아켄아톤akhen-aton으로 바꾸었죠. 기득권을 가진 사제들의 힘을 빼기 위해 신도시를 건설하고 아톤을 모시는 신전을 건축했습니다. 이제 이집트에는 단 하나의 신만 남았고 그 아들로 표방한 파라오와 그의 아내 네페르티티를 숭배하는 사상이 탄생했습니다. 강력한 권위를 가진 신의 아들로 자신을 자리매김한 것이죠. 신의 아들이란 개념은 이때부터 생겼다고 말하는 학자들도 있습니다. 이스라엘 민족과 함께 이집트를 탈출한 모세가 시내산에 올라 야훼의 율법을 받았다는 구약성서의 기록도 아크나톤 이야기에서 유래했을 수도 있습니다. 그렇게 유일신개념은 이 지역 사람들에게 보편적으로 퍼져갔고, 팔레스타인과 그 이웃 메카의 척박한 땅에서 유대교, 그리스도교, 이슬람교가 탄생한 것은 결코 우연이 아니었습니다.

이 지역에서 유일신사상이 탄생한 것은 어떤 이유에서였을까요? 여기에는 여러 설이 있는데요. 독특한 자연환경 때문이라는 주장이 가장 그럴듯합니다. 역사가 브레스테드가 '비옥한 초승달지대(fertile crescent)'라고 명명한 것처럼 고대에는 이곳에도 나무가 많았고 땅은 비옥했습니다. 하지만 기후가 건조해지면서 사막이 확대된 데다가 인류의 무분별한 벌목으로 숲이 사라져갔습니다. 이로 인해 메소포타미아에는 문명을 파괴하는 홍수가 잦았고, 지나친 관개로 인해 소금기를 머금은 땅은 농사가 불가능해졌습니다. 가혹한 자연변화는 인간의 정신세계에 영향을 주었고 사람들은 강력한 힘을 가진 신의 존재를 갈구하게 되었는데요. 수시로 닥치는 환경재앙을 맞게 된 사람들은 메시아를 통해 구원받을 수 있다고 주장하는 유일신사상을 자연스럽게 수용했던 거죠.

토라(모세 5경)는 이렇게 만들어졌다

나일과 메소포타미아를 잇는 문명의 통로인 팔레스타인에는 오래전부터 가나안 족속들이 살고 있었습니다. 그들은 여러 부족으로 흩어져 살다가 다윗부터 솔로몬까지 통일왕조를 실현했습니다. 그리고 솔로몬의 자식 대에 이르러 남유다와 북이스라엘로 분열되었는데요. 얼마 못가 북이스라엘은 앗시리아의 공격을 이겨내지 못해 패망했고요(기원전 721년). 이 땅에 살던 사람들은 살해되거나 다른 곳으로 피난하게 되어 북이스라엘에 살던 10개 지파 사람들은 이때 거의 사라졌습니다. 기원전 601년이 되면 신바빌로니아 왕 네부카드네자르 2세가 팔레스타인에 침입했고, 예루살렘을 포함한 유대지방 대부분이 파괴되었습니다. 열두 이스라엘 족속 중 그때까지 살아남았던 벤야민지파와 유대지파 사람들(여기서 유대인이 유래한다)이 바빌론으로 끌려갔습니다. 유대족속들이 기원전 538년 키루스 2세에 의해 귀환될 때까지 노예로 살아야 했던 이 시기를 '바빌론 유수'라 부릅니다.

바빌론에서 노예생활을 하게 된 유대인은 지구라트[28] 건설에 동원되었는데요. 종교 자유는 주어졌으나 신전 등의 공간에서 집회는 허용되지 않았습니다. 대신 안식일 예배를 통해 율법낭독과 기도모임이 가능했죠. 이때 고유문화를 보존할 종교적 구심점이 필요했는데요. 지도자들은 구전으로 내려오던 모세에서부터 그들 시대까지의 이야기를 『신명기』에서부터 『열왕기』까지로 편찬하게 됩니다. 여기에 바빌론 사람들이 숭상하던 유일신개념을 흡수했고, 인류창조 설화와 아담과 하와가 살았던 에덴동산 이야기를 수집했습니다. 19세기에 영국인 오스틴 리어드와 프랑스인 에밀 보타로부터 시작된 설형문자가 새겨진 점토판의 발굴은 노아 홍수설화가 이곳 메소포타미아에서 유래했다는 것을 알게 해 주었죠. 구전으로 전해지던 믿음의 조상 아브라함의 행적과 이집트 탈출 이야기가 정리되었고, 모세가 시내산에서 받아왔다는 10계명도 문서화되기에 이릅니다. 그렇게 바빌론의 유대인은 유대교의 기본 경전이 되는 모세 5경[29]을 완성하게 됩니다.

그 첫 장 창세기에는 6일 만에 세상을 창조하는 신, 인류가 걱정 없이 평화롭게 살던 에덴동산, 노아와 홍수설화 등이 나오는데 그 장소가 지극히 현실적입니다.

주 하느님께서는 동쪽에 있는 에덴에 동산 하나를 꾸미시어 당신께서 빚으신 사람을 거기에 두셨다. 주 하느님께서는 탐스럽고 먹기 좋은 온갖 나무를 흙에서 자라게 하시고 동산 한가운데에는 생명나무와 선과 악을 알게 하는 나무를 자라게 하셨다. 강 하나가 에덴에서 흘러나와 동산을 적시고 그곳에서 갈라져 네 줄기를 이루었다.

- 창세기 2:8~10 -

어떤 이들은 창세기에 등장하는 여러 설화들은 순수한 신화적 상상력에서 만들어졌다고 생각합니다. 물론 창조론을 믿는 독실한 그리스도교인은 다르게 보겠지만요.[30] 그런데 창세기 2장 8절에서 10절 사이에 등장하는 이 구절은 에덴이라는 상상의 공간이 현실세계에 있던 게 아닌가 하는 호기심을 불러일으킵니다. 16세기 잉글랜드 작가 토머스 모어는 여기서 모티브를 얻어 『유토피아』라는 책을 저술했는데요. 과연 에덴동산은 어디에 존재했던 걸까요? 이런 호기심의 답은 에덴에서 흘러나왔다는 네 강의 이름에서 유추해 찾아볼 수 있습니다. 11절부터 네 강의 이름이 설명되고 있는데요.

첫 번째로 언급할 강은 '푸라트'인데 오늘날의 유프라테스라고 설명됩니다. 이 강은 터키 동부에 위치한 반 호수의 북서쪽 언덕에서 발원해 남쪽으로 흐르다가 시리아를 지나면서 동쪽으로 흘러 걸프만으로 빠집니다. 두 번째 강은 '히데킬'인데 앗시리아 동쪽으로 흐른다고 말합니다. 헬라시대 이후 이 강은 티그리스라는 이름으로 알려져 있습니다. 이 강은 반 호수 남쪽의 여러 지류가 합쳐져 동쪽으로 방향을 틀어 이라크 평원으로 들어갑니다. 세 번째 강은 '피손'인데 강줄기가 금이 나는 하윌라 땅 전역을 감아 도는 강이라고 성서는 설명합니다. 네 번째 강은 '기혼'인데 아르메니아 지방 전설과 관련 있어 반 호수 북쪽에서 발원하여 아르메니아 왕국으로 흐르는 아라스 강이 아닐까 학자들은 추측하고 있습니다.

이들 강을 지도에서 찾아보면 반 호수를 중심으로 두고 남쪽으로 흐르는 유프라테스와 티그리스가 있고 또 하나의 강이 북쪽으로 흐른다는 걸 알 수 있습니다. 그러니까 반 호수를 둘러싼 주변이 에덴동산이었다고 생각해 볼 수 있는 것이죠. 창세기 기록자들은 터키동부의 산악지대가 죄를 짓기 이전 아담과 하와가 살았던 복된 처소, 동산 가운데 선악과가 있었던 아름다운 땅이었다고 생각했다는 것을 유추할 수 있는데요. 노아가 만난 홍수와 방주의 설화도 이 지역과 관계가 있습니다. 홍수가 그치고 떠다니던 방주가 어느 산에 머물렀는데 지금의 터키와 아르메니아, 그리고 이란의 경계에 있는 해발 5,144미터의 아라랏산이라는 이라는 겁니다. 반 호수가 있는 고원의 중간지역에 있는 산이죠.

기원전 6세기초반에 이르면 바빌론에서 살던 유대인의 상당수가 팔레스타인에 돌아올 수 있었습니다. 이는 아케메네스 키루스 2세의 관용정책에 의해서였는데요. 제국을 통치해야 하는 키루스 입장에서는 정복되었다는 이유로 고향을 떠나 살게 할 이유가 없었습니다. 그러니까 유대인뿐만 아니라 바빌론에 잡혀와 있던 다른 민족들도 원래의 고향으로 돌아갈 수 있었던 거죠. 그 후 느헤미야, 에즈라 등 지도자들에 의해 유대민족이 재건되었습니다. 바빌론에 끌려갔던 이 사건은 그들에게는 큰 시련이었고, 약 반세기 동안 온갖 고난을 겪었지만 한편으로 풍요로운 바빌론문화를 접할 수 있었습니다. 이 시기를 통해 성서를 이루는 여러 문서를 만들어낼 수 있었고, 이는 팔레스타인에 돌아온 후 민족 공동체를 이룰 수 있는 뼈대가 되었습니다.

유대인들은 이후 여러 기록들을 만들어내는데요. 오늘날 우리는 수많은 기록 중에서 경전으로 선택된 것만을 만나게 됩니다. 그렇다면 누가 어떤 기준으로 선택했을까요? 누가 결정했냐고 묻는다면 신앙심이 깊은 분들은 이렇게 답하겠죠. "신께서 결정했습니다." 저도 예전에 그런 답변을 들어본 적이 있습니다. 하지만 이는 종교적 신앙심에서 말한 것이고, 신의 의지로 했다고 해도 그 선택은 당연히 인간의 손을 거쳤을 것입니다. 그러니 어떤 판단 기준이 있지 않았을까요? 가장 우선시되는 책은 신에게서 직접 영감을 받은 것으로 여겨지기에 신성한 경전으로 간주되는 것들인데요. 먼저 율법서인 모세 5경이 있습니다. 보조 경전으로 신의 영감을 받았다고 인정되는 예언서가 있는데 여호수아, 사사기, 사무엘, 열왕기, 이사야, 예레미야, 에스겔 등입니다. 그래서 율법서와 예언서는 모두 유대교와 그리스도교에서 논란 없이 정경으로 인정했습니다.

일부 서적들은 성서로의 채택에 논란이 있었습니다. 성스러운 문학서로 불리는 책들인데요. 기도와 찬양의 노래 <시편>, 솔로몬을 비롯한 여러 사람이 쓴 지혜 및 속담·금언 모음집 <잠언>등입니다. 여기에 욥기, 전도서, 아가, 역대상과 역대하, 에스라, 느헤미야, 에스더, 다니엘 등이 있습니다. 유대교에서는 초기에는 전도서와 같은 책들을 경전으로 인정하지 않았다가 나중에 받아들였습니다. 이렇게 만들어진 것이 유대교 경전인 <타나크TANAKH>인데요. 율법서Torah, 예언서Nevi'im, 성문서Kethuvim로 구성된 24권입니다.[31] 이렇게 여러 자료들이 정식으로 유대교의 경전으로 확립된 것은 서기 90년경에 얌니아에서 열렸던 종교회의에서였습니다. 당시 유대인은 서기 66년부터 7년간의 유대전쟁을 겪고 난 후여서 상황이 좋지 않았습니다. 많은 이들이 죽거나 로마로 끌려가 노예가 되었고 살아남은 이들은 고통 속에 살아가야 했습니다. 이런 때 유대인에게 삶의 지침이 될 통일된 경전의 필요성이 제기되었던 것이죠. 바빌론유수의 어려운 상황에서 구전이야기가 문서로 기록된 것과 비슷한 상황이었던 겁니다.

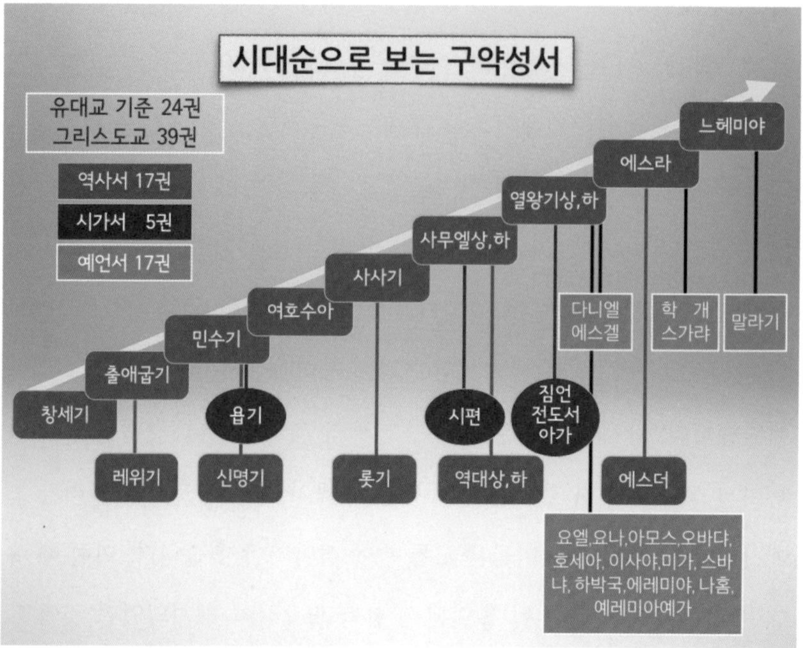

그림 21. 시대순으로 보는 구약성서

서기 397년에 열렸던 카르타고 공의회에서 그리스도인은 유대경전을 '구약성서old testament'로 분류하고, 예수그리스도와 관련한 책들은 '신약성서new testament'로 정의했습니다. 하지만 예수를 메시아라 인정하지 않는 유대인은 당연히 신약성서를 경전으로 인정하지 않죠. 유대교 경전 24권이 그리스도교 경전 39권이 된 것은 히브리어문서를 헬라어로 번역하는 과정에서 상·하권 등으로 나뉘었기 때문입니다. 유대인 사이에 널리 읽힌 책 중에 경전으로 인정되지 못한 것들도 있었습니다. 이들을 '숨겨진' 이라는 뜻의 '외경apocrypha'이라 부르는데요. 이는 히브리어 원본이 없고 헬라어만으로 기록되었다는 특징이 있습니다. 구약성서의 기록 시기는 고대로부터 기원전 150년경까지이고 신약성서는 서기 50년

이후입니다. 그러니까 외경의 제작 시기는 구약과 신약의 중간 즉, 비어 있는 때였고 당시 기록문자는 헬라어였습니다. 이때 마카베오 상과 하, 도빗, 유디트, 솔로몬의 지혜서, 집회서, 바루크 그리고 에스더와 다니엘 부록 등 7권이 만들어집니다.

서기 400년경, 달마티아 출신 그리스도교 학자 히에로니무스는 헬라어성서를 라틴어로 번역하는 작업을 하면서 외경을 구약에 포함시키기로 결정했습니다. 이 책들이 시기적으로 구약과 신약을 연결해주기에 그렇게 결정한 듯한데, 이렇게 해서 로마가톨릭에서는 구약성서가 46권이 됩니다. 하지만 16세기 종교 개혁가들은 외경을 경전에서 제외하기로 했고 그래서 개신교의 구약성서는 39권이 된 것입니다. 1672년에 동방정교회는 외경 가운데 네 권(지혜서, 집회서, 도빗, 유디트)만을 성서로 받아들여 43권으로 정했는데요. 그렇게 해서 개신교는 39권, 동방정교는 43권, 로마가톨릭은 46권의 구약성서를 갖게 된 것입니다.

유대인의 조상은 누구인가

구약성서에는 유대인이 조상으로 삼은 이들이 여럿 등장합니다. 그 첫 인물은 아브라함입니다. 그는 유대교, 그리스도교, 이슬람교의 공통 조상이라 여겨지는데요. 그가 메소포타미아 남부 하란에 살던 즈음 야훼에게 선택되었고 가나안으로 이동하도록 명을 받았습니다. 99세 되던 해에 야훼는 아브라함을 민족의 조상으로 삼는 계약을 맺었는데 그 증

표가 바로 할례입니다. 이때부터 유대인 남자들은 태어난 지 8일째 되는 날에 할례를 받는 풍습을 갖게 되었죠. 유대인을 계약의 민족이라 부르게 되는 계기였습니다. 그의 정실부인 사라에게서 태어난 아들 이삭은 유대인의 조상이 되었고, 하녀 하갈에게서 먼저 태어난 이스마엘은 아랍인의 조상이라고 불리는데요. 이때부터 같은 조상을 둔 형제민족 사이의 악연이 생겨났다는 말이 생겼습니다.

그림 22. 이삭을 바치는 아브라함. 기베르티와 브르넬레스키가 제작한 청동문 샘플. 피렌체 바르젤로 미술관 ⓒ안계환

아브라함에 관한 가장 유명한 에피소드는 아들 이삭을 야훼에게 바치는 희생 장면입니다. 당시까지는 첫 수확물과 첫 아들을 신에게 바치는 풍습이 있었는데요. 아브라함은 때가 되자 관례대로 아들을 번제물로 바치려 했습니다. 이삭을 데리고 산에 올라가 제단 위에 올려놓고 죽이려 했죠. 그때 천사가 찾아와 아들 살해를 중지시키고 아들대신 양을

바치라고 말합니다. 이를 해석해 보면 이때부터 인간대신 번제물로 정결한 동물을 바치는 풍습으로 바뀌었다는 걸 알 수 있습니다. 이 장면은 후대 예술가들의 많은 사랑을 받았는데요. 1401년 피렌체의 산 지오반니 세례당의 청동문을 제작하기 위해 작가를 선정할 때, 이 스토리가 샘플제작의 주제가 되었죠. 여기서 기베르티가 마지막까지 브르넬레스키와의 경쟁에서 승리하여 20년 동안 청동문 제작에 매달렸다는 이야기는 아주 유명합니다. 사람을 번제물로 바친다는 개념은 메시아 예수가 자신의 몸을 제물로 인간이 지은 죄를 씻는다는 생각으로 이어집니다. 그리스도교를 이해하는 가장 중요한 개념이기도 하죠.

오늘날 이스라엘이라는 국가의 이름은 아브라함의 손자 야곱으로부터 시작되었습니다. 야곱이 어느 날 광야에서 돌베개를 베고 잠이 들었을 때 이런 목소리가 들렸습니다.

"나는 야훼, 네 할아버지 아브라함의 하느님이요, 네 아버지 이삭의 하느님이다. 나는 네가 지금 누워 있는 이 땅을 너와 네 후손에게 주리라. (중략) 너의 이름은 이제 더 이상 야곱이 아니라 이스라엘이라 불릴 것이다.

- 창세기 28:13 -

이스라엘이란 '하느님과 씨름하다.'는 뜻인데요. 야곱이 꿈에 하느님과 씨름했다고 해서 '이스라엘'이란 이름을 얻었다고 하죠. 이 외에도 '하느님과 겨룬 사람'이란 뜻도 있답니다. 여기에 '싸우다', '겨루다'가 있는 것처럼 이스라엘이라는 나라의 운명은 늘 주변세력과 싸우고 겨루도록 주어진 것처럼 보입니다. 태초부처 지금까지 싸워야만 스스로를 유지할 수 있었던 역사를 보면 말입니다.

구약성서 창세기 다음 책은 출 이집트기인데요. 예전에는 출애굽기라는 이름이었는데 이집트에서 떠났다고 해서 탈출기라고도 부릅니다. 유대인들이 이집트에 살게 된 계기는 야곱의 아들 요셉으로부터입니다. 야곱은 열두 명의 아들을 두었는데(여기서 이스라엘의 열두 지파가 시작되었다) 열한 번째 아들 요셉은 형들로부터 미움을 받아 은 스무 냥에 이집트로 팔려갔습니다. 그런데 요셉은 명석한 머리를 발판삼아 노예 신분에서 파라오의 일급 참모로 변신합니다. 파라오의 꿈을 해석해 주었기 때문이었는데요. 그 꿈은 이집트에 7년의 풍년과 7년의 흉년이 올 것이라는 예언이었습니다. 아마도 파라오의 꿈을 듣고 나일 강의 범람이 적당할 때와 빈약할 때를 잘 예측했다고 할 수 있습니다. 요셉이 전해준 꿈의 해석을 듣게 된 파라오는 풍년일 때 곡식을 싼 값에 구입해 저장해 두고 다가올 흉년을 대비하게 되었지요.

결국 요셉의 예언에 따라 풍년과 기근이 이어 발생했는데 미리 대비한 이집트는 문제가 없었지만 요셉의 형제들은 수년간 계속된 기근을 견디지 못합니다. 그들은 이집트로 이주하게 되었고 이때부터 유대인이 대규모로 정착하게 되었는데요. 나일의 정기적인 범람으로 언제나 풍부한 식량을 생산할 수 있는 삼각주로 인해 주변인들에게 이집트는 가장 중요한 피난처였지요. 요셉의 형제들뿐만 아니라 다른 유대인에게도 마찬가지였던 겁니다.

유대인이 이집트에 살게 되자 민족 간 분쟁이 발생하게 되었습니다. 유대인 공동체가 커지자 이집트인의 불안감이 높아지게 된 것이죠. 이때 일어난 일이 이집트에서의 탈출이었습니다. 이 사건을 통해 유대인들은 자신들의 정체성을 확립하게 됩니다. 탈출을 주도한 이는 '모세'라는 인물이었습니다. 학자들의 주장에 의하면 그는 람세스 2세 때 사람이라고도 하고 신왕국 제19왕조의 메르엔 프타하 왕조시대(기원전 13세기 후반)의 사람이라고도 합니다. 유대인의 위대한 선지자로 인정받지만 검증된 역사라기보다는 신화에 가까운 인물입니다.

유대인의 아들로 태어난 그는 유대 아이들을 죽이라는 파라오의 명으로 바구니에 넣어 강물에 띄워집니다. 이 바구니는 이집트 공주의 손에 들어가고 그는 화려한 궁정에서 자랄 수 있게 됩니다. 성인이 된 어느 날 그는 자신의 앞에 불붙은 떨기나무의 형태로 나타난 신으로부터 유대인해방의 사명을 듣게 됩니다. 그로부터 유대인들은 모세를 따라 바다를 건너게 되는데요. 이 사건이 바로 출 이집트입니다. 비록 노예였지만 먹고 살만 했던 이집트에서의 삶과 달리 시나이 반도 황야에서는 매우 어려웠습니다. 사람들은 끊임없이 모세를 비난했고 힘든 공동체 생활에 불만을 나타냈습니다. 이때 그는 산에 올라가 야훼가 직접 건네주는 율법을 받습니다. 유대인이라면 반드시 지켜야 할 열 가지 계명이었죠. 이때부터 유대인들은 야훼가 내려준 율법을 지키며 사는 민족이 되었습니다. 때문에 그들은 모세를 위대한 선지자이자 입법가로 간주했고요. 성서의 첫 다섯 권을 그가 썼다고 모세5경이라고 부르는 것처럼 위대한 인물이었습니다.

후대 예술가들에게 모세이야기는 인기 있는 주제였습니다. 가장 유명한 모세 조각상은 미켈란젤로의 작품으로 로마 시내 산 피에트로 인빈콜리 성당에 있는 모세상입니다. 수염을 기른 당당한 풍모의 모세는 머리에 뿔을 갖고 있는 특징이 있죠. 강에서 아기 모세를 발견하는 장면도 회화 작품으로 많이 남아있습니다. 근대 이후에는 오페라나 영화에도 등장하는데 안토니오 롯시니는 오페라 <이집트의 모세>를 썼고, 오스트리아 작곡가 쇤베르크는 <모세와 아론>이라는 작품을 남겼습니다. 게오르그 헨델은 <이집트의 이스라엘 사람>이라는 오라토리오를 작곡했습니다. 영화를 좋아하는 분이라면 1956년 제작된 <십계>라는 영화에서 주연배우로 활약한 찰턴 헤스턴을 기억할 겁니다. 과거에는 이 영화가 크리스마스나 명절에 자주 방영되었던 기억이 있는데요. 다수의 TV시리즈로도 제작되었거든요. 그리스도교가 사라지지 않는 한 모세의 인기는 영원할 것입니다.

다음 인물은 위대한 왕조의 창업자 다윗입니다. 우리에게 워낙 잘 알려져 있는 인물이면서 그 등장부터 아주 교훈적입니다. 작은 물맷돌 하나로 거인 골리앗을 물리치고 세상에 이름을 알렸는데요. 그 후 민족영웅이 되어 민중의 존경과 신망이 두터워졌고 사울 왕의 딸 미갈과 결혼했습니다. 하지만 자신의 자리를 위협한다고 느낀 왕이 점차 시기질투를 보이고 살해를 계획하자 왕궁을 탈출합니다. 광야에서 정처 없는 도피생활 중 사울이 블레셋과의 전투에서 죽자 헤브론으로 돌아옵니다. 이후 민중에 의해 유다지파의 왕으로 추대되어 7년 반 동안 나라를 다스렸는데 사울왕의 아들 이스보셋과 전쟁을 치룹니다. 결국 승리를 거둔 그는 이스라엘 12지파의 통합 왕으로 추대되었고 예루살렘을 도읍으로 삼았습니다. 주변지역을 정벌해 영토를 넓혔고 백성에게는 선정을 베풀고요. 그에 관한 좋지 못한 에피소드 하나는 히타이트로 알려진 헷 족속 우리아의 아내 밧세바를 아내로 삼은 일입니다. 그녀가 목욕하는 장면을 훔쳐본 후 부하를 죽게 하고 여자를 빼앗은 것이죠. 이후 아들 압살롬의 반란, 왕위 계승을 둘러싼 분란 등 안팎으로 끊임없는 시련을 겪게 되었죠. 결국 밧세바가 낳은 아들 솔로몬에게 제위를 물려주고 죽습니다.

다윗은 유대인이 원하는 메시아의 전형적 모습이었습니다. 메시아사상이 처음 형성된 것이 바빌론 포로 시절이었는데, 이스라엘의 영광을 회복할 인물로 다윗과 같은 제왕을 기다렸습니다. 덕분에 '다윗의 혈통을 가진 자' 라는 전형적 모습이 결정 되었고 탄생할 도시로 베들레헴이 결정되었죠. 훗날 바리새파 유대인이 예수를 메시아로 보지 않은 이유도 여기에 있었습니다. 그들의 기대와는 너무나 다른 인물이었기 때문인데요. 그래서 신약성서 기록자들은 예수가 다윗의 후손이라는 걸 증명하기 위해 여러 장치들을 포함시키는데요. 마태오복음의 첫 머리에 아브라함부터 다윗까지, 다윗부터 요셉까지의 족보를 기록한 이유가 바로 이것입니다.

흔히 말하는 믿음의 조상은 아니지만 다뤄야 할 중요한 선지자는 에스라입니다. 사전적 의미로 선지자(先知者, prophet)는 미리 앞을 내다보는 예언자라는 의미와 같죠. 구약성서에 등장하는 선지자는 야훼의 말씀을 공포하고 민중을 교화하는 지도자 또는 교육자라고 할 수 있는데요. 모세가 가장 대표적인 선지자라고 불리기도 하지만 그는 워낙 전설적 인물이기에 왕국시대를 거치면서 활약했던 이사야·예레미야·에스겔·다니엘 같은 이들을 칭하기도 합니다. 에스라는 그리스도교에서는 중요시되지 않는 인물이지만 유대인에게는 또 한명의 모세라고 여겨지는 사람입니다. 제사장이며 율법학자였던 그는 기원전 444년경 바빌론에서 팔레스타인으로 돌아와 사람들을 가르치고 개혁에 앞장섰습니다. 그가 내세운 개혁의 핵심은 이방인과의 혼인금지, 토라의 완성, 그리고 율법의 준수였습니다. 유대 남성은 이방 여자와의 결혼을 못하게 했는데 현대 기준으로 보면 무리한 정책이지만 당시로 보면 민족 순수성을 유지하려는 고육책이었겠지요. 특히 안식일을 강조했는데 금요일 일몰부터 토요일 일몰까지 성문을 닫고 일체 일을 하지 못하게 했습니다. 이로부터 유대인이 안식일에 일을 하려고 손발을 움직이는 것은 율법을 어기는 행위가 되었는데요. 오늘날에도 유대인들은 이 율법을 지키기 위해 금요일부터 집안 전등을 끄지 않고 컴퓨터도 켜놓는다는군요. 심지어 집에 가는 층을 누를 수 없기에 엘리베이터도 사용할 수 없답니다.

팔레스타인은 문명의 통로에 위치한 지역 특성상 외부 세력의 환경에 많이 노출되었고 변화될 수밖에 없었는데요. 키루스의 후계자들이 다스리던 아케메네스 왕조가 알렉산드로스에게 무너진 후(기원전 334년) 이곳은 헬레니즘의 영향권에 놓였습니다. 때문에 화려한 헬라문화가 이곳에 침투했고 공용어로 헬라어가 점차 사용되었습니다. 지배층의 언어인 헬라어를 쓰면 생업에도 상당히 유리할 수밖에 없었기 때문인데요. 헬레니즘 문명권은 북으로는 흑해지역부터 남으로는 이집트까지 넓은 지역에 걸쳐 있었으니 상업 활동을 위해 헬라어의 사용은 필수였습니다. 팔레스타인이 기원전 63년 폼페이우스의 정벌이후 로마 속주가 되었어도 헬라문화의 영향력은 강력했습니다. 지배자 로마인조차 그들의 빈약한 문화를 보완하려고 선진 헬라문화를 그들 것으로 받아들이기 바빴던 것이죠.

로마의 동방지역이 거의 모두 헬라문화권이었기 때문에 디아스포라 유대인에게는 헬라어가 공통의 문자체계로 유용해졌습니다. 고대 히브리어로 기록된 그들의 경전을 읽지 못하는 이들이 상당수 있었다는 점도 하나의 이유가 될 수 있겠는데요. 이 때문에 알렉산드리아에서 히브리어로 쓰인 구약성서를 헬라어로 번역한 셉투아진트(Septuagint, 70인 역)가 탄생할 수 있었습니다. 이 또한 메소포타미아 문화를 기반으로 형성된 유대교와 헬라문화의 영향력이 결합해 이전과는 새로운 종교가 태동하는데 크게 기여했습니다.

2) 그리스도교의 탄생

그리스도라 불리는 나사렛 예수

"내가 네 앞에 심부름꾼을 보낼 것이다. 그가 네 길을 준비할 것이다. 광야에서 외치는 소리가 있다. 주를 위해 길을 예비하라. 그분을 위해 길을 곧게 하라."

- 마르코복음 1:2~3 -

이 심부름꾼의 이름은 흔히 '세례자 요한'이라고 불립니다. 그는 어느 날 광야에 나타나 사람들에게 죄의 용서를 위한 세례를 베풀었는데요. 그리스도의 등장을 위해 길을 준비한 사람이었습니다. 그로 인해 사람들은 메시아가 곧 나타날 것이라고 기대하게 되었는데요. 메시아messiah란 히브리어로 '기름부음을 받은 자'란 뜻으로 헬라어 '크리스토스(그리스도)'라는 말과 같습니다. 오늘날 그리스도를 부르는 호칭이 히브리어가 아니라 헬라어라는 점을 주목해야 합니다. 본래 메시아란 야훼의 대행기관으로서 은사를 받은 자로, 왕이나 대제사장에게 붙여진 이름이었는데요. 천 년 전 왕국을 세웠던 다윗이 그 대표 인물이었습니다. 당시 팔레스타인은 로마제국의 속국으로 가혹한 수탈에 신음하고 있었습니다. 여기에는 허울뿐인 왕이었던 헤롯의 폭력적 통치도 한몫했지요. 바빌론 포로 시절이나 로마제국 시절이나 민중들의 삶은 곤궁했습니다. 그러니 그들은 이 땅을 구할 메시아 탄생을 기다리고 있었지요. 이런 질곡의 삶을 메시아가 나타나 해결해주길 바랬고 강력한 힘을 가진 다윗왕의 모습이길 바랬습니다. 유대인은 메시아가 팔레스타인 땅을 폭력적으로 점유하고 있는 로마제국을 물리치고 나라를 건설하기를 바랐습니다.

하지만 하느님의 아들이라고 주장하며 등장한 나사렛 사람 예수의 말과 행동은 사람들의 기대와 달랐습니다. 그는 로마제국을 타도할 대상이라고 말하지 않았고 무기도 없고 제대로 된 조직도 갖고 있지 않았죠. 나이 30세 무렵부터 십자가에 못 박혀 죽을 때까지 3년간의 공생애 기간 동안 강력한 권력을 갖지 않았고 사람들을 모아 로마에 대항할 군대를 조직하지도 않았습니다. 대신 가난하고 병들고 천대받던 사람들에게 이런 말을 설파하며 활동했는데요.

"하나님 나라가 가까이 왔으니 회개하고 복음을 믿으라."

이 말을 들은 어부 시몬과 그의 동생 안드레, 야고보와 요한 등이 따랐고 예수는 회당에 들어가 사람들을 가르치기 시작했습니다. 때로는 기적을 통해 자신이 메시아라는 것을 증명해 보이기도 했는데요. 갈릴리 지방 카나의 혼인잔치에 찾아가 술이 부족할 때 물을 술로 바꾸었으며, 중풍 환자를 걷게 했습니다. 나병환자를 낫게 했고, 열두 해 동안 하혈증을 앓고 있던 여인의 병을 낫게 했습니다. 갈릴리 호수 물 위를 걸었으며 그 유명한 오병이어의 기적을 만들어내기도 했죠. 여자, 가난한 이들, 세리들과 함께 먹고 마시며 그들의 고충을 들어 주었습니다. 심지어 죄 지은 사람도 하나님께 진심으로 회개하면 구원을 받을 수 있다고 말했습니다. 신의 은총을 기다리며 하느님을 사랑하듯 이웃을 사랑하라고 가르쳤습니다. 예수는 유대인이면서도 배타적인 선민사상과 형식화된 율법주의를 지켜야 한다고 생각하지 않았습니다. 사람들을 몰고 다니며 설교를 하는 그에게 율법을 중시하는 바리새파 사람이 꾸짖었습니다. 율법에 의하면 안식일에는 금식해야하고 일을 하면 안 된다고 말이죠. 그러자 예수는 이렇게 답합니다.

"안식일은 사람을 위해 있는 것이지 사람이 안식일을 위해 있는 것이 아니다."

- 마르코복음 2:27 -

그러니까 형식주의에 치우친 율법은 지키지 않아도 된다고 말하고 있는데요. 비록 안식일 일지라도 선한 일, 생명을 구하는 일이라면 해도 된다고 한 겁니다. 하지만 열두지파 중 살아남은 유대족속으로 스스로를 선택된 사람들이라고 생각하는 바리새인에게 예수는 상당히 위험한 인물이었습니다. 이들은 메시아의 존재, 영혼불멸, 천국과 천사의 존재를 받아들였던 다수파였고 헬라문화를 가까이한 사람들이었는데요. 반면 소수파이면서 바리새파와 대립하던 사두개파는 모세오경에 근거하지 않는다는 이유로 바리새파의 이러한 주장에 동의하지 않았습니다.[32] 율법을 지키며 할례를 행하는 야훼와의 약속을 무시하던 예수는 두 지파의 공동 위험인물이었는데요. 그들이 보기에 나사렛 예수는 메시아도 아니었고 기존 체제를 무너뜨리는 이단아일 뿐이었던 겁니다.

그렇게 3년이 지나자 예수를 많은 이들이 따르게 되었고 한편으로는 위험한 시간이 다가오고 있었습니다. 추종자가 많아지면 공공의 적이 될 가능성이 높아지는데, 이는 정치지배자 로마인에게나 종교지배자 바리새파인에게 모두 해당되었던 겁니다. 하지만 예수는 목숨을 구걸하지 않았습니다. 뿐만 아니라 더 많은 사람들에게 복음을 전파하려는 생각에서 그동안 활동하던 변방 갈릴리를 떠나 중심지 예루살렘으로 이동했던 거죠. 그곳에는 유월절을 맞아 많은 이들이 모여 있었는데 예수에 관한 소문이 퍼져 따르는 사람들이 많았고 높은 환대를 받았습니다. 이를 바리새파의 관점에서 보면 그들의 본거지가 위험해지는, 더 이상 두고 볼 수 없는 상황으로 전개되고 있었던 겁니다.

죽었고 부활해 신이 되었다

죽음이 임박한 것을 알게 된 예수는 제자들과 최후의 만찬을 나누었습니다. 빵과 포도주를 함께하며 자신의 죽음이 뜻하는 바를 제자들에게 설명했습니다. 이 장면이 그리스도교가 무엇인지를 제대로 이해할 수 있는 상황이라 할 수 있는데요. 저녁이 되자 예수는 열두제자와 식탁에 기대어 앉았습니다. 그리고 빵을 들어 감사기도를 올린 후 이렇게 말합니다.

"받아서 먹어라. 이것은 내 몸이니라."

그리고 잔을 들어 말합니다.

"이것은 죄 사함을 위해 많은 사람들을 위해 흘리는 피, 곧 언약의 피다"

- 마테오복음 26: 26~28 -

자신의 몸과 피를 희생해 사람들의 죄를 사하게 되었다는 의미입니다. 이 장면으로 인해 초대교회에서는 성찬이 예배의 중심이 되었고, 오늘날에도 종파에 관계없이 모든 그리스도교 교회에서 시행하는 성만찬 행사가 되었는데요. 유럽에서는 수도원식당에 이 장면을 그리는 것이 자연스러운 일이었습니다. 그중 레오나르도 다빈치가 밀라노의 산타마리아 델라 그라치에 수도원에 그린 '최후의 만찬' 은 유럽에 거의 1천여 점이나 된다는 작품 중 최고로 인정받고 있답니다.

다음날 새벽이 되자 예수는 제자 가롯 사람 유다의 밀고로 체포되었고 유대인 자치기구 산헤드린의 재판을 거쳐 로마총독 빌라도에 의해 사형에 처해집니다. 예수의 사형집행은 바리새파에게도 빌라도에게도 꼭 필요한 일이었는데요. 그는 예루살렘에 입성했을 때 민중의 환호를 받을 만큼 유명인사였으며 제사장에게도 위험한 인물이었기 때문이었죠. 정확히 말하면 예수는 정치범이었습니다. 당시 로마인은 쉽게 융화되지 않는 유대인에 신경을 곤두세워야 했습니다. 예수가 활동한 갈릴리는 로마에 저항하는 열심당의 본거지였으며 민란이 잦은 곳이었습니다. 그곳에서 예수는 사람들을 모아 대규모 집회를 인도했고 예수살렘에 나귀를 타고 입성하는 등 반란의 지도자가 될 가능성도 농후하게 보였던 것이죠. 더구나 예수가 빌라도에게 심문받을 당시 대제사장들은 그를 풀어주지 말고 십자가에 못 박으라고 강력히 요구했습니다. 이는 훗날 그리스도교인들이 유대인을 미워하고 박해한 원인이 되었는데요. 복음서 저자들이 예수의 죽음을 유대인 탓이라고 기술했기 때문입니다.

결국 예수는 머리에 가시관을 쓰고 스스로 십자가를 지고 언덕을 올라야 했습니다. 그 과정에서 사람들에게 공개적으로 조롱을 당했고 두 명의 강도와 함께 정치범의 사형 방법인 십자가형에 처해졌습니다. 예수가 자신이 매달릴 십자가를 지고 병사들의 채찍을 맞으며 골고다 언덕을 오르는 장면은 많은 영화로 제작되었는데요. 십자가와 죽음이라는 상징적 장면이 되었던 거죠. 십자가에 못 박힌 예수는 오후 세 시쯤 되자 이렇게 외친 후 숨을 거둡니다. "엘리 엘리 라마 사박다니!" 이것은 "내 하나님, 내 하나님, 어째서 나를 버리셨습니까?"라는 뜻입니다. 자신의 죽음을 예견했지만 막상 죽음이 임박하자 그도 어쩔 수 없었던 모양입니다. 그리고 이런 말도 남겼습니다. "아버지여, 제 영혼을 아버지의 손에 맡깁니다." 그리고 숨을 거둡니다. 마르코 복음서에 실린 이 마지막 글을 보면 그는 신의 아들로 태어나 살았던 생을 마치며 자신의 영혼이 아버지에게 구원될 수 있다고 생각했던 것 같습니다.

죽은 영혼이 신에 의해 구원을 받아 천국에서 영생을 누린다. 이것으로 일이 끝났다면 세상을 바꾼 종교는 탄생하지 않았겠죠? 오히려 부활이라는 더 거대한 일의 시작이었습니다. 예수가 부활해 제자들 앞에 나타났기 때문인데요. 그렇다면 금요일 오후 세시가 넘어 숨을 거두었으니 안식일 다음날(일요일) 동이 틀 무렵까지 예수의 영혼은 저승에 다녀왔던 걸까요? 막달라 마리아와 또 다른 마리아가 일요일 새벽 예수가 매장된 동굴을 보러갔을 때, 동굴은 비어 있었고 놀라는 그들 앞에 예수가 나타났습니다. 그리고 다른 제자들에게 갈릴리로 가도록 말을 전하라고 했습니다. 그곳에서 자신을 만날 것이라고 말입니다. 이 말을 마리아로부터 전해들은 제자들은 갈릴리로 떠났고 그곳에서 부활한 예수를 만났습니다. 예수는 제자들에게 이런 메시지를 주었습니다.

> **"하늘과 땅의 모든 권세가 내게 주어졌다. 그러니 너희는 가서 모든 민족을 제자로 삼아 아버지와 아들과 성령의 이름으로 세례를 주고 내가 가르친 것을 그들에게 가르쳐 지키게 하라."**

- 마테오복음 28:18~20 -

유대인뿐만 아니라 이방 사람들에게도 세례와 복음을 전한다는 교리가 이렇게 만들어지게 된 것입니다.

초대교회와 신앙공동체

십자가에 못 박혀 죽은 예수가 부활하여 제자들 앞에 나타난 이 사건으로 그리스도교는 시작되었습니다. 세 번씩이나 예수를 부정했던 베드로를 비롯한 제자들은 부활해 나타난 예수가 그리스도라는 것을 확신했다는 거죠. 그런데 이는 조금 달리 생각할 여지를 줍니다. 유대인이 생각한 메시아는 위대한 랍비, 다윗의 후계자인 왕, 모세 같은 선지자이자 입법자였습니다. 그러니까 부활한 신의 아들이 메시아라는 생각은 유대인의 전통이 아니었습니다. 부활한 신의 아들이라는 컨셉은 헬라문화 아니었나요? 그러니까 사람들은 저승에 다녀온 반신반인 영웅이야기를 떠올렸을 겁니다. 제자들 앞에 나타난 부활한 신의 아들이라는 존재는 이러한 헬라문화의 관념이 생각에 있지 않고는 그리스도로 인정받을 수 없게 됩니다. 당시 동지중해 지역은 헬라문화가 널리 퍼져 있었고 예수 이야기를 기록한 복음서저자들은 모두 헬라어를 사용했다는 것을 생각하면 됩니다.

본래 예수의 제자들은 베드로를 비롯해 열두 명이었습니다. 유대 열두 지파를 염두에 둔 숫자였다는 것을 알 수 있죠? 베드로라 부르는 시몬과 그의 형제 안드레, 세베데의 아들 야고보와 그의 형제 요한, 알패오의 아들 야고보와 그의 형제 다대오가 있었고 가나안 사람 시몬, 빌립, 바톨로메, 마태, 도마 그리고 가룟 유가가 있었습니다. 예수를 판 가룟 유다가 자살한 후에는 제비뽑기를 해서 맛디아를 신규 멤버로 확정했구요. 그렇게 안 해도 별 문제 없을 듯한데, 꼭 열두 명을 채우려는 의지가 보입니다.

예수 그리스도는 부활 후 제자들과 40일을 함께 지낸 후 승천했습니다. 그리고 열흘이 지나 오순절이 되었을 때 제자들은 예루살렘의 마가다락방에 모여 그리스도의 말씀을 전했습니다. 각 지역에 흩어져 살던 디아스포라 유대인들은 이때 성령체험을 하게 되었는데요.(사도행전 2:2) 갑자기 하늘로부터 급하고 강한 바람 같은 소리가 있었고 은혜로운 기운이 넘쳤습니다. 그리고 제자들이 하는 말을 자기 지역의 말로 알아들을 수 있는, 이른바 방언현상을 맞게 되었다고 하죠. 이날 그리스도의 말씀을 전해 듣고 세례를 받은 사람 숫자가 3천 명에 이르렀습니다. 그날 이후 사도들은 빵을 떼며 기도하는 삶을 살게 되었고, 재산과 소유물을 팔아 함께 쓰는 공동체를 형성하게 됩니다. 이 신앙 공동체는 '에클레시아'[33]라 불렸는데요. 이것이 점점 커져 마침내 예루살렘 교회가 만들어졌고, 전 세계 신앙공동체의 시초가 되었습니다.

이후 예루살렘을 떠난 제자들은 각지로 흩어져 예수가 남긴 말씀을 세상 사람들에게 전했습니다. 예수로부터 하늘나라 열쇠를 받았다고 기록된 베드로는 로마로 가서 전도활동을 하다 그곳에서 순교했답니다.[34] 이 열쇠이야기로 인해 베드로는 다른 제자들보다 훨씬 중요하게 언급되었고, 최초의 교황이라 인정되었습니다. 오늘날 로마 바티칸의 성 베드로성전 아래에는 그의 무덤이 있다고 전해지는데, 그의 상징은 거꾸로 된 십자가입니다. 로마에서 도망쳐 아피아 가도를 지나던 중 만난 예수가 "로마로 가서 다시 십자가에 못 박혀 죽으려 한다."는 말씀을 하자 다시 로마로 가서 순교합니다. 이때 사형 집행인에게 거꾸로 된 십자가를 요청했기 때문이랍니다.

베드로의 동생 안드레아는 본래 세례자 요한의 제자였는데 예수를 처음으로 따르는 이가 되었습니다. 그는 예루살렘을 떠난 후 동방지역 즉, 소아시아와 그리스지역에서 전도활동을 했는데요. 러시아에 첫 복음을 전했다고도 하며 정교회 최초의 총주교로 인정받습니다. 그의 상징은 엑스자형(X) 십자가인데, 숨이 끊어질 때까지 이틀 동안이나 매달려 있었습니다. 그러면서 설교를 했는데 2만 명에게 전도했다고 하네요.[35] 이탈리아 남부도시 아말피에 가면 그에게 헌정된 두오모 성당이 있고요. 스코틀랜드의 십자가가 엑스자형인 이유는 그를 수호성인으로 모시기 때문입니다.

그림 23. 안드레아를 수호성인으로 모신 아말피 두오모 성당 ⓒ안계환

또 한명의 유명한 제자는 야고보입니다. 그의 유해가 있다는 이베리아 반도 산티아고 데 콤포스텔라 성당은 로마 다음가는 성지순례 장소가 되었는데요. 그는 예수 승천 후 예루살렘 교회의 지도자가 되었으며 유대와 사마리아 지역의 포교에 힘썼습니다. 그러다 헤롯 아그리파 1세의 탄압에 의해 사도 중 첫 번째 순교자가 되었습니다. 그가 서기 44년 죽은 후 예루살렘지역에 묻혔는데 오랫동안 아무도 그 위치를 알지 못했다고 합니다. 그런데 9세기경 신비한 빛이 숲속의 어느 동굴에 비추었고, 사람들이 그 안에 들어가 보니 야고보의 무덤이 있었다고 하네요. 그렇게 발견된 야고보의 유해는 이베리아 서북부 갈리시아의 어느 장소로 이장되었고, 그곳은 성지로 변했습니다.

그 외에 야고보의 동생이었던 요한은 <요한복음>과 <요한 계시록>의 저자라고 알려져 있지만 실제로는 다른 요한입니다. 그래서 흔히 사도 요한이라 부르며 때로는 베드로보다 더 높이 추앙받는 인물이기도 합니다. 요한복음의 기록자로 인정되는 성 요한은 서기 95년경 에페소스에서 전도하다 밧모섬(오늘날의 파트모스섬)에 유배되어 책을 쓴 것으로 알려져 있습니다. 나머지 사도들도 대부분 순교인의 삶을 살았는데요. 빌립은 소아시아의 브루기아(프리기아)에서 전도하다 기둥에 매달려 순교했고, 바르톨로메는 아르메니아에서 거꾸로 된 십자가에 달렸습니다. 도마는 부활해 나타난 예수를 믿을 수 없어 로마병사의 창에 찔린 상처를 확인한 이로 유명한데요. 파르티아, 인도 등지를 전전하다 창에 맞아 순교했답니다. 마테오는 에티오피아에서 순교했고요. 결국 이들의 목숨을 건 전도활동 덕분에 예수를 그리스도로 모시는 신앙공동체가 생길 수 있었던 것입니다.

그렇다면 그리스도교가 단기간에 많은 사람들에게 어필할 수 있었던 이유는 무얼까요? 우선 고대가 신분제 사회였다는 점을 이해해야 합니다. 유대사회도 마찬가지였는데요. 사제직을 독점하고 정치적 헤게모니를 쥐었던 사두개인, 율법을 중요시했던 바리새인은 대제사장과 율법학자 등을 독점하는 귀족층이었습니다. 이에 비해 예수를 그리스도로 모시기 위해 신앙공동체에 모여든 이들은 기술자, 어부, 여자, 목동 등 가난하거나 신분이 낮은 이들이었습니다. 제국 수도 로마에 살고 있던 유대인들은 폼페이우스가 팔레스타인을 점령한 후 끌려간 이들의 후손이었고, 서기 70년 유대전쟁 이후에도 많은 이들이 로마에서 살게 되었죠.

그러니 그들 대부분이 노예이거나 해방노예들이었을 겁니다. 더구나 그리스도교는 이방인들에게도 열려 있었는데, 그때 가난하고 천한 이들을 위로하는 믿음으로서의 신앙이 되었던 것입니다.

이는 신약성서에 등장하는 에베소, 빌립보, 고린도 등 헬라스에서도 마찬가지였습니다. 우리가 아는 제우스 등 올림포스의 신들은 지배층 신앙의 대상이었습니다. 전쟁에 나갈 때 아테나에게 공물을 바치고, 아폴론에게 신탁을 물었던 것이죠. 하지만 가난한 자, 여자, 노예 등 민중들은 디오니소스, 오르페우스, 아스클레피오스 등을 섬겼습니다. 그들은 신전을 찾아 병을 고치고 축제를 벌이며 음악을 즐기는 행사를 열었습니다. 생의 고통이 사라지지 않는 세상에서 위로를 해 주는 신의 역할은 언제나 필요했습니다. 로마의 지배층에게 유피테르와 미네르바가 있었다면 신분이 낮은 자들에게는 예수그리스도가 있어 기도하고 성찬을 나눌 수 있었던 것입니다.

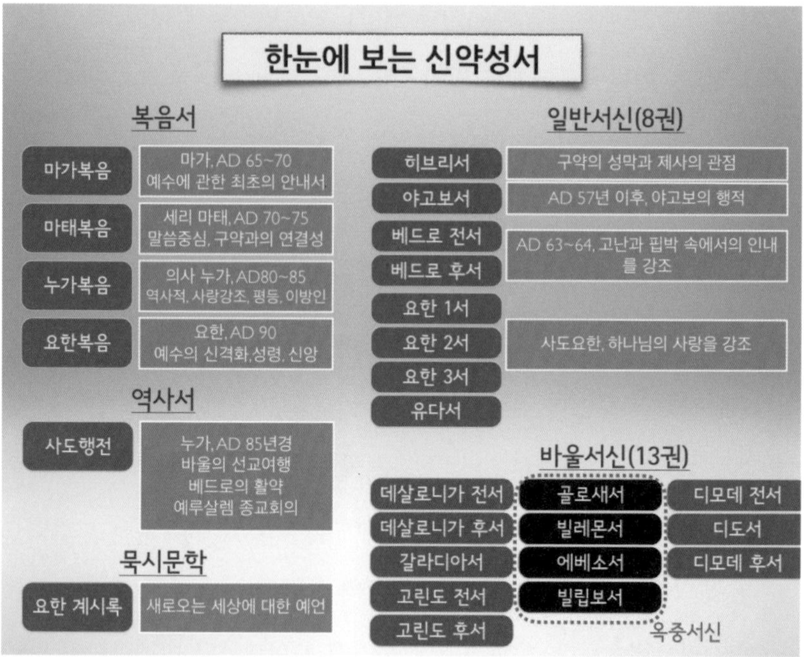

그림 24. 한눈에 보는 신약성서

바울은 '부활'한 예수를 만났다

그리스도교가 정통 종교로서 로마제국에 뿌리내리도록 만든 가장 중요한 인물은 바울입니다. 한국의 천주교에선 '바로오', 개신교에서는 '바울'이라는 이름으로 불리는 사람인데요. 그로 인해 유대교의 일개 분파에 지나지 않던 그리스도교가 고유 교리를 가진 종교로 탄생할 수 있었던 겁니다. 예수의 말씀과 행적이 많이 남겨진 것은 4복음서(마테오, 마르코, 루카, 요한)입니다. 이 4복음서로 인해 그리스도교가 처음 생성되었을 것이라고 생각하기 쉽지만 그렇지 않습니다. 그 이전에 바울이라는 학식이 높고 뛰어난 지도자에 의해 정리된 문서의 영향력이 더 컸습니다.

고대의 종교행사는 오늘날처럼 경전의 문구를 읽고 말씀을 나누는 방식으로 진행 되는 게 아니었습니다. 지도자를 중심으로 말씀을 묵상하고 기도하고 제를 올리는 것이었죠. 참석자 대부분이 문맹이었던 당시를 생각한다면 종교행사에서 경전이 반드시 필요한 것은 아니었습니다. 고대 갈리아와 브리튼 섬에 살던 켈트족의 종교인 드루이드는 문서로 기록된 경전이 아예 존재하지 않았는데요. 오로지 사제들의 암송에 의해 그들의 교리가 지켜지고 후대에 전승되었습니다.

초대교회의 모습도 비슷했을 겁니다. 특히 살아있는 예수를 만났던 제자들이 지도자로 있는 신앙공동체에서는 예수 그리스도에 관해 정리된 경전이 필요 없었죠. 그들이 만났던 예수, 그들이 들었던 말씀을 중심으로 나누고 교제하면 되니까요. 제자들을 비롯한 초대교회 사람들은 예수그리스도가 곧 다시 오시리라고 믿었습니다. 영광 가운데 모든 선지자, 천사들과 함께 다시 올 것이라는 말씀이 전해졌기 때문입니다. 그러니 재산이나 율법 등은 중요하지 않았고 종교적 계율도 제대로 갖춰지지 않았죠. 곧 오실 예수가 세상을 평정할 하느님의 나라가 곧 올 것인데 굳이 형식을 갖출 필요가 없었던 겁니다. 그러나 기대와 달리 예수는 돌아오지 않았고 기다림의 시간은 점점 길어졌습니다. 더욱이 그리스도를 따르는 사람들이 점점 많아지고, 로마제국의 여러 지역으로 확대되고 있던 상황에서 하나 된 생각이 필요해졌습니다. 그때 그리스도를 따르는 이들이 공통적으로 지켜야 할 종교의 모습을 바울이라는 사람이 여러 편지와 문서로 정리했던 겁니다.

종교의 형성에는 이렇게 바울과 같은 학식 있는 지도자의 탄생이 필수적입니다. 열두 제자 대부분이 교육을 제대로 받지 못한 이들이었음을 감안한다면 체계적인 교리를 잡아나가는데 바울의 역할이 클 수밖에 없었는데요. 서기 62년에 사망한 바울이 쓴 서신의 뒤를 이어 마르코복음서가 서기 70년 이후에 집필되었고, 마테오복음서, 루카복음서, 요한복음서가 차례로 등장합니다. 첫 세권의 복음서들은 유사점이 많고 같은 관점에서 쓰였기에 공관복음서(共觀福音書, Synoptic Gospel)라고 부르는데요. 최초의 복음서 저자 마르코가 예수를 직접 만난 인물이 아닌 점을 감안해 본다면 집필에 바울의 영향이 크게 작용할 수밖에 없었을 것입니다.

바울은 서기 5년 오늘날 터키의 길리기아 지방 중심도시 타르소스에서 유대인으로 태어났습니다. 그러니까 예수와 동시대 사람이었다고 볼 수 있겠는데요. 하지만 예수를 직접 만나지는 못하고 부활한 예수의 목소리를 들었습니다. 로마시민이었다고도 하고 아니라는 주장도 있는데, 어쨌든 헬라스 고전과 유대율법 등 교육을 잘 받은 유대인이었습니다. 그는 젊은 시절, 정통 유대교 율법을 지키지 않는 신앙공동체를 핍박하는데 앞장섰습니다. 그러다 대략 스물일곱 살 쯤 되던 어느 날 예루살렘에서 다마스쿠스에 가던 중 갑자기 강한 빛을 만났고, 말에서 떨어졌습니다. 그리고 이런 목소리를 들었습니다.

"사울아, 사울아, 네가 왜 나를 핍박하느냐?" 사울이 "주여, 누구십니까?" 하고 묻자 "나는 네가 핍박하는 예수다. 어서 일어나 시내로 들어가라. 네가 행할 것을 알려줄 이가 있으리라."

- 사도행전 9:3~6 -

다마스쿠스로 간 그는 사흘 동안 먹지도 마시지도 않고 있다가 아나니아를 통해 세례를 받았습니다. 그때부터 그는 예수가 하나님의 아들이심을 선포하게 되었습니다. 바울은 어떻게 기적 같은 회심을 할 수 있었을까요? 그때까지 그는 히브리어 이름 '사울'로 살다가 헬라어 이름 '바울'을 함께 쓰게 되었다지요. 엄밀히 말하면 사울이었다가 바울로 이름을 바꾼 게 아니라 두 세계를 다 갖고 있는, 헬라문화 환경에서 자란 디아스포라 유대인이었습니다. 그는 유대전통에 따라 구약성서와 율법 해석, 그리고 수사학을 공부했으며 헬라어에도 밝아 아테네 철학자들에게 야훼의 말씀을 전도하기도 했습니다. 대중연설 능력도 뛰어났는데요. 오늘날 한국 관광객들이 많이 방문하는 에페수스의 고대극장에서 수천 명의 청중을 모아놓고 연설한 적도 있었고 아테네에도, 코린토스에도 그의 연설 흔적이 남아있답니다. 살아있는 예수를 직접 만나지도, 기적도 경험하지 못했지만 그가 보기에 '부활'한 예수는 분명 하느님의 아들이자 그리스도였습니다. 그에게는 아브라함의 후손으로 태어날 것이라던 선지자의 예언보다 부활의 능력을 보유한 그리스도가 더 중요했던 것입니다.

이렇게 뛰어난 학식과 교양을 갖춘 바울이 세례를 받고 본격적으로 전도활동을 하게 됨으로써 그때까지 유대교의 분파에 지나지 않았던 신앙공동체는 독자종교로 탄생될 수 있었습니다. 당시 그 지역에서 성행하던 영지주의[36], 삶의 경건함을 강조하던 스토아사상, 플라티노스의 철학이 결합되어 보편종교가 되었죠. 율법을 지켜야 하는 유대인만이 참여하던 신앙공동체가 이방인을 포함하는, 아니 이방인 위주의 그리스도교가 되었던 겁니다.

그는 서른 살이 되던 서기 35년경부터 사망하는 62년경까지 4차에 걸쳐 전도여행을 떠났는데요. 아테네, 테살로니키, 코린토스, 에페소스 등을 방문하고 그곳에서 선교활동을 했습니다. 로마제국의 동방지역을 중심으로 무려 2만 킬로미터에 이르는 거리를 돌아다닌 셈이었습니다. 그 과정에서 신약성서 27편 중 13편에 달하는 그의 이름으로 된 서신을 남겼습니다. 선교여행을 다니는 가운데서도 생활비를 스스로 벌어 충당했는데요. 코린토스에서는 천막업자와 함께 일했다는 기록이 남겨져 직업이 천막업자였다고 알려져 있는데요. 여행 중 다른 유대인에게 다섯 번 매를 맞고 세 번 태장으로 맞고 한 번 돌로 맞고 세 번 배가 난파 되었다고 합니다. 그만큼 고난을 겪으면서도 대단한 선교 활동을 했다는 이야기죠. 그가 그리스도교의 교리와 역사에 미친 영향이 얼마나 컸던지 '예수가 없었다면 바울도 없었겠지만 바울이 없었다면 그리스도교도 없었을 것이다.' 라는 말이 있을 정도입니다. 사도행전에는 마지막 4차 여행의 행선지 로마로 떠나 그곳에 머문 것까지 나오는데, 이어지는 전승에 의하면 네로 황제에게 죽임을 당했다고 합니다.

3) 로마제국과 그리스도교

로마의 그리스도교 박해

로마는 전통적으로 다신교 국가였습니다. 자연신 신앙을 갖고 있었지만 에트루리아 도시를 점령하면서 그곳의 주신이었던 유노신앙을 가져왔습니다. 또 이탈리아 남부의 폴리스들을 영유하면서부터는 헬라스의 신을 그들의 신으로 대체하기 시작했죠. 제우스는 유피테르가 되었고 헤라는 유노가 되었습니다. 아프로디테는 비너스가 되었고 아테나는 미네르바로 이름이 바뀌었습니다. 한편 그들이 점령한 지역에 만연한 광신적 종교문화에 적대감도 표출되었는데요. 로마당국은 이탈리아 남부지역에 성행하던 디오니소스 숭배문화를 억압하고 피타고라스학파의 책을 소각했습니다.[37] 디오니소스 숭배는 여자와 노예의 신앙이었는데, 로마에서는 이들이 집회하는 것을 본질적으로 싫어했습니다. 그들이 모이면 폭도로 변할 가능성이 높다는 것을 알고 있었고, 실제 노예반란으로 진행된 사례도 있었기 때문이죠.

남부 크로토네에 있었던 신비주의 종교단체 피타고라스학파는 사모스의 피타고라스가 이집트와 동방지역을 여행한 후 이곳에 와서 만들었던 것인데요. 콩이 우주의 모습을 닮았다고 해서 먹지 못하게 하고 이원론이나 영혼불멸설, 윤회설 등을 그 세계관으로 했습니다. 디오니소스 숭배나 피타고라스학파 모두 신비주의 종교단체였다는 게 공통점입니다. 아테네 부근 엘레우시스에도 농업의 신 데메테르와 그녀의 딸 페르세포네를 모시는 비밀주의 종교단체가 있었는데요. 이곳에서는 종교 행사 내용을 절대 외부에 발설하지 못하게 했는데 만약 그런 사람이 있으면 즉시 처형되었다고 합니다. 훗날 아테네를 점령한 로마인은 엘레우시스 비밀교단도 강력한 박해를 했고요. 피타고라스학파가 저술했다는 여러 문헌이 전하지 않는 것은 로마의 박해와 책 소각 때문이라니 아쉬운 마음이 듭니다.

이런 종교배척의 경험을 갖고 있긴 했어도 로마제국은 기본적으로 피지배 민족의 문화를 존중하며 통치자로 균형을 가지려 했습니다. 헬라스, 에스파냐, 갈리아, 북아프리카 등 다양한 지역을 다스려야 하는 입장에서 역내 민족의 문화에 관용성을 띨 수밖에 없었는데요. 특히 그들이 동방을 정복하면서 만난 민족들에 대한 관용의 자세는 로마가 가진 경쟁력 중 하나였습니다. 종교 측면에서는 여러 신을 혼합하는 방식이 눈에 띄었고, 로마의 만신전(판테온)에는 여러 지방에서 섬겨온 신들이 계속 추가되었습니다.

문제는 아우구스투스가 치열한 내전을 거쳐 경쟁자들을 물리치고 제1인자로 올라선 다음, 황제숭배가 진행되면서부터 생겼습니다. 지중해 동방지역에서는 미노스가 제우스의 아들이라 했고, 알렉산드로스가 헤라클레스의 후손이라고 주장했던 것처럼 자신의 가문을 특별하게 보여야 통치가 수월했는데요. 그래서 헬라스에는 여러 도시에 아우구스투스 신전이 건립되었고, 당국은 황제 상 앞에 분향하도록 요구했습니다. 그런데 다신교 전통을 가졌던 대부분의 민족들은 이를 자연스럽게 받아들였지만 '나 이외 다른 신을 섬기지 마라.'라는 율법을 갖고 있던 유대인은 이를 거부했습니다. 로마인에게 유대인은 무신론자처럼 여겨졌는데요. 신상을 만들어 제를 올리는 그들로서는 보이지 않는 신을 모시는 유대인의 모습은 생소할 수밖에 없었겠죠. 로마 당국은 이들을 불손하고 반역적인 족속들로 몰아붙이게 됩니다. 결국 이에 반발한 유대인이 저항한 결과 서기 70년경에 예루살렘이 완전히 파괴되고 고향에서 쫓겨나는 결과로 이어지게 됩니다.

초기 그리스도인은 유대인과 달라 보이지 않았습니다. 같은 유일신을 모시는 이들이었고 비슷한 형태의 종교모임을 가졌던 그저 유대교의 한 분파였을 뿐입니다. 서기 64년에 있었던 네로황제 시절의 박해도 그리스도교인만을 대상으로 한 것은 아니었을 겁니다. 기원전 63년 폼페이우스가 유대를 공략한 이후 많은 유대인이 로마에 이주해 살고 있었는데요. 역사가 타키투스는 일단의 부랑자와 그 종파의 뚜렷한 신도들을 붙잡았고 그들의 자백에 의해 단죄했다고 기록하고 있습니다. 친절한 역사가 덕분에 네로는 그리스도교를 탄압한 최초의 황제가 되었네요.

유대인은 다른 민족에게 종교를 전도하지 않지만 그리스도교는 이방인에게 열려 있다 보니 점점 교인 숫자가 많아졌습니다. 유대인 아닌 그리스도인이 더 많아지게 된 것이죠. 로마제국의 입장에서 보면 그리스도인은 점점 세력이 커지는데 이들이 추구하는 행위들은 로마인의 관습과 많이 달랐습니다. 성만찬 의식이 식인행위와 성적 혼음으로 이어진다는 오해를 받기도 했습니다. 남녀 신자들이 모여 예수의 몸과 피를 먹고 마시는 의식을 행하면서 이것을 사랑의 축제라고 불렀는데 여기서 오해가 발생했던 거죠. 로마인이 볼 때 그리스도인은 전통질서를 어지럽히는 위협적이고 위험한 존재들이었기에 핍박의 대상이 되었는데요. 특히 평화보다는 전쟁이 나고 위기에 닥쳤을 때 더 많은 사람들이 희생되었던 경향이 있었습니다.

로마제국에서 그리스도인을 핍박한 이유 중 하나는 군대문제였습니다. 성서의 여러 곳에 나오는 '살인하지 마라'는 의미를 해석하는 어떤 이들은 사람을 죽여야 하는 군대에 징집되는 것을 꺼렸습니다. 오늘날 이를 따르는 개신교 분파 '여호와의 증인'이 사회적으로 부각되는 심각한 문제이기도 하죠. 로마제국 당시에도 이는 큰 문제가 되었던 모양입니다. 그리스도인도 로마군 주전력이나 보조병으로 근무해야 하는데(당시에는 군대에 가야 출세할 수 있었다) 때론 병역을 거부하는 이들이 있었던 겁니다. 자원입대한 이들의 경우에는 결정적 시기에 명령불복종할 가능성이 있는 이들이라는 의심을 사기도 했고요. 서기 303년 디오클레티아누스 황제시절 많은 그리스도교 병사들이 처형된 이유이기도 했습니다.

우리에게 잘못 알려진 지식중 하나는 로마제국에 상당히 많이 퍼져있던 카타콤베, 즉 지하묘지의 기능이었습니다.[38] 어떤 이들은 '지하묘지'를 극적으로 묘사하여 그리스도인이 로마인의 눈을 피해 이곳에서 몰래 예배 드렸다고 기록하기도 했습니다. 학창시절 제가 배운 세계사

교과서에도 그렇게 쓰여 있었는데요. 하지만 오늘날 로마시 외곽에 있는 카타콤베를 가보면 많은 이들이 오가던 고속도로 주변에 설치된 지하 공동묘지란 것을 알게 됩니다. 지배층 이외에는 도시 내에 묘지를 설치할 수 없었기에 도시 입구 가도 주변에 공동묘지를 만드는 것이 관례였죠. 그러니까 카타콤베는 누구에게나 잘 알려진 장소였지 몰래 숨겨진 성소가 아니었던 겁니다. 2세기 중반에 이르러 그리스도인은 순교자의 기일에 무덤에 모여 성찬을 거행하는 것이 일상이 되었는데요. 로마제국에서는 지하무덤에 모여 성찬을 나누는 행위 자체를 못하게 하지는 않았던 겁니다.

로마제국에 의한 핍박이 있었던 것은 분명하고 그로인해 많은 순교자들이 있었습니다. 하지만 그건 그리스도인에게만 해당하는 것은 아니었는데요. 과도한 영적 행위를 했던 디오니소스 신도들에게 핍박이 있었고, 엘레우시스의 비밀교의가 타격받은 것도 비슷했습니다. 피타고라스학파의 저작물이 대부분 사라진 것도 로마제국이 추구하는 황제숭배와 그리스로마신화 추종과는 다른 노선이었기 때문입니다. 특히 동방지역에는 미트라교, 마니교 등 다양한 종교집단이 있었는데요. 로마가 이 지역에서 황제 신격화를 추진하자 지속적 충돌이 일어날 수밖에 없었던 것입니다.

로마제국의 쇠퇴

지중해 전체를 아우르는 유럽, 아시아, 아프리카에 걸쳐 대단한 위세를 떨치며 영원한 제국일 것 같았던 로마도 오현제시대[39]를 지나면서 점차 쇠퇴하기 시작했는데요. 풍선에 바람을 넣으면 계속 커질 수 없는 것처럼 전성기가 있으면 당연히 내리막길이 있게 마련입니다. 로마황제의 가장 중요한 책무는 국가방어였습니다. 그래서 황제들이 편안한 수도에 머물지 못하고 국경선을 이동하며 쳐들어오는 이민족과 싸워야 했는데요. 이는 로마제국의 지도자가 갖는 숙명과도 같은 일이었습니다. 강력한 군사력으로 광대한 제국을 형성한 만큼 이를 유지하기 위해서는 부단한 노력이 필요했기 때문이죠. 가장 강력한 군사력을 과시했던 트라야누스 시대에는 오늘날 루마니아인 다키아를 정벌하고 많은 재물을 획득했습니다. 또한 동방의 파르티아로부터 아르메니아, 메소포타미아를 잇달아 공략해 사상 최대의 영역을 확보하죠.

하지만 공격보다 더 어려운 건 이를 유지하는 일입니다. 후계자 하드리아누스는 더 이상의 영토 확장은 무리라는 것을 깨닫고 수성에 주력하는데요. 지금 기준으로 봐도 그가 지켜야 할 방위선은 브리타니아부터 중동부 유럽을 거쳐 아시아까지 이어져 그 길이가 어마어마합니다. 결국 변경지역에 방위선을 설치하는데 브리타니아(잉글랜드) 북부에 있던 '하드리아누스 방벽'은 그 상징물입니다. 라인과 도나우를 잇는 550㎞에 이르는 게르마니아 방위선은 그가 황제로서 국가방위에 얼마나 고심했는지를 말해 줍니다. 오현제의 마지막 황제로 불리는 『명상록』을 쓴 마르쿠스 아우렐리우스는 삶의 대부분의 시간을 전장의 텐트에서 보내야만 했죠.

그의 아들 콤모두스가 비참하게 살해된 후(192년)부터 로마제국은 점차 내리막길을 걸었습니다. 공격적 확장전략으로 풍선처럼 커지다 수세로 돌아서자 여기저기서 구멍이 나 바람이 빠지기 시작한 겁니다. 많지 않은 병력으로 국경을 넘어오는 야만족을 치고 빠지는 전략으로 막아내고 있었지만 현실적으로 무리였습니다. 국경을 지키는 군대에는 로마인 대신 야만족 출신이 늘어났고, 예전처럼 한 명의 황제가 광대한 국토를 방어하기도 어려워졌습니다. 이런 상황이 오자 235년부터 284년까지 50년간 18명(공동 황제까지 하면 26명)이나 되는 이들이 제위에 오르는 이른바 군인황제시대가 도래했습니다. 지도자에게 강력한 권위를 부여해야 내부 역량을 총동원할 텐데 그러지 못하니 임기응변으로 상황을 모면할 뿐이었죠. 그러니 북방민족의 침입을 제대로 막아내지 못하는 경우가 많아졌고, 로마는 만성적인 사회경제적 불안에 빠져들었습니다. 국가를 통치할 철학이나 역량이 부족한 이들이 오로지 군인들의 추대에 의해 수시로 지도자에 오르니 국가관리가 제대로 돌아갈 턱이 없었겠지요.

이렇게 내리막길로 치닫던 로마제국을 잠시 회복시킨 것은 달마티아 출신 디오클레티아누스였습니다. 그리스도인을 가장 많이 박해한 것으로 유명한 그는 전임 황제의 경호대장 이었다가 제위에 올랐습니다. 뛰어난 리더십으로 동방의 티그리스와 서방의 도나우 지역 방어선을 확립하고 자신의 위치를 확고하게 다졌고요. 내정개혁을 단행했는데 원로원의 입법기능을 없애고 집정관을 자신이 임명하도록 바꾸었습니다. 법안을 원로원 의결이 아닌 황제의 칙령으로 바꾸었고 이를 보좌할 일종의 관료 제도를 도입했습니다. 그러니까 그때까지 남아있던 공화정의 잔재를 모두 없애버린 것이죠. 아우구스투스부터 이어진 원수정은 그로부터 확실하게 황제정으로 바뀌었던 건데요. 사실상 동방식 황제라 불릴 수 있는 사람은 그로부터였다고 할 수 있겠습니다.

로마제국은 서쪽의 라틴문화권과 동쪽의 헬라문화권, 이렇게 둘로 나뉜 세계였습니다. 본래 이탈리아에서 라틴어를 쓰던 로마인이 알렉산드로스의 헬라지역을 정벌하면서 로마제국이 탄생했던 것이죠. 정치권력을 가진 서로마지역과 경제, 문화적 우위에 있었던 동로마지역으로 나뉘어 있었는데요. 동서로마가 분리되기 이전에도 두 지역은 상당히 이질적 문화를 갖고 있었다는 이야기입니다. 오랫동안 지속된 내부경쟁을 이겨내고 권력을 잡은 디오클레티아누스는 국경선방어의 어려움을 절감하게 됩니다. 과거처럼 홀로 국방의 모든 책임을 지는 건 현실적으로 어렵다는 것을 깨달은 그는 제국을 동서로 나누었습니다. 그리고 믿을 만한 동료 막시미아누스를 부제로 삼아 제국을 공동통치하는 방식을 도입했는데요. 자신은 동방지역 소아시아의 니코메디아에 수도를 두고 동쪽을 통치했고 서쪽은 막시미아누스가 국경방어를 하도록 했던 것이죠. 그러다 후계구도까지 염두에 두어 변화를 주는데 스스로는 동방의 정제augustus로 취임하고 갈레우스는 부제caesar로, 서방에는 정제 막시미아누스와 부제 콘스탄티우스를 두었습니다.

이렇게 제국을 4분하는 제도를 탄생시킨 후 59세에 은퇴해 고향 달마티아의 살로나 부근에 별장을 짓고 살았습니다.(오늘날 크로아티아의 스플리트에 있는 궁전이다) 그리고 70세에 사망할 때까지 이곳에 거주하며 양배추를 기르며 행복하게 살았다고 하는데요. 그의 사후 제국은 리키니우스, 막시미아누스, 콘스탄티누스, 막센티우스 이렇게 4명의 황제로 이어졌습니다.

그림 25. 콘스탄티누스 대제, 로마 카피톨리노 국립박물관 ⓒ안계환

콘스탄티누스의 종교 인정

디오클레티아누스가 결정한 국경방어를 위한 4분 제도는 좋은 듯 하면서도 언제든 내전이 촉발될 수 있는 가능성이 있었는데요. 능력이 서로 비슷해 견제와 균형이 유지된다면 좋겠지만 각 지역의 상황에 따라

언제든 무너질 수밖에 없었죠. 특히 동방과 서방지역은 신앙과 정치 전통이 달랐습니다. 동방은 절대 권력자의 탄생을 용인하는 헬라문화권이었고 서방지역은 공화정의 분위기를 잇는 라틴문화권이었습니다. 그러기에 황제를 바라보는 민중의 생각이 달랐고, 특히 그리스도교를 바라보는 관점이 달랐습니다. 서방지역을 다스리던 콘스탄티누스와 막센티우스는 그리스도교에 관대했던 반면 리키니우스와 막시미아누스의 동방지역은 박해가 심했습니다. 그리스도인이 따르기 싫어하는 황제숭배사상이 동방지역에 더 많이 자리 잡았기 때문입니다.

이런 상황을 적절하게 이용한 이가 최후의 승리자 콘스탄티누스였습니다. 서방지역을 맡았던 그는 군대를 이끌고 알프스를 넘어 막센티우스를 물리치는데요. 당시 막센티우스는 그리 만만한 상대가 아니었습니다. 풍요로운 이탈리아와 북아프리카의 패권자였고 심지어 그의 병력이 콘스탄티누스에 비해 두 배가 넘었습니다. 서기 312년 10월, 로마 북방 15킬로미터 지점에 있는 밀비아교에서 콘스탄티누스와 막센티우스 군대 간에 전투가 벌어졌는데요. 여기서 콘스탄티누스는 그리스도교 신앙 덕분에 승리를 거둡니다. 믿거나 말거나지만 콘스탄티누스가 역사가 에우세비우스에게 이렇게 상황을 전했기 때문입니다.

나는 막센티우스와 싸우기 전날 밤 꿈속에서 태양 위에서 빛나는 십자가를 보았는데 거기에는 이렇게 쓰여 있었다.

"이것으로 승리하라."

그리고 그리스도가 찾아와 하늘에 나타난 징표로 만든 모형을 전

네며 적과 싸울 때 사용하라고 했다. 다음날 아침 나는 병사들의 방패와 군기에 헬라문자로 X(카이)와 P(로)가 겹쳐져 있는 깃발을 그려 부착하게 했다.[40]

이 표식은 헬라어 '크리스토스χριστός'의 처음 두 문자에서 파생되어 그리스도교도의 상징 중 하나가 되었습니다. 이는 새로운 시대가 열렸다는 상징물로 기능했는데, 병사들의 사기를 높이는데 크게 기여했을 것입니다. 그렇게 서방지역을 얻은 그는 313년 밀라노에서 동방의 지배자 리키니우스를 만나 혼인동맹을 맺습니다. 일반적으로 '밀라노 칙령'으로 알려진 이날의 사건으로 인해 제국의 모든 종교에 평등권이 부여되었는데요. 하지만 리키니우스가 그리스도교에 우호적이지 않았기 때문에 그리스도교에 우월적 지위가 제공된 것은 아니었습니다. 하지만 황제숭배나 이교신앙paganism등과 같은 수준으로 그리스도교가 자리 잡을 수 있게 된 것만 해도 대단한 조치였는데요. 그리스도인 탄압으로 몰수된 재산은 반환되었고 성직자에 대한 세금 및 병역면제가 실시되었죠. 오늘날까지 이어지는 교회재산 면세혜택의 시작이었습니다.

그렇다면 콘스탄티누스가 그리스도교를 공인한 이유는 무엇이었을까요? 전승에 따르면 하늘의 계시를 받았다고 하는데 실제로 그는 예수를 잘 알지 못했고 죽기 직전까지 세례를 받지 않았습니다. 태양위에 십자가 깃발이 휘날렸다고 하는 것처럼 태양숭배 사상을 신봉하던 전형적 로마인이었죠. 마르쿠스 아우렐리우스가 미트라교의 영향을 받아 '상승의 태양'이라 하여 국가 신으로 지정한 이후 태양신은 제국의 최고신이었습니다. 콘스탄티누스는 예수와 태양신의 차이를 구분하지 못했습니다. 그리스도인이 예수를 '정의의 태양'이라 부르는 것과 태양신을 섬기는 축일sun-day에 예배드리는 것을 알고 있었기 때문이죠. 태양신 축일이었던 12월 25일이 예수 탄생일로 기념하게 된 것도 이런 이유 때문이었습니다.

지금까지도 콘스탄티누스가 그리스도교를 적극 후원했던 이유에 대해 설이 분분한데요. 종교적 시각이 아닌 당시의 정치적 상황을 파악한 해석이 필요하지 않을까 싶습니다. 노예제가 꼭 필요했던 남부지역의 약점을 이용해 남북전쟁을 승리로 이끌었던 링컨 대통령의 사례와 비교해 보면 적절하지 않을까 생각합니다. 그도 처음에는 적극적으로 노예제 폐지를 추진했던 것은 아니었습니다. 하지만 남부를 공략하기 위해서는 노예해방선언이 꼭 필요하다고 여겼고 이를 적극 추진하게 되었던 것이죠. 결국 링컨은 변화하는 시대를 읽었고 적의 약점을 잡아 승리로 이끌 수 있었던 겁니다.

콘스탄티누스도 이러한 전략적 상황을 읽지 않았을까 싶습니다. 당시 제국인구의 20퍼센트 정도가 그리스도인이었는데 리키니우스의 동방지역에 압도적으로 많았습니다. 만약 그리스도교를 공인해 주면 리키니우스는 나쁜 지도자가 되고 자신은 위대한 영도자가 될 수 있지 않을까요? 군인들 중에 그리스도교 신자가 많았던 점을 생각해 본다면 충분히 가능성 있는 이야기입니다. 그의 어머니 헬레나 아우구스타의 영향 때문이었다는 설도 있습니다. 동방태생의 독실한 그리스도인이었던 어머니는 남편에게 쫓겨나는 불행을 겪었는데, 효심이 깊었던 콘스탄티누스가 어머니의 소원을 들어주려 했다는 설이지요.

어쨌든 그는 군인들에게 인심을 얻었고 수차례 전투를 통해 리키니우스를 물리칩니다. 그리고 흑해와 에게 해를 연결하는 요충지 비잔티움의 땅에 새 수도를 건설합니다. 동방과 서방을 연결하는 위치에 자신의 이름을 따 콘스탄티노플이라 명명한 도시의 건설은 종교개혁의 효과가 발휘되었는데요. 우선 원로원 귀족들의 힘을 빼는데 기여했습니다. 수도 로마의 귀족들은 기존체제의 수호자들이었습니다. 변방출신으로 새로운 체제를 원하는 콘스탄티누스가 화려한 도시 로마에서 귀족들과 함께 지내기는 어려웠을 것입니다. 두 번째는 기존 이교의 힘을 약화시키는데도 기여하는데요. 신도시의 건설에는 상당한 자금과 다량의 물자와 자재가 필요했는데, 이를 기존 도시와 이교신전에서 황금, 동상, 기둥, 건축물들을 가져와 충당할 수 있었습니다. 만약 이교 신의 힘을 빼놓지 않았다면 신전에서 황금과 자재를 빼가는 일은 불가능했을 것입니다. 민중이 의지하는 신의 존재는 언제나 필요했던 것인데 무작정 이교신전을 없앨 수는 없겠지요. 그렇게 하려면 반드시 그 대체제가 있어야 했거든요. 근대에 이르기까지 사람들은 고대유적지에서 기둥 등 자재를 빼내 교회와 저택을 짓는데 썼습니다. 아무도 이런 행위에 대해 뭐라는 사람은 없었고 심지어 로마의 콜로세움은 교황이 선정한 공식 자재공급처였습니다. 저는 현장에 답사를 갈 때마다 참 마음이 아팠습니다. 지진에 무너져 형태만 남은 신전, 기둥과 지붕은 모두 사라지고 기초만 남은 건축물의 운명이 슬펐습니다. 만약 고대의 화려한 신전들이 사라지지 않고 남아있다면 얼마나 아름다웠을까 상상해보면 그렇습니다.

서기 324년, 황제는 칙령을 내려 모든 병사들에게 매주 첫째 날에 지존의 신을 예배하도록 명령했는데 같은 날 그리스도인은 예수부활을 축하하고 있었습니다. 이미 십여 년 전부터 황제는 십자가 형벌을 금지시키고 검투사 경기를 치르지 못하게 했으며 축첩을 금하고 간음을 죄로 다스렸습니다. 이때부터 황제는 교회를 직접 지배하는 대제사장의 기능을 갖게 되었는데요. 교회를 직접 후원했고 때로는 토론에 참여했으며 교리문제에 직접 간여하기도 했습니다. 때로는 종교회의와 공의회를 열어 통일된 교리를 정하고 이를 따르지 않는 이들에 대해서는 쫓아내기도 했습니다. 이를 '황제교황주의caesaro papism'라 하는데 이는 훗날 로마주교가 교회의 대표자로서 교황(pope, 敎皇)으로 불리게 되는 시초가 되었습니다.

그림 26. 성삼위일체, 마사초, 피렌체 산타마리아 노벨라 성당 ⓒ안계환

유일신사상이란 경배의 대상이 절대자 하느님 하나라는 것입니다. 아주 당연하고도 이해하기 쉬운 개념이죠. 야훼와 알라라는 호칭만 다를 뿐 유대교와 이슬람교는 확고한 유일신사상이라 할 수 있습니다. 그런데 그리스도교에는 하느님의 아들이라는 그리스도 예수라는 존재가 있습니다. 하느님과 그리스도는 별개인가 아니면 하나인가? 여기에다가 성령이 추가되어 셋이 되었으니 이것을 유일신 사상이라 말할 수 있는 건가? 이런 질문에서 그리스도교의 핵심 교리이기도 한 '삼위일체trinity'가 탄생했습니다. 삼위일체란 '예수는 성부이며 성자인 동시에 성령인 존재'라는 의미입니다. 그러니까 원래부터 예수는 창조주 하느님이었는데 잠시 인간의 몸을 빌려 태어난 아들이기도 하고, 죽은 후 부활한 영의 존재이기도 하다는 이야기입니다. 즉 삼위가 모두 동일한 하나님이라는 뜻입니다. 이 주장에 근거를 제공하는 결정적 성서구절은 요한복음 첫 머리에 나옵니다.

"태초에 말씀logos이 계셨다. 그 말씀은 하나님과 함께 계셨다. 그 말씀은 하나님이셨다."

여기서 말하는 '로고스'는 헬라철학에서 '이성'이나 '논리'라는 뜻을 가졌습니다. 헬라인에게 로고스는 우주의 기저에 흐르는 합리적인 힘을 의미했는데요. 그러니까 헬라철학에 심취했던 복음서 저자 요한은 만물에 존재하는 창조적 힘이란 뜻으로 로고스라는 단어를 선택했고 이를

'하나의 신'의 의미로 표현했던 것이죠. 그리스도교에서 삼위일체 즉, 트리니티 사상은 절대 물러설 수 없는 가치가 되었고 만약 이를 부정하거나 조금이라도 달리 해석하면 이단으로 단죄하는 역사가 끊임없이 이어져 왔는데요. 이는 오늘날에도 여전합니다. 트리니티는 여전히 설명이 어렵고 여러 해석이 가능하기에 그리스도교가 수십 수백 개의 종파로 분열될 수밖에 없는 이유가 되고 있기도 합니다.

트리니티가 그리스도교 사회에서 얼마나 중요한지는 유럽의 여러 국가에서 채택하고 있는 삼색기에서 찾아볼 수 있는데요. 그들의 국기national flag를 보면 삼색기 또는 십자가기를 채용하고 있는 게 대부분입니다. 프랑스, 독일, 이탈리아는 삼색기이고 영국, 스웨덴 등은 십자가기를 씁니다. 그리스도교국가를 표방했던 나라들이 십자가기를 사용하는 것은 이해하기 쉽습니다. 이는 십자군 전쟁에 참전했던 여러 기사단의 휘장에서 유래되었거든요. 그럼 삼색기는 어디에서 그 의미가 왔을까요? 바로 트리니티입니다. 삼색기의 역사에 대해 알려진 가장 오래된 것은 빨강·흰·빨강으로 구성한 오스트리아 국기인데요. 1191년 레오폴드 헬덴툼 공작이 십자군 원정 때 사용한 흰옷이 적의 피에 물들어 세 색깔로 배치 된데서 유래했습니다.

이것이 세 가지 색깔의 조화, 즉 트리니티 정신의 표출이라고 할 수 있습니다. 그러니까 십자가기와 삼색기는 그 탄생시기가 비슷하죠? 어쩌면 이는 당연한 것입니다. 트리니티는 이슬람과 대적하던 중세시대 내내 가장 중요한 가치였고, 국민국가가 탄생한 이전까지 각 지역의 영주들은 십자가기 아니면 삼색기를 그들의 상징으로 썼습니다. 그러다 여러 지역이 뭉쳐 근대 국민국가를 형성할 때 세 색을 활용해 국기를 제작하게 되었던 것이죠. 물론 오늘날 각 나라들은 국기의 세 색깔에 대해 트리니티가 아닌 다른 의미를 부여합니다. 프랑스에서 삼색은 혁명의 정신이었던 '자유평등박애'를 의미한다고 설명하는 것처럼 말입니다. 현대에 이르러 종교자유가 천명되었고 그리스도교 국가를 지향하지 않기에 다른 설명을 붙이고 있는 거죠. 하지만 유럽국가에서 그리스도교와 트리니티에 부여된 의미와 그 중요성은 여전히 사라지지 않았습니다.

밀라노 칙령으로 그리스도교가 공인되고 교회가 자리를 잡아가자 사람들은 재산을 기부하기 시작했습니다. 이승에서의 노력 여하에 따라 천국행이 결정된다는 교리가 사람들에게 어필했기 때문입니다. 이로 인해 교회는 점점 부자가 되어갔고 이 돈을 관리하는 주교의 권력도 커져갔는데요. 이는 국가와 교회 사이에 힘의 역전현상이 벌어지는 시초였습니다. 이제 각 지역의 권력을 가진 교회와 주교들 간에는 교리를 둘러싼 갈등이 싹트기 시작했습니다. '예수는 누구인가', '성령은 어떤 존재인가'와 같은 이성적으로 설명하기 어려운 문제들에 대해 주교나 신학자간의 논쟁으로 확산되었던 것이죠. 어쩌면 이는 교리논쟁이지만 각 지역 주교 사이의 권력투쟁 성격을 갖기도 했습니다. 제국 유일의 황제에 오른 콘스탄티누스는 그리스도교 세력이 예수의 존재론으로 인해 분열되는 것을 원치 않았습니다. 어떤 방향이든 하나로 결정되도록 중재하려 했습니다. 그래야 대제사장으로서 자신의 권력이 공고해질 테니까요.

그리스도교 역사에서 가장 중요한 이 결정은 서기 325년 6월 19일 니케아 즉, 오늘날 터키의 휴양지 이즈니크에서 열린 공의회에서 탄생했는데요. 이날은 콘스탄티누스 황제가 크리소폴리스 전투(324년 9월 18일)에서 제국의 라이벌 리키니우스를 무찌르고 단독 황제 자리에 오른 지 9개월만이었습니다. 콘스탄티누스는 니케아에 있던 자신의 궁전에 제국 전역의 주교들을 초대했습니다. 이때 이름이 알려진 1,800명 중 318명의 주교가 참석했다는데요. 이날 행사는 제국의 권위를 높이고 평화를 가져온 유일무이한 황제라는 것을 대외에 천명하고 싶은 황제의 열망이 반영되었습니다.

이날 결정된 것은 두 가지였는데 하나는 예수의 존재에 관한 삼위일체 교리와 부활절의 정확한 날짜였습니다. 부활절에 관해서는 '춘분이 지난 만월 다음에 오는 첫 일요일'로 간단하게 결정되었지만, 삼위일체론은 논란이 컸습니다. 그리스도교가 탄생한 후 300년 가까이 흐르는 동안 예수의 존재론에 확실하지 않은 부분이 있었습니다. 바울서신이나 복음서에 등장하는 예수는 신인지 인간인지 아니면 어떤 영적 능력을 가진 존재인지 명쾌하지 않았던 거죠. 다만 가장 늦게 기록된 요한복음에서 '하느님의 외 아드님이신 하느님' 이라는 예수의 신성을 강조하고 있었습니다. 따라서 이날 존재론을 확실히 해 둔 것입니다.

리비아에서 탄생하고 안티오키아에서 공부했던 아리우스는 신플라톤주의 신봉자였습니다. 그는 알렉산드리아에서 주교로 활동하면서 신플라톤주의가 주장했던 '신은 하나'라는 단일성에 주목했습니다. 따라서 예수는 하느님과 유사한 본질인 신성을 가져 하느님으로 불릴 수 있지만 '참 하느님'은 오직 성부이시기에 예수는 인간도 하느님도 아닌 중간 존재라고 정의했습니다. 그러니까 '참 하느님에 의해 창조된 첫 번째 존재이며 인간과 성부를 연결하는 기능을 갖고 있다' 라고 했던 것이죠. 하느님의 아들로서 이 땅에 내려온 존재, 그리고 부활해 하느님과 함께 있다는 그의 주장은 삼위일체 주장에 비해 심플한 구조로 인해 대중적으로 폭넓게 받아들여졌습니다. 서방지역 군인들 사이에 아리우스파가 많았던 이유이기도 했습니다.

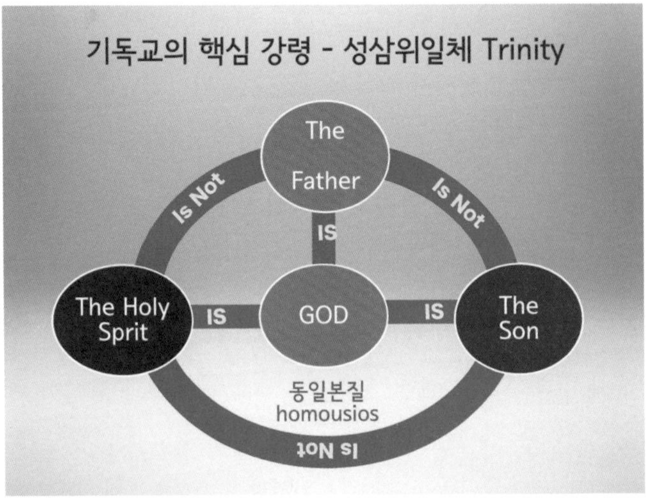

그림 27. 성삼위일체의 개념도

비록 대주교는 아니었지만 '예수가 존재하지 않은 적이 있었다'라고 말하는 그의 주장은 상당한 인기를 끌었습니다. 절대자와 그가 창조한 첫 번째 존재 예수라는 설명은 꽤 그럴 듯 했기 때문이죠. 하지만 이로 인해 곧바로 알렉산드리아교회는 내분에 휩싸이게 되었는데요. 결국 이를 알게 된 황제가 직접 나서 공의회councils를 열게 된 것입니다. 결국 여기서 성부와 성자 그리고 성령은 '동일본질ὁμοούσιος'의 존재로 결정되었고 아리우스는 이단으로 단죄되었습니다. 하지만 정작 콘스탄티누스가 아리우스를 지지하는 등 제국 내에 확산되다가 내부 분열 등으로 아리우스파는 점점 쇠퇴의 길을 겪었습니다.

'가톨릭catholic'이란 용어가 쓰이기 시작한 것도 이때부터인데요. 이 단어는 2세기부터 이단이나 떨어져 나간 무리와 구분해서 '보편적', '공통적'이란 뜻으로 쓰였는데, 황제가 보내는 모든 공문서에 기록되어 있었습니다. 그러니까 황제를 대표로 하는 언제 어디서나 누구에 의해서나 믿을 수 있는 신앙체계가 가톨릭이었다는 의미입니다.[41] 예수를 따르던 사람들에 의해 생겨난 초대교회는 체계화 되어있지 않은 무리였습니다. 여러 생각들이 혼재해 있었고 예수의 행적을 기록한 복음서조차 저자마다 말이 달랐습니다. 그러다 황제에 의해 신앙교리가 확정되면서 그리스도교라는 정형화된 형태로 정리되었는데요. 이를 다르게 보면 초대교회 공동체가 추구했던 예수 그리스도 추종의 내용과 형식이 변했다고 말할 수 있습니다. 이로써 로마제국 황제를 수장으로 하고 주교(Bishop, 때로는 감독이라 번역)[42]라는 성직자의 체계를 갖춘 조직체가 만들어졌습니다. 개인이 성령과 직접 소통하지 않고 성직자를 통해야만 한다는 규격화된 종교가 되었던 것입니다.

하지만 체계화된 모습을 갖출수록 이것이 과연 예수그리스도의 참모습을 추종하는 종교 형태인지 의문이 따라올 수밖에 없습니다. 결국 그리스도교는 끊임없이 이단이 존재하고 분파가 생길 수밖에 없는 운명이었는데요. 니케아 공의회를 소집해 삼위일체 교리를 확정한 콘스탄티누스조차도 임종 직전에 받은 세례는 아리우스파로부터였습니다. 그 뒤를 따르던 몇몇 황제들이 모두 아리우스파였다는 것도 흥미로운 일입니다. 지상의 위계를 믿은 사람들은 당연히 천상에도 위계가 있을 것이라고 보는 건 자연스러운 일이었을 겁니다. 훗날 로마교회의 지나친 계층화에 반발해 16세기에 등장한 만인사제설[43] 조차도 시간이 흘러가면서 계층화가 만들어지는 걸 봅니다. 어쩌면 인간이 만든 모든 종교는 이런 계층화된 모습에서 벗어날 수 없는 것 아닐까 생각해 봅니다.

4) 동서로마와 어머니 마리아 그리고 정교회

서로마의 멸망과 동로마 제국

제국이 확실하게 동서로 나뉜 것은 테오도시우스 1세 때였습니다. 그는 디오클레티아누스 이후 분열과 통일을 반복하고 있던 제국을 재통일(394년) 했지만 죽기직전 아들들에게 분할해 물려주었습니다. 동서제국을 하나로 유지한다는 현실적 어려움을 알고 있었던 것이죠. 그는 독실한 그리스도교 신자였으며 그리스도교를 국교로 지정해 이교도를 압박했고, 394년에는 1천 년간이나 유지되었던 올림피아제전을 금지시켰습니다. 기원전 776년 시작되어 4년마다 올림피아에서 열렸던 헬라인의 경기대회는 제우스신전에 바치는 축제의 일부였는데요. 그러니 그리스도교 황제가 이를 금지시키는 게 어쩌면 당연한 일이었습니다.

이때 제국의 중심은 완전히 동쪽으로 바뀌어 있었습니다. 오현제의 전성기에도 정치적으로는 서쪽 로마가 우위에 있었지만 경제, 문화적으로는 동쪽 로마가 훨씬 앞서 있었습니다. 지배층은 선진문화를 배우기 위해 자식들을 아테네나 로도스 등의 도시로 유학을 보냈는데요. 로마제국의 지배철학인 스토아사상이 로도스에서 시작된 것도 우연이 아닙니다. 황제들이 휴가를 위해 떠나는 장소의 대부분이 동쪽 지역이었을 만큼 동서간의 문화적 우열은 분명했습니다. 더구나 경제적으로 동쪽지역에 의존한 것은 로마의 숙명이었습니다. 수도 로마에 공급하던 상당량의 식량은 알렉산드리아에서 들여왔을 정도였으니까요.

이런 상황에 제국이 동서로 나뉘자 서쪽 로마는 경제적 곤란을 겪게 되었는데요. 중심지는 콘스탄티노플로 옮겨졌고 서로마는 자립해야 했지만 현실은 만만치 않았던 거죠. 이는 자연스럽게 국방력의 약화로 이어지고 치열하게 국경을 넘어오려 애쓰던 게르만족을 막아낼 수 없게 됩니다. 이후 훈족 아틸라의 침입, 뒤이은 서고트족의 로마약탈(410년)로 로마 시는 큰 혼란에 빠졌습니다. 영화의 상징이던 건축물은 불탔고 예술품은 약탈되거나 파괴되었습니다. 살아남은 사람들은 도시를 떠나고 서로마의 수도는 북쪽 라벤나로 옮겨졌습니다. 그리고 반달족은 아프리카에 카르타고왕국을 건설했고, 서고트족은 이베리아에 고트왕국을 세웁니다. 결국 서로마 제국은 게르만 용병대장 오도아케르의 침입에 의해 막을 내립니다(476년).

이로서 로마의 정치권력은 동쪽에만 존재하게 되었습니다. 서로마는 멸망했는데 왜 동로마는 오랫동안 건재했을까요? 훈족과 게르만족이 동로마는 제쳐두고 서로마지역만 공략하지는 않았을 텐데 말입니다. 이는 동서간의 경제력차이로 설명이 가능합니다. 동로마는 이민족의 침입을 막아낼 만큼 국력이 강했지만 서로마는 그렇지 못했던 거죠. 동로마에도 고트족의 침입으로 인해 고난을 겪은 사건이 있었습니다. 서기 378년에 있었던 서고트족과 동로마의 아드리아노폴 전투는 황제 발렌스의 사망으로 이어질 만큼 대단한 사건이었는데요. 하지만 한 번의 패배 정도는 동로마가 충분히 감내할 수준이었습니다. 이후 서고트족은 이탈리아를 침공하고 갈리아 남부로 갔고 이어 이베리아로 이주했습니다. 이는 동로마는 강력하니 공략하지 못하고 방어가 약한 서쪽으로 방향을 잡았다고 볼 수 있는 겁니다.

그림 28. 유스티니아누스의 모자이크, 라벤나 산 비탈레 성당 ⓒ안계환

이후 동로마는 유스티니아누스 1세 때 과거의 영광을 찾으려 애썼습니다. 벨리사리우스와 나르세스를 기용하여 옛 로마제국의 영토를 회복했는데요. 이탈리아의 상당부분을 되찾았고 시칠리아와 북아프리카도 그 영역으로 확보했습니다. 이때 라벤나에 서로마 총독부를 두었던 덕분에 산비탈레 성당에 유스티니아누스와 아내 테오도라의 모자이크가 남겨질 수 있었던 거죠. 유스티니아누스는 역사가들에 의해 대제로 불리는데 로마법전의 편찬과 하기아 소피아의 건축 등이 큰 영향을 끼쳤습니다. 이때부터 국가의 공식 언어도 라틴어에서 그리스어로 바뀌었는데요. 지배층이 그리스인으로 변했기 때문입니다.

네스토리우스 종교분쟁

오늘날 그리스도교에는 크게 보면 3계통의 교회가 있습니다. 단일교단으로 가장 큰 세력을 형성하고 있는 로마가톨릭교회, 11세기에 로마교회와 분리된 후 동유럽과 러시아 등에 많은 신도를 확보하고 있는 동방정교회orthodoxy, 그리고 16세기 이후 종교개혁으로 탄생한 프로테스탄트(개신교)입니다. 유럽 중북부와 북미가 중심인 개신교는 다시 장로교·감리교·침례교·성결교·구세군·퀘이커 등으로 분리되었습니다. 오늘날 개신교가 다수를 차지하는 북미에는 공식 인정받는 개신교 교파만 해도 300개를 넘는다는데요. 이 외에도 소수파 그리스도교회가 동지중해 지역을 중심으로 많이 존재합니다. 1억이 조금 넘는 이집트 인구의 10%정도가 콥트교인입니다. 흔히 단성론자라고 불리는 이들은 4~5세기경에 분리되었죠. 전쟁으로 어지러운 시리아에는 전 인구의 11%정도 그리스도인이 있고요. 약 150만 명 정도의 교인이 있다는 마론파maronite는 레바논을 중심으로 주변지역 여러 나라에 분포하고 있는데요. 이들은 7세기에 동방정교회에서 분리되었지만 로마가톨릭교회에서 지원해주는 독특한 성격을 갖고 있습니다. 이처럼 그리스도교는 끊임없는 분열과 분파의 역사를 갖고 있습니다. 그렇다면 사랑과 믿음을 말하는 종교가 이러한 고통스러운 분열과정을 거쳐야만 하는 이유는 뭘까요?

우리는 종교란 확고한 진리를 통해 사람들이 따르는 것이라는 생각하기 마련입니다. 교인의 행동 준칙인 교리도 절대 변할 수 없는, 확고부동한 원칙이라고 여길 수 있죠. 당연히 그 종교 안에 있는 사람들은 자신들이 믿고 따르는 신이 절대자이며 교리는 절대 물러설 수 없는 원칙이라고 생각합니다. 하지만 구전으로 전해진 생각과 신이 전해주었다는 말씀들이 기록된 경전들은 문자의 한계로 인해 애매한 구절들이 많게 마련입니다. 그러니 이를 해석해서 행동으로 옮겨야 하는 사람들에게 진리가 강조되면 될수록 조금씩 방향성이 달라집니다. 여기에 조직이 만들어지면 정치적 영향력에 따라 변동이 생기고 사람들은 그가 태어난 또는 배운 문화 영역 내에서 교리를 해석하고 따릅니다. 그래서 종교가 포용하는 지역이 넓어지면 넓어질수록 현지의 고유문화가 교리에 끼어듭니다. 로마가톨릭이 남미에 진출했을 때 그 지역의 독특한 신앙관과 결합한 것처럼 그리스도교는 수없이 많은 변화의 과정을 거쳤고 분파들이 생길 수밖에 없었습니다.

오늘날 지구상 최대 종교인 그리스도교는 팔레스타인의 초대교회부터 시작해 안티오키아, 알렉산드리아, 에페수스, 로마 등지로 교세가 넓어지면서 신을 바라보는 입장이 조금씩 달라졌습니다. 니케아 공의회 결정에 의해 삼위일체 교리가 확정되었지만 제국 전체에 이 생각이 확고부동하게 자리 잡은 것도 아니었습니다. 더구나 삼위일체는 어머니 마리아의 존재에 대한 논쟁을 촉발시켰는데요. 과연 어머니 마리아는 누구인가? 예수가 하느님이라면 그의 어머니는 하느님의 어머니theo-tokos인가? 아니면 인간의 어머니anthrop-tokos인가? 삼위일체 교리를 따르다 보면 논쟁이 될 만한 주제였습니다.

황제 테오도시우스 2세에 의해 콘스탄티노플 대주교에 임명되었던 안티오키아 출신 네스토리우스는 예수는 신이 분명하지만 인간으로 태어났으므로 인성도 갖고 있다는 양성론을 주장했습니다. 내부에 두 성품(하나는 인간적이고 또 하나는 신적인)이 있어 경우에 따라서는 인간으로 때로는 신으로 행동한다고 사람들을 가르쳤습니다. 그리고 마리아는 예수가 가진 인간의 성품을 낳았다고 주장 했구요. 네스토리우스는 예수의 인성과 신성은 분리될 수 있으며 따라서 마리아는 예수의 인성을 낳은 '그리스도의 어머니christo-tokos'이지만 '하느님의 어머니'는 될 수 없다고 주장했습니다.

이 주장에 강력 반발한 사람은 알렉산드리아의 주교 키릴로스였습니다. 그는 알렉산드리아 도서관의 마지막 철학자 히파티아가 살해되는데 결정적 역할을 했던 인물이었는데요. 그때까지 살아남았던 프톨레마이오스의 알렉산드리아 도서관이 파괴된 것은 참으로 안타까운 일이었죠. 그리스도교가 생성되고 전파되는 과정에서 제국 내 다섯 도시의 교회가 중요한 역할을 했습니다. 예루살렘, 알렉산드리아, 안티오크, 로마, 그리고 콘스탄티노플이었는데 펜타르키라는 이름으로 불렸습니다. 그 중에서 알렉산드리아에 많은 신도들이 있었고 영향력이 가장 강력했던 것입니다. 히파티아는 르네상스시대의 화가 라파엘로가 바티칸 박물관 라파엘로의 방에 그린 '아카데미아 학당'에 등장하는 유일한 여성 철학자입니다. 영화 '아고라'에 나오는 그녀는 아주 매력적인 독신여성으로 그려지는데요. 평생 수학을 연구했고 몇 권의 저서를 남겼지만 도서관의 파괴와 함께 온전한 형태로 전해지지 못했습니다. 15세기에 그녀의 저서 일부분이 바티칸 도서관에서 발견되었다고 알려져 있습니다.

헬라문명의 마지막 유산이 그리스도인에 의해 파괴되던 시절, 수려한 외모와 논리적 언변, 그리고 매혹적인 음성을 갖추었던 네스토리우스는 탁월한 설교능력으로 민중의 인기가 높았습니다. 따라서 그의 주장이 알렉산드리아까지 퍼지는데 그리 오랜 시간이 걸리지 않았는데요. 이때 많은 이들이 토론에 참가했고 교리논쟁이 치열하게 전개되었죠. 결국 제국은 431년에 에페소스에서 공의회를 열어 네스토리우스를 이단으로 판정했는데요. 콘스탄티노플과 알렉산드리아가 싸워 알렉산드리아 지지파가 이긴 지극히 정치적 결정이었던 거죠. 그리고 공의회는 니케아 신조에 따라 마리아를 '하느님의 어머니'라 부를 수 있으며 예수 안에 존재하는 인성과 신성은 따로 분리될 수 없다는 사실을 확인했습니다. 곧바로 네스토리우스는 콘스탄티노플 대주교 자리에서 파직되었고 자신의 근거지 안티오키아로 떠났는데요. 그곳에는 그를 따르는 신도들이 많았고 동정표를 얻게 됩니다. 사람들은 네스토리우스의 교리를 추종하는 자를 양성론자(兩性論者, dyophysite)라고 불렀습니다.

그러나 이단으로 결정되었음에도 네스토리우스 추종자들은 번성했고 주로 동쪽 지방으로 세력을 뻗어 나갔습니다. 네스토리우스파는 헬라어 대신 시리아어를 예배의식의 집전 언어로 채택했고, 동방의 이란지역으로 교세를 확장했는데요. 그리고 아라비아 반도에도 퍼져나가 남부 예멘까지 그 세력을 넓혔으며 이슬람이 생긴 이후에도 그 세력을 유지할 수 있었죠. 네스토리우스 세력은 7세기부터 12세기에 이르기까지 전성기를 누렸는데, 동방으로 뻗어나가 중앙아시아, 인도, 중국과 몽골 등지에서 선교활동을 하게 됩니다. 몽골 전문가 잭 웨더포드는 『칭기즈칸,

잠든 유럽을 깨우다』에서 칭기즈칸의 자손 가운데 상당히 많은 그리스도교인들이 있었다고 쓰고 있는데요.[44] 칭기즈칸의 4남 툴루이의 아내이며, 몽케, 쿠빌라이, 훌라구, 아리크부케의 어머니였던 소르칵타니베키가 대표적 인물이었습니다. 몽골 이전시대인 당나라에 이미 네스토리우스교가 전파되어 있었는데요. 수도 장안에 교회가 설립되었고 그 이름을 경교라고 불렸습니다. 그 증거물이 오늘날 시안의 비림 박물관에 '대진경교유행중국비'라는 이름의 비석으로 보관되어 있답니다.

어머니 마리아는 누구일까?

그렇다면 어머니 마리아는 어떤 존재일까요? 신을 잉태한 존재이니 신과 동급일까요? 에페소스 공의회에서 결정된 마리아는 테오토코스 즉 하느님의 어머니로 규정되었습니다. 이 교리는 오늘날 동방정교회, 로마가톨릭, 성공회 등 대부분의 교파에서 인정하고 있는데요. 마리아가 평생 동정녀였다는 사실도 전폭적으로 수용하고 있지요.(사도행전에는 예수의 형제 야고보 이름도 등장하기에 개신교에서는 이를 인정하지 않는다.) 그 증거로 사도신경과 같은 신앙 고백에서는 예수가 '성령으로 인하여 동정녀 마리아에게 잉태되었다.'라고 말하고 있는 것이죠. 남성과의 성적 접촉 없이도 생명이 잉태될 수 있다는 헬라문화[45]는 이렇게 마리아 숭배 사상에 강하게 영향을 주었던 겁니다. 당시 이 지역에 널리 퍼져 있던 조로아스터교의 영향도 생각해볼 수 있는데요. 이 종교의 창시자 조로아스터도[46] 처녀의 몸에서 태어났다고 알려져 있거든요. 처녀이자 순결의 상징이며 달과 출산의 여신 아르테미스에 대한 숭배의식이 높았던 이오니아지방 에페수스에서 마리아의 존재를 결정하는 공의회가 열렸다는 것도[47] 생각해 볼만한 대목입니다. 이곳에서 아르테미스는 오랫동안 모성과 풍요의 여신으로 숭배되었는데요. 5세기경에 이르면 이 지역에서 8월 중순경에 행해지던 아르테미스 추수제가 성모승천 축제로 변형됩니다.(로마가톨릭에서 성모승천대축일은 8월 15일이다) 새로운 문화가 탄생해 옛 것이 단절되는 것이 아니라 변형되어 계속 전해지게 된 것이죠.

이렇게 결정된 마리아의 존재론은 수세기에 걸쳐 다양한 신심과 공경의 모습으로 표출되었는데요. 그렇다고 그녀가 신이라고 한다면 이는 유일신이라는 대의명제에 큰 파문이 될 수 있겠죠? 그러니 어머니 마리아가 신이라는 의미는 아니라고 적극 강조됩니다. 신화에서 신이 된 존재를 낳은 이가 인간이었던 경우도 있으니 충분히 가능한 이야기입니다. 마리아는 그리스도에게 예속되어 있으면서 세상의 다른 피조물 즉, 인간보다는 더 높은 위치에 있어야 한다고 보는 겁니다. 동방정교회에서 마리아는 하느님의 창조물 가운데 가장 뛰어난 피조물이며 인류를 위해 끊임없이 중재하며 기도하는 존재입니다. 따라서 인간 중에서는 최고이며 성인들보다 높은 존재이기에 여러 교회가 로마의 산타마리아 마조레 성당처럼 마리아를 수호성인으로 모시는 거죠. 그녀에게 기도하면 무엇이든 잘 들어줄 가능성이 높다고 생각했던 겁니다. 하지만 우상숭배의 가능성을 염려하는 로마가톨릭에서는 어머니 마리아를 공경할 뿐 숭배하지 않는다고 선을 긋고 있습니다.

그림 29. 미켈란젤로의 피에타, 바티칸 성당, 로마 ⓒ안계환

그리스도교 전통 속에서 마리아는 예술의 주제로 삼기에 적당한 대상이었습니다. 특히 '성모자'라고 불리는 마리아와 아기예수는 아주 오래된 전통을 갖고 있죠. 르네상스 시절에는 피에타 상이 많이 만들어지기도 했는데요. '피에타pietà'는 이탈리아어로 슬픔과 비탄을 의미하며, 예수의 죽음을 맞은 어머니 마리아의 슬픔을 뜻합니다. 예술작품으로서 피에타는 마리아가 승천하기 전 죽은 예수를 안고 있는 모습을 표현한 그림이나 조각상을 의미하는데요. 바티칸 성당에 있는 미켈란젤로의 피에타는 입구에서 수많은 참배객들을 맞이하고 있고요. 대천사 가브리엘이 갈릴리 나사렛 마을 마리아의 집으로 찾아가 그녀가 성령으로 아이를 잉태했음을 알리는 '수태고지'는 회화에서 많이 사용되는 장면이기도 합니다.

"기뻐하여라. 은혜를 입은 자여, 주께서 너와 함께하신다.

\- 루카복음 1:28 -

이 첫 마디를 사람들은 그림에 그리거나 백합, 흰 수건 등에 새겨 넣어 순결한 마리아를 상징적으로 보여주기도 했습니다. 가장 유명한 그림은 피렌체 우피치 미술관에 소장된 레오나르도 다빈치의 것이죠. 정교회 미술에서도 마리아를 묘사한 성화상이 아주 다양하게 그려졌는데 성화상에 대한 공경은 우상 숭배가 아니라는 결론도 내려놓았습니다. 최근 로마가톨릭교회에서는 성모가 승천한 것으로 공식 선포했는데[48], 정교회에서는 마리아가 사도들에 둘러싸인 채 깊이 영면에 들었다고 인식합니다. 그러니까 로마가톨릭에서는 마리아가 신에 준하는 존재로 보지만 정교회에서는 그렇게 보지 않는다는 것을 알 수 있습니다.

성상숭배 관념의 차이와 비잔틴 교회

삼위일체 교리가 확정되었고 마리아의 존재가 정해진 교회의 다음 과제는 '성상(聖像, icon)'사용 문제였습니다. 성상이란 예수와 마리아의 형상과 열두제자나 여러 성인들의 모습을 그리거나 조각한 모습이라고 할 수 있겠습니다. 조금 더 확장하면 예수에 관련한 물품, 즉 십자가에 사용된 나무, 옷가지, 심지어 예수를 찌른 창 등입니다. 오늘날 로마가톨릭 교회의 많은 곳에서 이러한 성상이나 성물을 보관하고 순례자들을 받고 있는데요. 사실 이는 그리스도교문화에서 상당히 조심스러운 문제입니다. 인간의 모습을 한 신의 형상을 만드는 건 유대가 아니라 헬라문화였습니다. 제우스와 아폴론의 형상을 만들어 신전에 모셔두고 그들의 영향력에 기대는 건 헬라스의 전통이었거든요. 성물에 신의 영향력이 유지된다는 생각도 마찬가지입니다. 유대교에서는 야훼의 이름조차 제대로 부르지 못하게 했고 그 형상을 만드는 일은 우상숭배라 해서 절대 금지사항이었는데 말입니다.

하지만 유대교와 헬라문화가 융합해 탄생한 그리스도교는 헬라문화를 버릴 수 없었습니다. 국가 공식종교로 자리 잡은 교회는 그리스도 예수, 성처녀 마리아, 사도들, 천사와 성인들의 그림이나 조각 혹은 모자이크로 장식되기 시작했는데요. 이탈리아 라벤나의 산비탈레성당에서 발견할 수 있는 것처럼 교회는 화려하고 값비싼 옷으로 치장한 황제와 왕녀들, 화려한 성상과 성화들로 가득 채워졌습니다. 이때부터 예수와 열두 사도, 어머니 마리아의 얼굴이 그려지기 시작했는데요. 사진이 없던 시대이니 제작자의 상상력이 동원되었겠죠. 예컨대 예수는 하얀 백인 얼굴에 긴 수염을 기르고 얼굴 뒤에는 빛나는 후광을 두르고 흰색 또는 금색 옷을 걸쳤으며 한 손에는 성서를 들고 최대한 영적 능력을 가진 이로 묘사되었습니다. 베드로는 중키에 약간 머리가 벗겨졌지만 역시 피부가 하얗고 짙은 갈색 눈동자를 가졌으며 코가 크고 수염을 덥수룩하게 기른 중년 사내 모습이었습니다. 성화상은 글을 알지 못하는 성도들에게 성서의 내용과 예수 그리스도에 대한 구체적 이해를 돕는데 효과가 있었습니다. 그림이나 조각을 통해 묘사된 것은 정서상 자연스러운 것이었고 민중을 교화하는데 크게 기여했습니다. 문제는 성화들이 지나치게 화려하며 강렬한 원색과 황금으로 치장되고 장식이나 교육효과를 넘어 그것 자체가 숭배대상이 되었던 거죠.

성지 예루살렘을 찾았던 사람들은 그곳에서 각종 기념품과 유물들을 가져왔습니다. 오늘날 유럽 교회에는 이렇게 수집된 여러 종류의 성물들이 모셔져 있는데요. 로마의 산타 크로체 예루살렘 교회 안에는 예수 십자가 횡목이 일부 보관되어 있습니다. 이것은 313년 기독교를 공인한 콘스탄티누스 황제의 어머니 헬레나에 의해 발굴되고 로마로 옮겨져 보관돼온 것으로 전해집니다. 사람들은 이러한 성물의 영적 능력을 믿었는데 성화상 조각이나 성상의 가루, 성인의 유골가루를 먹고 병이 치유되었다거나 고통에서 건짐 받았다는 이야기들이 넘쳐나기 시작했습니다. 그러다보니 성상, 성인의 유골, 성화상 등 종교적 상징물이 가정과 도시의 수호자로 인식되었죠. 때로는 부적처럼 성스러운 장식물들을 식탁위에 심지어 외양간에도 붙이기도 했습니다. 그것이 악령을 쫓고 병을 치유하며 예언 능력과 복을 가져다준다고 믿었던 것입니다.

이런 상황을 두고 볼 수 없었던 동로마 황제 레오 3세는 725년, 제국에 성상숭배금지령을 내렸습니다. 수도 콘스탄티노플의 턱밑까지 쳐들어온 이슬람군대를 물리친 후였습니다. 그가 내세운 명분은 십계명 중 제 2계명이었습니다.

"너는 너 자신을 위해 하늘에 있는 것이나 땅에 있는 것이나 물 속에 있는 것이나 어떤 형태로도 우상을 만들지 말고 그것들에게 절하지 말며 섬기지도 말라."

- 탈출기 20:4 -

이는 유대인들이 금과옥조처럼 지키는 계명이었죠. 이 우상숭배 관념은 유대교, 그리스도교, 이슬람교 공히 반드시 지키려고 노력하는 공통계율 같은 것입니다. 하지만 종교별로 이를 바라보는 관점은 조금씩 다르다고 할 수 있는데요. 레오 3세가 내린 성상숭배 금지령에는 타락하는 교회와 성직자를 견제하려는 정치적 목적과 이웃 이슬람제국과 벌이는 사상전에서 우위에 서려는 의도가 함께 작용했습니다. 당시 교회와 수도원은 광활한 토지와 면세권을 갖고 있으면서도 황제의 지배를 받지 않으려 했습니다. 또한 성상과 성물로 불리는 것들을 수집해 병이 들거나 어려움에 처한 사람들, 신비적 요행을 바라는 자들을 불러 모으는 재물획득 수단으로 삼았던 것이죠. 더욱이 강력한 군사력을 갖고 등장한 이슬람제국은 성상사용을 들어 그리스도교를 우상숭배종교라고 끊임없이 비난했습니다. 유대교의 영향을 받아 탄생한 이슬람에서는 우상숭배 가능성이 있는 건 형상뿐만 아니라 그림조차도 절대 금하고 있었는데요. 두 종교 모두 유대교를 근간으로 탄생했는데 그리스도교는 헬라문화의 영향으로 우상숭배 가능성이 높았던 것입니다. 교회가 점점 부자가 되자 지나치게 화려한 치장을 하고 있었다는 점과 미신적으로 흐른 것도 우상숭배로 바라볼 여지가 충분히 있었다는 이야기죠. 이콘 또는 아이콘은 신앙의 성장이나 복음 전파에 분명 좋은 도구였습니다. 하지만 그것이 점점 규모가 커지고 미신적 도구로 확대된 게 문제였지요.

이를 인식한 제국과 교회에서는 8~9세기에 우상타파 논쟁이 생겨났고 성상파괴 운동이 벌어졌습니다. 이후 치열한 논쟁을 거쳐 성상숭배의 교리상의 근거가 확보되었는데요. 하느님이 예수 그리스도의 몸을 빌어 인간의 형상으로 나타났으므로 이를 표현할 수 있다는 것입니다. 다만 성상은 만들지 않고 성화 위주의 표현에 머물게 됩니다. 성화에 바치는 공경은 성화에 그려진 성인들에 대한 것이지 성화를 숭배하는 게 아니므로 '성화 공경은 우상숭배가 아니다.'라는 결론과 함께였습니다.

오늘날 동유럽과 그리스여행에서 만날 수 있는 정교회는 신비롭습니다. 성당도 대부분 규모가 크지 않고 검은색 모자와 옷을 입은 사제의 모습도 생소하기는 마찬가지입니다. 사제는 수염을 깎지 않으며 결혼한 사람도 사제가 될 수 있는데요. 한국에는 일곱 개의 정교회 성당이 있는데 대략 500여명의 신도가 있답니다. 로마가톨릭이 세계적 규모로 성장한 것에 비해 초라한 모습이죠. 황제권력에 기대 성장하다 비잔틴제국이 멸망하자 그 교세가 약해졌기 때문입니다. 로마교회와 결별한 비잔틴교회는 동유럽을 중심으로 확장하게 됩니다. 이미 이집트를 비롯해 시리아 등 아시아권 영토는 오스만튀르크에 빼앗겼기에 그 영역은 수도와 일부 지역으로 좁아졌거든요. 그러다 1453년에 이르러 콘스탄티노플이 오스만튀르크에 점령된 후 교회는 그 구심점이 사라졌습니다.

비잔틴교회의 의미 있는 공헌은 10세기말에 러시아인을 그리스도인으로 만든 것인데요. 9세기경 동로마제국의 선교사 키릴로스와 메토디오스 형제는 오늘날 체코와 슬로바키아 지역에 해당하는 모라비아로 파견되었습니다. 당시 모라비아는 영토는 넓었지만 이웃 프랑크 왕국에 비해 약소국에 지나지 않았는데요. 대공 라스티슬라프는 국가개조를 위해 비잔틴제국과 접촉했고 선교사 파견을 요청해 형제들이 가게 된 것입니다. 과거의 선교사는 학자, 교사, 종교인 등을 겸하는 문명 전달자였기 때문이죠. 그곳에서 키릴 형제는 비잔틴의 종교와 문화를 전달하기 위해 고민하다 파찰음이 많은 슬라브어를 기록하기 위해 헬라문자와 라틴문자를 변형시켜 '글라골 문자'를 창조하게 됩니다. 이것이 동쪽으로 전해져 키릴문자가 되었던 것이죠. 이후 자연스럽게 정교회가 설립되었고 9세기말에 불가리아인, 10세기에 러시아인이 개종되었고 비잔틴제국이 사라진 후에는 러시아황제가 정교회의 수장 자리를 차지했습니다.

1721년 러시아에서는 총 대주교제 대신 종무청을 설립해 정교일치를 더욱 강화했고요. 그러다 1917년 볼셰비키 혁명이 발생한 뒤 소련의 반 종교정책으로 교세가 크게 위축되었습니다. 이때부터 황제가 교황이 되는 방식은 완전히 사라지게 되었고요. 오늘날 그리스와 동유럽 여러 나라들, 그리고 러시아에 퍼져있는 정교회는 명예 총대주교가 관할하는 비잔틴교회와 함께 각 나라별 교회가 독립적으로 활동하고 있습니다. 그래서 그리스정교회, 러시아정교회 등 나라별로 그 명칭을 부릅니다.

이제 세계최대 교단으로 자리 잡은 로마가톨릭교회로 가볼 차례입니다. 서로마의 수도였지만 멸망한 도시의 주교는 어떻게 해서 서유럽 전체를 주관하는 지도자로 부상할 수 있었던 걸까요? 베드로의 후계자라고 자칭하면서 등장한 교황은 어떻게 266대까지 계속 이어올 수 있었을까요?

제4장 신의 세계와 인간의 세계

1) 로마가톨릭교회의 탄생

같은 듯 다른 유럽의 교회

그리스신화와 그리스도교를 거쳐 이제 중세교회까지 왔습니다. 유럽여행에서 만나야할 가장 중요한 장소는 교회입니다. 프랑스 파리에서는 노트르담 성당, 이탈리아 로마에서는 바티칸 대성당, 스페인 바르셀로나에서는 파밀리아 성당, 체코 프라하에서는 성 비투스 성당. 이들 교회는 유럽여행자의 필수코스죠. 이들은 모두 도시 한가운데 자리하고 있으며 규모가 크고 아름답고 종교적 가치도 매우 뛰어납니다. 백년이 넘도록 건설 중인 곳도 있는데(파밀리아 성당) 이 정도는 오래하는 것도 아닙니다. 밀라노 대성당은 1386년 공사가 시작되어 2백년 만에 헌당되었지만 부대공사까지 최종 완료된 것은 1951년에 이르러서였는데요. 이렇게 유럽의 교회들은 오랫동안 지어지는 게 특징입니다.

이들의 거대한 규모를 보면 가난했던 중세유럽에서 어떻게 이런 교회를 건축할 수 있었을까 하는 궁금증이 생깁니다. 인구수가 수천에 지나지 않았을 작은 도시에도 거대성당들이 세워졌으니까요. 물론 그리스도교권 전체에 큰 교회만 있는 건 아닙니다. 제가 그리스 여행에서 만난 시골의 작은 정교회 성당은 그 소박함에 고개가 숙여지기도 합니다. 주일이면 마을 주민들이 모두 모여 예배를 드리지만 앉을 자리도 없이 서서 말씀을 묵상하고 기도를 드릴 정도로 정갈한 모습을 유지하고 있답니다.

교회를 우리말로는 성당, 교회, 수도원 등 여러 이름으로 불리는데 현지 언어에 따라 church(영어)또는 Kirche(독일어)로 조금씩 다릅니다. 로마가톨릭 성당의 경우 주교가 머무는 곳이라는 의미로 캐떼드랄cathedral 또는 두오모duomo라는 이름도 쓰입니다. 교회의 전통적 의미는 예수 그리스도의 이름하에 모인 사람들의 공동체를 뜻하는데, 점차 의식·집회가 행해지는 건물이라는 의미로 변해왔습니다. 그래서 우리말로 로마가톨릭은 '성당聖堂', 개신교는 '교회敎會'라는 이름을 쓰는 게 일반적입니다.

한국에서는 성당과 교회를 구분하기가 비교적 쉽습니다. 명동성당처럼 대체로 오래된 가톨릭 성당들은 붉은 벽돌로 지었고 유럽 양식을 많이 사용했습니다. 그에 비해 전래 역사가 오래되지 않은 개신교교회는 대체로 현대적 양식을 사용해 짓고 있지요. 그런데 유럽에 가 보면 이를 구분하기 어려운 경우가 많습니다. 프랑스, 이탈리아 등 로마가톨릭이 우세한 국가에서는 따로 구분할 필요가 없겠지만 독일처럼 두 종파가 섞여 있는 곳에서는 구분법이 필요한데요. 일반적으로 로마가톨릭 성당에는 성모 마리아나 열두 제자의 형상이 세워져 있고 내부가 화려합니다. 하지만 개신교에서는 우상숭배로 여겨 십자가 외에는 형상이나 상징물을 만들지 않기 때문에 단순하고 정갈하다고 할 수 있습니다.

당연히 눈에 보이는 건물만 교회를 말하는 건 아닐 겁니다. 그 안에 담겨진 정신세계와 사람들이 갖고 있는 믿음체계 모두가 교회라 할 수 있겠죠. 예수를 그리스도로 믿는 믿음을 고백한 자를 그리스도인이라 하는데, 이 말은 안티오크에서 사도바울과 바나바에 의해 '그리스도의 사람'이라 불리면서 탄생한 것입니다. 로마가톨릭교회에는 유럽과 남미에 걸쳐 많은 그리스도인이 있는데 모두 교황을 중심으로 단일 교단을 이루고 있습니다. 이탈리아 수도 로마에는 교황이 머무는 바티칸시국città del vaticano과 로마교황청curia romana이 있는데요. 교황이 수장이며 세계에서 가장 작은 국가이면서 종교 중심지입니다. 그러니까 세속국가 바티칸시국과 종교중심 교황청이 공존하는 모양새로 전 세계에 파견되는 대사들은 로마교황청 소속입니다. 그리고 이에 대해 각국에서 교황청에 대사를 파견하고 있기도 합니다. 그러니까 교황은 작지만 영토를 갖는 세속국가의 수장이면서 종교집단의 최고 지도자 역할을 동시에 갖고 있는 거죠.

중북부유럽과 북아메리카에 신도가 많은 개신교는 수많은 종파들로 이루어져 있기에 로마가톨릭처럼 통일된 체계가 없습니다. 한국에는 스코틀랜드에서 탄생해 미국 중심으로 들어온 장로교가 가장 큰 종파이지만 여기도 로마가톨릭과 같은 중앙 집중된 형태는 아닙니다. 16세기 종교개혁으로 잉글랜드에서 시작된 성공회는 로마가톨릭과 개신교의 중간 형태라고 할 수 있겠습니다. 전체를 총괄하는 수장이 있고 통일된 교리로 무장해 전 세계로 퍼져 있으니까요.

그림 30. 바티칸 성당 내부 ⓒ안계환

로마제국을 닮은 로마가톨릭교회와 교황

한국에서는 로마가톨릭교회의 최고 수장을 '교황敎皇'이라고 부릅니다. 이는 라틴어 '파파papa'를 한자로 번역한 것이고, 헬라어로 '아버지'를 뜻하는 단어 '파파스πάππας'에서 유래한 것인데요. 이는 예수회 소속의 선교사 마테오 리치가 중국에서 라틴어자료를 한자로 번역하면서 탄생한 용어입니다. 종교의 황제라는 뜻인데 비슷하면서도 본래의 의미와 한자의 뜻이 딱 맞아떨어지지는 않는 듯 하죠? 최대한 동양인이 이해할 수 있는 한자를 고르다 보니 이런 단어가 선택된 것이겠죠. 오늘날 그리스도교를 의미하는 한자어 기독교基督敎는 헬라어 '크리스토스χρτός'의 중국어 음역인 '기리사독基利斯督'의 줄임말입니다.

본래 파파스는 초대교회시절부터 동방지역의 주교와 고위성직자를 부르는 호칭이었습니다. 주교bishop는 사제의 사목을 감독하고 교구를 대표하고 총괄하며 이끄는 직책이었기에 로마가톨릭 성경에서는 '감독'이라고 번역되기도 하는데요. 나중에 서방지역으로 전파되어 로마주교를 파파스라고 부르게 되었습니다. 오늘날 동방정교회에서는 파파라는 칭호를 거의 모든 사제가 쓰지만 11세기에 동방과 서방교회가 분리된 후 서방지역에서는 오직 로마주교만의 호칭이 되었습니다. 교황을 라틴어 '폰티펙스 막시무스pontifex maximus'라 부르기도 하는데요. 이는 '다리'를 뜻하는 폰트pont, '만들다'는 뜻의 파키오facio와 '가장 으뜸인 자'라는 뜻의 막시무스maximus를 합성한 말입니다. 교황은 하느님과 사람을 잇는 최고의 연결자 또는 대리자라는 뜻을 내포하고 있는데 본래 고대로마에서 최고제사장을 의미했습니다. 그리스도교를 국교로 삼은 테오도시우스 1세는 재위 시 폰티펙스 막시무스에 취임하기를 거부했기 때문에 오로지 로마주교를 지칭하는 용어가 되었지요. 오늘날 바티칸의 베드로성당 내부를 가보면 화려하게 새겨진 이 글자를 여러 곳에서 발견할 수 있답니다. 고대로마에서 전해진 것 중 하나로 프로스트레이션 제도가 있는데 이는 바닥에 완전하게 엎드려서 손을 내미는 교황을 향한 인사법입니다. 이는 디오클레티아누스가 황제를 인간이 아닌 신으로 재설정하기 위해 고안했던 것이죠. 이렇게 로마가톨릭에는 상당히 많은 로마제국의 요소가 숨어 있습니다.

서로마제국이 게르만족에 의해 멸망하기 전까지 제국내의 주요 다섯 개 도시 중 영향력이 가장 큰 곳은 로마였다고 알려져 있습니다. 이는 로마가 콘스탄티노플이 건설되기 전까지 제국의 수도였고, 베드로와 사도 바울이 이곳에서 순교했다는 상징적 의미가 컸기 때문입니다. 하지만 당시 로마제국의 상황을 보면 후대인에 의한 과장된 주장이 섞여 있는 듯합니다. 당시 로마는 수도로서의 기능과 권위를 잃은 지 오래였기 때문인데요. 서로마제국의 수도는 이미 밀라노와 라벤나로 이동했기에 황제들은 로마에 머물지 않았습니다. 더구나 제국의 경제나 정치권력의 중심은 이미 동방으로 옮겨져 있었고요. 그러니 다섯 도시 중 홀로 서방지역에 있었던 로마주교는 뭔가 강력한 대책이 필요했을 것입니다. 그래서 베드로의 후계자를 자처했고, 그가 예수로부터 천국의 열쇠를 받았다는 성서의 문구를 강조했습니다. 로마교회에서 내세웠던 근거는 이렇습니다.

"너는 베드로다. 내가 이 반석 위에 교회를 세울 것이니 지옥의 문들이 이것을 이길 수 없을 것이다. 네게 하늘나라의 열쇠를 줄 것이다. 무엇이든 네가 땅에서 매면 하늘에서도 매일 것이요, 네가 땅에서 풀면 하늘에서도 풀릴 것이다."

- 마테오복음 16:18~19 -

동로마가 주도권을 갖고 있던 6세기 유스티니아누스 황제 때까지 로마주교는 동방교회에 전혀 영향력이 없었을 것입니다. 이미 수도는 콘스탄티노플로 옮겨진지 오래고 교회는 황제가 주도하는 체계였기 때문이지요. 더구나 로마교회는 이탈리아 북부 라벤나에 위치한 동로마총독의 지배하에 있었습니다. 아무리 종교권력이 힘이 있다고 해도 창칼을 든 이민족을 막아낼 수는 없으니 보호를 요청해야 했던 것이죠. 니케아 공의회 등 초기의 여러 회합들이 동방지역에서 열린 것을 보면 로마는 주요 도시가 아니었습니다. 알렉산드리아, 안티오크뿐만 아니라 성지 예루살렘의 영향력을 로마가 넘어서기는 어려웠을 것입니다.

로마주교가 제 역할을 시작하게 된 것은 레오1세 때 벌어진 훈족의 침입으로부터였습니다. 서기 452년 훈족이 로마를 침공하였으나 병력을 가진 황제는 북부 라벤나에 있었기에 시민을 보호할 수 없었습니다. 이에 실망한 시민들이 주교 레오 1세에게 도움을 요청했고, 그는 용감하게 훈족의 지도자 아틸라를 만나 담판을 짓게 됩니다. 3년 후 이번에는 반달족의 족장 가이세리크가 로마로 쳐들어왔는데, 이때에도 레오1세는 적장과 회담을 진행했습니다. 비록 반달족을 물러가게 할 수는 없었지만 최소한의 인명손실과 약탈로 민중을 보호하는 군주 역할을 대신하게 된 것이죠. 이로써 로마주교는 시민의 유일한 보호자 역할을 하게 되었고 476년 서로마가 멸망한 후에는 사실상 로마시의 수호자가 되었습니다.

갈리아지역에는 프랑크족, 이베리아 반도에는 고트족, 그리고 이탈리아에는 롬바르드족이 국가를 세웠는데 이들은 모두 그리스도교를 선택했습니다. 아마도 이들 게르만족 지배층은 체계적인 교리를 갖고 있는 그리스도교를 선택함으로써 자신들의 권력을 강화하려는 의도가 있었을 것입니다. 이에 로마교회는 적극적으로 선교사들을 파견해 프랑크족과 앵글로색슨족을 개종시켰고, 아일랜드를 비롯한 서유럽 각지에 수도원과 성당이 세워졌습니다.

로마교회가 서방지역 최고 권위를 내세우는 사건은 바티칸에서 있었다던 베드로의 순교였습니다. 베드로는 예수 사후 서기 34년에 안티오크의 주교로 재직하다 40년에 로마로 교구를 옮겼고, 59년에 순교하면서 리누스와 클레투스를 후계자로 정했습니다.[49] 이는 누군가로부터 시작된 교회전승에 의한 것이지만 사람들은 바티칸 성당 지하에 베드로의 시신이 매장되어 있을 것이라고 믿었습니다. 베드로는 사도들 중 으뜸의 후계자로서 별개의 독립적 주교로 존재한다는 것이죠. 이후 로마교회에서는 266대 프란치스코 교황에 이를 때까지 단 한 번도 주교 계승이 단절되지 않았다고 주장하는데요. 이렇게 마테오복음 16장에 나오는 사도 베드로의 권위, 그리고 로마에서 순교한 이야기는 서방교회의 주교들 가운데 특별한 지위를 갖는 '로마주교' 개념이 정립될 수 있었습니다.

문제는 지중해 남부지역 거의 모든 땅이 이슬람 화 되고 끊임없는 정복전쟁을 통해 영역을 계속 확장해가는 반면 이에 대항하는 동로마제국은 갈수록 국력이 기울기 시작했다는 점입니다. 바다에서는 이슬람해적이, 육지에서는 롬바르드족이 침입과 약탈을 반복했지만 동로마는 이를 막아주지 못했습니다. 백성을 보호해주지 못하는 군주는 그 권위를 잃을 수밖에 없듯이 동로마의 영향력은 점차 이탈리아에서 물러나고 있었습니다. 특히 심각한 상황은 이베리아반도가 무슬림의 땅으로 변한 것인데요. 알-안달루스라는 이름으로 불린 이베리아내의 무어인[50] 영토는

711년, 북아프리카의 타리크 부대가 서고트족을 물리치고 차지하기 시작해 1492년 물러날 때까지 이어집니다.

결국 교황은 동로마 대신 프랑크족에게 자신의 땅을 보호해 줄 것을 요청합니다. 이미 로마가톨릭으로 개종한 바 있는 프랑크 왕 피핀3세는 알프스를 넘어 롬바르드 땅을 평정하고 그 땅의 일부를 교황에게 기증하였습니다(754년). 그는 피레네 산맥을 넘어 프랑스를 침범한 무어인을 막아냈던 샤를 마르텔의 아들이었습니다. 아버지와 아들에 걸쳐 서유럽 그리스도인의 보호자로 자처할 수 있었던 거죠. 결국 바티칸성당이 생기기 전까지 오랫동안 교황이 거주하던 라테란성당은 321년 황제 콘스탄티누스가 기증했던 것인데, 이제 거대영토까지 기증받게 되었습니다. 이때부터 교황은 서방지역 최고 종교지도자일 뿐만 아니라 이탈리아내의 영토를 갖는 세속지도자를 겸하게 되었습니다. 반도의 5분의 1에 달하는 이 땅은 교황령이라 불렸고, 1870년 이탈리아왕국에 병합될 때까지 지속됩니다.

서기 800년에 이르러 교황 레오3세는 프랑크 왕 샤를마뉴에게 황제관을 씌워 줌으로써 서방제국의 지도자가 되도록 했는데요. 교황입장에서는 동로마제국과 균형을 맞추고자 하는 의도가 있었고, 이슬람 해적들로부터 서유럽을 보호해야하는 필요성도 깔려 있었습니다. 그렇다면 샤를마뉴는 왜 교황이 주는 황제 관을 받았을까요? 오늘날 프랑스와 독일에 걸친 거대한 땅을 복속시킨 군주로서 자존심을 굽히면서까지 말입니다. 그는 말 위에 올라 넓은 땅을 정복했지만 그 기반이 탄탄하지 않았습니다. 제왕이 되기 위해 필요한 건 총칼만이 아닙니다. 무력으로 인간의 육체는 구속할 수 있지만 정신은 굴복시킬 수 없는 것이죠. 그래서 필요한 건 종교권력의 지지와 혈통 권위의 확보입니다. 헬라스의 여러 제왕들이 제우스 또는 헤라클레스 후손이라고 주장했던 것, 중원의 황제가 하늘의 아들이란 뜻의 '천자天子'를 자처한 것도 같은 이유죠. 샤를마뉴에게도 하늘이 내려준 권위가 필요했는데 로마주교 즉 교황이 인정해주는 황제관이 그의 권좌 유지에 큰 도움이 되었던 것입니다.

이는 962년 독일지역 오토1세가 교황 요한 12세에 의해 로마황제 자리에 오르는 것으로 되풀이 되었는데요. 이번에는 서로마제국이 아닌 로마제국 전체의 수장이었습니다. 당시 이슬람의 침략으로 작은 지역을 영유하는 소국으로 축소되었던 동로마의 상황을 감안한 것이었죠. 이때부터 비록 허울뿐이기는 했어도 교황으로부터 황제관을 받으면 로마황제로 인정될 수 있다는 하나의 관례가 자리 잡게 됩니다. 이렇게 탄생한 제국 이름을 후대 역사가들은 기존 로마제국과 구분하기 위해 '신성로마제국new holly roman empire'이라고 불렀습니다.

동서교회 분리의 근본적 이유

비록 서로마제국은 망하고 정치권력이 사라졌지만 로마교회는 새로운 힘을 얻었습니다. 로마주교의 부상이었지요. 로마주교는 사도 가운데 으뜸인 베드로(성서)의 권위를 물려받은 합법적 후계자이며(역사), 베드로를 통해 그리스도의 권위와 기능을 계승했다(법)[51]라고 주장했습니다. 로마주교의 주장에도 허점은 있지만 서방지역 교회에는 그 영향력이 확실했습니다. 그러나 동로마황제나 동방지역 교회들은 로마주교가 최고 권위를 가진다는 것을 절대 인정할 수가 없었습니다. 서방지역에서는 그런 주장을 해도 괜찮겠지만 동방에서는 전혀 먹히지 않을 이야기였죠. 451년 콘스탄티노플의 보스포루스 해협 건너편에 위치한 칼케돈에서 열린 공의회에서 콘스탄티노플 주교에게 총대주교라는 직함이 주어집니다. 동로마인들로서는 당연한 조치일 텐데, 이는 두 교회가 헤어질 시초가 되었던 겁니다.

이렇듯 두 교회가 갈라지는 것은 정치적인 이유가 가장 크다고 할 수 있는데요. 주도권다툼이 있다 보면 자연스럽게 분리되는 것이죠. 본래 서로마와 동로마가 분리된 것은 국방의 어려움 때문이었지만 두 지역의 문화적 차이도 무시할 수 없었습니다. 서로마는 라틴어사용권, 동로마는 헬라어권이었던 거죠. 그러다 유스티니아누스1세 이후 동로마제국의 공식 언어는 헬라어로 정해졌고요. 지배층이 모두 헬라인이었기 때문입니다. 이렇게 언어가 다르면 종교문화도 다를 수밖에 없습니다. 로마제국교회가 생기기 전 가장 먼저 성립된 국가교회가 아르메니아 사도교회인 점은 이를 말해줍니다. 네스토리우스 교회가 시리아어를 그들의 공식 언어로 채택한 것도, 이집트의 단성론파가 콥트교로 독립된 것도 마찬가지죠.

앞서 말한 성상(이콘 icon, eikon) 사용의 의견 불일치는 두 세계 분리의 명분이라 할 수 있습니다. 헬라인과 로마인은 고대로부터 성상 사용에 익숙했는데요. 제우스나 아테나의 조각품을 제작해 신전에 안치하던 헬라문화의 연장선이었죠. 황제들이 그리스도인이 된 후에도 이런 관습은 없어지지 않아 관공서, 법정, 군 막사 등에도 황제의 성상이 설치되는 건 흔한 일이었습니다. 이는 필연적으로 우상숭배 논쟁을 불러일으킬 수밖에 없습니다. 그래서 레오 3세 황제로부터 시작된 성상파괴운동이 일어났고 많은 혼란이 야기되었던 것이죠. 시간이 흘러 성상파괴운동은 멈추었지만 동방정교회에서 성화는 사용하되 존경의 대상이지 결코 예배의 대상이 될 수 없다는 것으로 정리되었습니다. 오늘날 이스탄불에 있는 아야소피아 박물관에서 만나는 모자이크 벽화는 11세기 이후에 그려진 것이라는 걸 알 수 있죠.

그림 31. 예수그리스도 모자이크, 하기아소피아성당, 이스탄불, ⓒ안계환

서방교회에서는 성상사용이 오랜 관행이었을 뿐만 아니라 교리적으로도 성 아우구스티누스 이래 우상숭배가 아니라고 주장했습니다. 성상과 성화를 반드시 사용해야 하는 현실적 이유도 있었는데요. 성상은 교회의 재정수입뿐만 아니라 예수그리스도를 알리는 전도에도 적지 않은 역할이 있었기 때문입니다. 문자를 모르는 게르만족을 그리스교도로 개종시킬 때에 형상물이 있어야 그들이 믿고 따랐기 때문이고요. 눈에 보이지 않는 신을 믿게 하는 건 어려운 반면 보이는 존재는 신뢰감이 높아지는 거죠. 이때부터 만들어진 십자가에 매달린 예수의 얼굴은 게르만족과 비슷해집니다.

로마교회와 동방교회는 이후 소모적 논쟁을 지속했습니다. 베드로의 후계자로서 교회의 수위권을 주장하는 로마교회와 황제를 등에 업은 동방교회는 서로 주도권을 행사하려 했죠. '아들로부터'라는 의미를 가진 '필리오케'논쟁도 그중 하나였습니다. 니케아 공의회에서 결정된 성 삼위일체 신조에 의하면 '(성령은)아버지로부터 나간다.'였습니다. 그런데 로마교회는 이를 '(성령은) 아버지와 아들로부터 나간다.'라고 수정했는데 이는 니케아 공의회의 권위를 훼손하는 행위였습니다. 이에 대해 로마교회와 동방교회는 서로 해석을 달리하게 되었고 상대방을 무시하는 원인이 되었죠. 또한 성상에 관한 해석을 달리하는 상대 주교들을 파문하는 등 적대적 관계로 변해갔습니다. 결국 1054년 7월 로마교황의 사절단 대표 훔베르트 칸디다는 콘스탄티노플의 하기야소피아 성당을 방문해 교황의 이름으로 미카엘 세룰라리우스 당시 총대주교에 대한 파문을 선언했습니다. 이 사건은 공식적으로 두 교회가 단절되는 계기가 되었습니다.

2) 신이 모든 것을 좌우하던 중세

교황권의 확립을 위한 투쟁

15세기에 가짜 문서로 밝혀졌지만 8세기 후반에 등장한 '콘스탄티누스 기증서'[52]는 로마교황의 권위를 내세우는 데 크게 기여했습니다. 이로 인해 샤를마뉴에게 서로마황제관을 씌워줄 수 있었고 로마에서 라벤나에 이르는 땅을 교황의 직접통치 영토로 만들 수 있었죠. '불가타'라는 이름을 가진 성서의 역할도 빼놓을 수 없습니다. 이는 달마티아 출신 히에로니무스(예로니모)에 의해 4세기 후반에 헬라어에서 이탈리아 중부지방 표준 라틴어(불가타어)로 번역된 것이었는데요. 이로부터 1546년 트렌트 공의회에서 바오로 3세 교황이 교령을 통해 표준경전으로 반포될 때까지 사용되었습니다. 당연히 이때의 반포는 종교개혁으로 인한 반작용의 결과였습니다. 표준으로 공식 반포하지 않았어도 중세시대 내내 서방지역 모든 교회가 사용할 정도로 권위가 있었는데요. 유럽에 불어 닥친 종교개혁운동은 로마교회로 하여금 성서를 공식 인증하게 했던 것이죠. 이 성서에 주어진 권위는 교황과 그에 속하는 성직자에게만 교리해석을 할 수 있게 했던 것입니다. 성서에 쓰인 말씀에는 지극히 높은 권위가 담겨 있기에 그에 합당한 자격을 갖춘 이들만 해석하고 설교를 할 수 있다는 논리였습니다. 물론 이는 종교개혁의 주요 논쟁 꺼리가 되었죠.

초기 그리스도교 중심도시 중 하나였던 로마주교는 어떤 과정을 거쳐 로마가톨릭교회 전체의 수장이 되는 '교황권'을 확립하게 되었던 걸까요? 앞서 서기 800년에 교황 레오3세가 프랑크 왕 샤를마뉴에게 황제관을 씌워 주고 서로마제국 황제로 인정했다고 했는데요. 황제 관을 교황이 씌워준다고 해서 둘 사이에 우열이 정해진 것은 아니었습니다. 어느 정도 동등한 입장에서 정치적 영향력을 주고받을 필요성이 있었던 거죠. 샤를마뉴는 자신의 세속권력을 안정시키고 싶었고 로마교황은 군주의 지지를 등에 업고 서유럽에서 자신의 입지를 확실히 다지고 싶었던 겁니다. 이로써 최소한 프랑크 왕국 내에서는 교황의 힘이 확실하게 자리 잡게 되었습니다. 이탈리아 내 직할영지의 통치력도 확고해졌고요. 이후 프랑크제국이 무너지고 오토 1세로부터 시작한 신성로마제국에서도 교회권력은 여전했습니다. 1059년에는 교황 니콜라우스 2세에 의해 교황 선출권을 7명의 추기경단에게 부여하는 칙서인 '주님의 이름으로'를 공포하기도 했죠. 이로부터 오늘날까지 신임교황의 선출은 추기경들의 투표로 이루어지는 체계가 마련되었던 겁니다.

서기 1073년에 있었던 일명 '카놋사의 굴욕'은 성직자 임명권을 누가 갖느냐를 두고 신성로마황제 하인리히 4세와 교황 그레고리우스 7세간에 다투었던 유명한 사건입니다. 당시 주교나 수도원장은 성직자이면서 동시에 영주이기도 했기에 지역에 따라 교황 또는 신성로마제국 황제가 임명권을 갖고 있었습니다. 하지만 애매한 지역이 있고 때로는 정치적 상황에 따라 변동이 있게 마련인데요. 구체적으로 밀라노주교 임명에 대해 논쟁이 있었습니다. 이탈리아는 교황의 직접적 영향력이 미치기도 하고 신성로마제국의 영향권일 때도 있었습니다. 밀라노 주교의 경우 교황은 자신의 권한 내로 돌리기 위해 황제를 파문했고, 이는 제국에 상당한 영향을 주었습니다. 파문이 되면 영주들이 그의 명령을 받을 필요가 없었으니까요. 어쩔 수 없이 알프스를 넘어 카놋사로 온 하인리히는 눈 내리는 성문 앞에서 사흘간이나 서 있어야 했습니다.

여기까지가 우리가 세계사시간에 배운 것이죠? 하지만 역사에는 항상 이면이 있듯이 이것으로 둘 사이에 권력투쟁이 끝난 건 아니었는데요. 굴욕을 당한 하인리히는 자신의 영지로 돌아가 절치부심 힘을 모읍니다. 그리고 반대파를 제거했고 4년 후 군대를 정비해 로마로 쳐들어옵니다. 이에 그레고리우스 7세 교황은 노르만병사의 도움을 받아 물리치려 했으나 패하고 물러났고 나폴리 남쪽 살레르노에서 사망합니다. 하인리히 입장에서는 앞서 받은 치욕을 되갚아 준 것이죠. 결국 이 사건은 신성로마제국 영역 내에서는 황제 권한이 컸지만 이탈리아 반도와 시칠리아의 노르만, 그리고 프랑스, 잉글랜드, 헝가리, 폴란드 등 지역에서는 교황의 권력이 강함을 인정할 뿐이었습니다.

이후 교황의 권력은 외부의 역학관계에 따라 우여곡절을 거쳐야 했습니다. 신성로마제국이 아닌 프랑스 왕에 의해 교황권이 훼손되어 1309년부터 1377년까지 7대에 걸쳐 교황청이 남프랑스의 아비뇽에 머물던 일도 있었습니다. 이를 고대의 바빌론 유수를 비유해 '아비뇽 유수'라 부르는데요. 당시 아비뇽은 프랑스왕의 영토가 아니었고 교황의 영향력이 미치는 곳이었기에 바빌론유수와 성격이 똑같지는 않았습니다. 다만 교황이 로마를 떠나 있었던 건 분명하기에 피렌체 인문학자 페트라르카가 이렇게 부른 것이었죠. 이보다 더 심각했던 사건은 1378년 교황 그레고리 11세가 죽은 후 아비뇽에서는 클레멘스 7세가, 로마에서는 우르반 6세가 즉위해 두 명의 교황시대가 열린 일이었습니다. 독일지역 제후들과 잉글랜드가 로마교황을 지지하고 프랑스를 중심으로 스코틀랜드, 아일랜드는 아비뇽의 교황을 지지해 벌어진 일이었는데요. 결국 1417년 콘스탄츠 공의회에서 로마 명문가 출신 추기경 코론나를 마르티노 5세 교황으로 선출함으로써 분열시대는 끝났습니다. 하지만 이 공의회에서는 보헤미아의 종교개혁자 얀 후스를 파문하는 등 문제가 산적했습니다. 결국 이는 유럽 지형이 바뀌는 종교개혁으로 이어지게 됩니다.

로마교회의 권위를 높인 연옥의 교리

그리스도교가 처음 확립된 정통가톨릭교회에도, 종교개혁으로 탄생한 개신교에도 없는 로마가톨릭에만 있는 독특한 교리중 하나로 '연옥(煉獄,purgatory)'이 있습니다. 연옥은 죽은 사람의 영혼이 살아있는 동안 지은 죄에 대해 고통스러운 형벌을 받으며 머무는 장소인데요. 연옥개념이 만들어지기 전까지 그리스도인은 사후세계를 지옥과 천국으로만 구분하고 있었습니다. 신을 믿고 선행을 한 사람은 천국에 갈 수 있지만 죄를 지은 사람은 무서운 형벌이 기다리는 지옥으로 가야 한다고 생각했죠. 교회는 죄를 유발시키는 원인으로 교만, 질투, 분노, 음욕, 탐식, 탐욕, 나태 등 일곱 가지 죄명을 열거하고 있었습니다. 민중들은 죄를 지으면 지옥에 떨어진다는 이야기를 사제로부터 끊임없이 들어야 했죠. 그런데 그 누가 평생 동안 교만하지 않고 질투하지 않는 삶을 살 수 있을까요? 만약 작은 죄라도 지어 죽은 후 무조건 지옥으로 가야한다면 교회를 따르지 않고 살 우려도 있었습니다.

궁즉통이라 했던가요? 자연스럽게 천국과 지옥의 중간쯤에 해당하는 연옥이라는 공간이 만들어졌는데요. 이곳은 참회를 한 망자의 영혼이 지은 죄에 합당한 벌을 받은 후 최종적으로 천국으로 갈 수 있는 중간 단계의 장소였죠. 살아있을 때 완벽하게 의롭게 산 사람은 곧바로 천국으로 가겠지만 대부분의 죄인들은 연옥으로 가서 벌을 치러야 했습니다. 연옥에서 머무는 시간은 죄의 크고 작음, 이승에서의 회개와 선행 등 다양한 요소에 따라 달라질 수 있고, 이미 죽은 부모의 영혼에 대해서도 형벌을 줄여줄 수 있었습니다. 궁극적으로는 벌을 모두 벗어내고 구원을 얻을 수 있었던 거죠.

그림 32. 단테의 무덤, 고향 피렌체가 아닌 라벤나에 있다 ©안계환

연옥의 개념이 언제부터 시작되었는지 알려지지 않았지만 11세기말에는 확고하게 자리 잡은 듯합니다. 이때부터 연옥에서의 벌을 면해준다는 면벌부가 발행되기 시작했기 때문인데요. 그 시작은 십자군에 참가하는 군인들에게 연옥에서의 모든 벌을 면제해 준다는 교황의 선포였습니다. 12세기가 되면 연옥을 뜻하는 라틴어 단어 '푸르가토리움'이 등장하고 그 논리가 구체화되었습니다. 연옥의 존재를 구체적 글로 묘사한 이는 피렌체의 귀족이자 인문학자 단테였는데요. 그가 『신곡』에서 그려낸 연옥은 원뿔 형태로 일곱 개의 원반이 포개져 있는데 정상으로 갈수록 원의 반경이 줄어듭니다. 각 원에서 죄지은 영혼들은 교만, 질투, 분노, 음욕, 탐식, 탐욕, 나태의 순서대로 벌을 받습니다. 지옥에 비해 비교적 평화롭게 보이지만 지옥 못지않게 형벌이 참혹합니다. 참회가 늦었던 망자들은 연옥에 곧바로 입장할 수 없고 바깥에서 그 세월만큼 기다려야 합니다. 연옥을 무사히 지난 다음에는 연인 베아트리체가 기다리는 천국이 있는데요. 이후 단테가 묘사한 연옥은 여러 화가들에 의해 그림으로 재탄생했고 신앙인에게 상상의 공간이 아닌 구체적 이미지를 지닌 실재하는 곳이 되었습니다.

이 연옥과 관련 있는 의식으로 '고해성사'가 있습니다. 민중들이 일곱 가지 중 하나의 죄를 지었을 경우 사제에게 찾아가 진실한 마음으로 고백하는 것이죠. 이때 예수 그리스도가 부여한 권위에 따라 사제는 죄를 용서할 수 있게 됩니다. 그러면 모든 죄가 사라지고 죽은 후 영혼이 천국에 갈 수 있는 걸까요? 그렇지 않습니다. 죄는 사라지지만 연옥에서 치러야 할 잠벌이 남았습니다. 그곳에서 고통스러운 시간을 보내야 하죠. 이

때 사제는 대안을 제시해 주었습니다. '보속'이라는 이름의 구체적 실천 행위인데요. 기도, 고행, 금식, 성지순례, 기부 등이 있었습니다. 참회를 통해 죄는 사라졌지만 잠벌이 남았으므로 행동을 함으로써 회개의 증거를 보이라는 것이죠. 이때 발행되었던 것이 면벌부였습니다. 우리는 면죄부라는 말을 많이 들었지만 죄는 고해성사를 통해 없어지는 것이기에 연옥에서 치러야 할 벌을 감면받는 면벌부가 필요했던 겁니다.

성지를 찾아가는 순례

사제가 제시하는 보속 중에서 가장 쉽게 할 수 있는 것은 기도와 금식일 것입니다. 종교인이라면 기도의 중요성은 잘 알 것입니다. 집중적으로 금식하고 경건하게 지내는 특별기간도 있었습니다. 부활절 이전 사십일 동안 이어지는 사순절에는 금식하거나 육식을 하지 않는 등 경건한 삶을 살아야 했던 것이지요. 연옥에서 치러야 할 벌을 가장 많이 면제받을 수 있는 건 성지순례였습니다. 사제가 민중들에게 순례를 통해 성인을 만나야 한다고 적극 권했던 이유도 있었는데요. 그리스도인에게 가장 좋은 순례지는 어디일까요? 당연히 예수그리스도가 고난을 받고 죽은 예루살렘일 것입니다. 하지만 그곳은 누구나 아무 때나 자유롭게 찾아갈 수 있는 곳이 아니었습니다. 예루살렘을 찾아가는 일은 너무 큰 위험이 뒤따랐고 많은 재물이 필요했는데요. 거의 2년이나 걸리는 이 여행은 사실상 목숨을 걸어야 했는데 사람에 따라서는 전 재산을 투입해야 하는 경우도 있었습니다. 그곳은 동지중해의 교역로에 위치했기에 외세 침입이 잦았고 정치변동이 컸습니다. 더구나 이슬람이 이 땅을 점령하고 제3의 성지로 정한 후에는 종교분쟁이 잦았죠. 따라서 유럽인은 사도들이 포교활동하다 죽어 묻힌 곳, 성인이나 순교자의 유해가 있던 장소를 대안으로 찾았고 그 자리에는 어김없이 교회가 만들어졌습니다.

성인은 사람들이 선호하는 순서가 있었는데 성모 마리아와 12사도가 맨 앞자리였습니다. 로마교회의 지도자가 되어 십자가에 거꾸로 못 박혀 순교하였다는 베드로, 비잔티움에서 선교활동을 했고 그리스에서 체포되어 X자 모양의 십자가에 달려 순교했다는 전승이 있는 안드레아. 이 밖에도 마테오, 바르톨로메오, 야고보 등이 선교활동 중 순교했다고 전해집니다. 따라서 이들의 순교지에는 기념교회가 세워졌고 순례자들이 찾아왔습니다. 또한 여러 인물들이 교회에 의해 성인 또는 성녀로 인정되어 그 유적지가 순례지가 되었습니다.

그래서 두 번째 성지순례의 도착지가 된 곳이 이탈리아 로마였습니다. 그곳에는 두 명의 중요한 순교자가 있었는데 한명은 성 베드로였고 또 한명은 사도 바울이었습니다. 베드로의 무덤위에 세워진 교회가 있었고 관리자이자 후계자 교황이 있었습니다. 서유럽 여러 지역에서 로마에 이르는 길은 로마제국시기에 가도를 잘 닦아둔 덕분에 이미 충분히 기능하고 있었고 중세에도 로마제국 전성기만큼은 아니지만 비교적 안전한 여행이 가능했죠. 파리에서 출발해 리옹을 거쳐 알프스를 넘는 길, 네덜란드와 벨기에 국경 부근에 위치한 아헨에서 출발해 취리히를 거치는 길은 롬바르디아의 피아첸차에서 만나고 볼로냐를 거쳐 로마로 향했습니다. 이탈리아에서는 이 길을 비아 프란치제나via francigena라고 부릅니다.

그림 33. 아피아가도부근의 산 세바스티아노 카타콤베 ⓒ안계환

그리스도인은 로마로 직접 순례를 떠나거나 성년이 된 자제들을 보냈습니다. 바이킹의 침입이 한창이던 9세기 중반, 잉글랜드 템즈강 부근을 차지하고 있던 애섹스 왕국의 애설울프는 로마로 순례를 떠났습니다. 10세기의 캔터베리 대주교가 교황을 만나기 위해 영국 남부를 출발해 프랑스, 스위스를 거쳐 로마에 이르렀던 1천800km 거리였던 겁니다. 순교자들이 많이 매장되었던 아피아 가도 부근의 지하묘지(까따꼼베 Catacombe)가 인기 있는 순례 장소이기도 했습니다.

예수살렘으로 순례를 떠나는 유럽인이 반드시 거쳐야 했던 베네치아도 중요 순례지의 하나였습니다. 그곳 사람들은 세계최초의 순례전문 여행사를 운영했는데 순례자가 예루살렘까지 다녀올 수 있도록 배편과 숙박 등 모든 여행편의를 제공하는 일이었는데요. 또한 이곳에는 성 마르코의 유해가 모셔져 있는 산마르코 교회가 있었습니다. 8세기경 알렉산드리아를 방문했던 상인들은 그곳에서 성 마르코의 유해를 찾아냈고 이를 베네치아로 모셔왔죠. 이전까지 모시던 성 테오도르 대신에 좀 더 격이 높은 마르코를 수호성인으로 채택했습니다. 이로써 베네치아는 순례객이 예루살렘까지 가지 않더라도 찾아올 수 있는 조건을 만들었던 것입니다.

산티아고 데 콤포스텔라

오늘날 많은 사람들이 걷는다는 카미노 데 산티아고 즉, 산티아고 순례길이 있습니다. 로마가톨릭 신자가 아닌 한국 사람들도 이곳을 많이 찾는데요. 과거에는 종교적의미가 있었지만 오늘날에는 잃어버린 자신을 찾으려는 '자아 찾는 순례길'이라고 부를 수 있죠. 11~15세기에 번성했다가 종교개혁 이후 시들해졌는데 1982년 교황 요한 바오로 2세가 교황으로서는 최초로 산티아고 데 콤포스텔라를 방문하면서 다시금 인기를 얻기 시작했습니다. 특히 1987년 브라질출신 소설가 파울로 코엘료가 『순례자』를 출간하면서 더욱 유명해졌는데요. 1993년에는 '산티아고 데 콤포스텔라 순례길'이라는 명칭으로 유네스코 세계문화유산으로 지정되면서 로마가톨릭 신자뿐만 아니라 세계인의 순례길로 인기를 끌고 있습니다.

전해지는 이야기에 의하면 서기 813년 7월, 이베리아 북쪽 레브레돈의 산 속에서 12사도의 한 사람 야고보(스페인어로 산티아고)의 무덤이 발견되었답니다. 이 소문은 당시 아스투리아스 왕 알폰소 2세의 귀에 들어갔고, 왕은 발견 장소에 작은 교회를 세웠습니다. 야고보가 이베리아에서 전도활동하다 순교했다는 전승과 함께 무덤 발견 소식은 전 유럽에 퍼졌습니다. 이후 이 땅은 산티아고 데 콤포스텔라(라틴어로 '별의 근원'이라는 의미)로 불리게 되었습니다. 이 길의 유명세는 남쪽에서 벌어졌던 이슬람세력(무어인)과의 치열한 싸움으로 인해 촉진되었는데요. 8세기 무어인의 침입 이후 반도 전역은 싸움이 그치지 않았고 그리스도인은 기도의 힘으로 승리를 원했습니다. 여기에 극적인 이야기가 더해졌습니다. 크라비호 마을에서 벌어진 싸움에 백마 탄 기사 모습의 야고보가 나타나 맹활약했던 것이죠. 그리고 열세였던 그리스도교군의 승리로 귀결되었답니다. 이후 야고보 성인은 이교도와 싸우는 '수호신'으로 자리매김 했던 겁니다.

무덤의 발견과 수호신전승은 발 빠르게 서유럽 지역으로 퍼져갔습니다. 이에 화답하듯 1189년 교황 알렉산데르 3세는 예루살렘, 로마와 함께 산티아고 데 콤포스텔라를 성스러운 도시로 선포했고요. 고해성사를 주관하던 사제들은 이곳으로 성지순례를 떠날 것을 민중들에게 권하게 됩니다. 그때부터 서유럽의 순례자들은 험준한 알프스를 넘는 대신 이베리아 북쪽 길을 선택하기 시작했습니다. 어떤 주교는 남쪽의 이교도를 바라보며 걷는 것은 연옥의 벌이 감경되는 또 하나의 십자군이라고 말하기도 했습니다. 이로 인해 많은 이들이 이 길을 택했고 야고보의 무덤을 참배했습니다. 프랑스에서 출발해서 돌아오기까지 서너 달이 걸리는 여행에는 순례자들의 발길을 따라 네 갈래 루트가 만들어졌는데요. 르퓌에서 출발하는 비아 포덴시스, 생질 뒤가르에서 출발하는 비아 톨로사나,

베즐레에서 출발하는 비아 레모비첸시스, 그리고 파리에서 출발하는 비아 투로넨시스입니다. 그 경로에는 수도원과 성당이 있는 도시가 탄생했는데 하루에 2~30킬로미터씩 걷는 사람들이 적절한 장소에서 하룻밤을 지내야 했기 때문입니다. 이 순례는 동방에서 십자군전쟁이 한창이던 12세기에 최전성기를 맞았고 한해 50만 명이 이 길을 밟았습니다. 야고보 신앙으로 무장한 순례는 전투를 치르지 않는 십자군이었으며, 한편으로는 이베리아인의 레콩키스타, 곧 국토회복운동이기도 했습니다.

순례자의 돈에 의해 교회가 건축되다.

사람들이 걷는 대로 생겨난 길을 따라 자연스럽게 마을이 형성되었고 순례자를 맞을 교회가 지어졌습니다. 파리에서 출발해 로마로 향하든 산티아고로 가든 그 경로에 있던 도시들은 성당을 세우고 끊임없이 규모를 키워 재건축했는데요. 그들이 떨어뜨리고 간 막대한 돈으로 인해서였습니다. 1050년에서 1350년 사이에 프랑스지역에만 80여개의 거대성당, 500여개의 대성당, 1만여 개의 교구성당이 세워졌다고 합니다. 독일과 이탈리아지역까지 포함한다면 엄청난 숫자입니다. 오늘날 소도시에 불과한 곳에서 거대 규모의 성당을 만날 수 있는 건 이런 이유입니다.

이때 탄생한 독특한 건축양식을 후대인들은 로마에서 따왔다는 의미로 로마네스크라는 이름을 붙였는데요. 900년경 시작되어 12세기 후반까지 이어진 로마네스크양식 교회는 그곳을 방문하는 이들의 영적감성을 높이는데 기여했는데요. 이전 바실리카식 교회들은 두꺼운 벽을 세우고 천정을 목재로 장식했는데, 언젠가부터 롬바르디아 석공들은 비잔틴 양식을 참조해 석조 볼트 천장을 만들어냈습니다. 그 결과 성가대의 찬양은 교회전체에 울려 퍼졌고 듣는 이로 하여금 교회를 천국으로 느끼게 만들었죠. 이를 알게 된 프랑스와 독일지역 주교들은 경쟁적으로 롬바르디아 석공을 초빙해 교회개축을 했는데, 순례자의 관심을 받아 더 많이 끌어들이기 위한 목적에서였습니다. 로마네스크 양식으로 지어졌으며 순례자가 비치된 성물을 잘 관람할 수 있도록 내부구조가 만들어진 것을 순례교회라고도 부릅니다. 산티아고 데 콤포스텔라에 세워진 성 야고보 성당이 가장 대표적인 순례교회라 할 수 있죠. 순례자들은 서쪽 입구로 들어가 미사를 드리는 중앙 신도석에 방해를 주지 않으면서 동쪽 제단을 관람하고 돌아 나올 수 있었습니다. 이때 교회에 비치된 성물을 참배할 수 있고 기부금을 낼 수 있도록 만들었던 겁니다.

오늘날 엄청난 관광객이 찾는 바르셀로나의 사그라다 파밀리아(성가족)성당 건축은 여전히 진행 중입니다. 1883년 가우디가 주임 건축가가 된 후부터 시작되었는데 140년이 지났는데 아직 완공을 못했습니다. 건축물 공사가 시작되면 빨리 완공되는데 익숙한 한국인은 스페인 정부든 교황청에서든 돈을 지원해 빨리 공사를 끝내지 않고 뭐하나 생각할 수 있는데요. 하지만 교회는 순례자와 신도들의 자발적 기부금에 의해 지어져야 의미가 있습니다. 유럽에서 140년 걸리는 교회건축은 오래하는 축에 끼이지도 못하죠. 고딕식으로 지어진 밀라노대성당의 경우 1386년에 공사를 시작했고 미완성 상태로 1418년 축복식을 거행했습니다. 그리고 돈이 모이는 대로 조금씩 개축 및 추가공사가 무려 7백년에 걸쳐 이어졌고, 우리가 보는 멋진 정면(파사드)이 완성된 것은 19세기에 이르러서였습니다. 1965년이 되어서야 주 출입구에 청동 장식문을 설치함으로써 최종 완공되었답니다.

순례교회의 성물확보 경쟁

사람들이 많이 찾는 순례지가 되려면 성인의 흔적과 성물을 갖고 있어야 했습니다. 베드로의 후계자를 자처한 교황은 로마시에 여러 교회들을 설립하고 성물을 확보하기 위해 애썼죠. 각 도시의 성직자들은 성인의 유체, 또는 그것에 접촉된 물건(옷, 소지품)을 성유물이라 해서 직접 구하려 했습니다. 그리고 성물보관과 전시를 위해 교회를 세웠습니다. 그래야 순례자가 찾아오고 돈벌이가 된다는 것을 알았기 때문이죠. 특히 격이 높은 성인의 유골과 성물일수록 가치가 높았습니다. 4세기경 콘스탄티누스 황제 어머니 헬레나에 의해 발견된 그리스도의 십자가와 관련 유물은 가장 유명한데요. 이것은 예루살렘에서 콘스탄티노플로 이전되었다가 나중에 로마로 전해졌습니다. 그 외에 예수가 골고다 언덕을 올라갈 때 짚었던 계단과 가시면류관, 예수의 옆구리를 찔렀던 롱기누스 창, 베드로의 의자와 베로니카의 땀수건 등도 유명한 성물들입니다. 얼마 전 화재가 난 파리의 노트르담성당은 예수가 썼던 가시면류관을 보관하고 있었는데 다행히 파괴를 면했다고 하는데요. 십자군에 참가한 루이9세가 콘스탄티노플에서 구해와 이곳에 보관하기 시작했다는 전설이 전해지고 있습니다.

순례자가 하루거리의 고단한 여정을 마치고 쉬는 도시의 교회에서도 성물 확보가 필수였습니다. 프랑스의 오툉에는 예수가 살려낸 나사로의 유골이 있고, 베즐레 생 마들렌 성당에는 막달라 마리아의 유골이 있습니다. 콩크의 생트 푸아 성당에는 스페인어로 '산타 페'라는 믿음의 성녀 유골이 있는데요. 그녀는 서기 300년경 순교한 성인입니다. 이러한 성물이 보관되어 있는 교회들은 엄청난 순례 인파를 불러 모았기 때문에 엉뚱한 부작용도 생겼습니다. 이웃마을끼리 성물을 훔치는 일도 있었고 성물이라고 믿기 힘든 가짜들이 만들어지기도 했습니다.

그렇다면 성 유물은 어떤 효능이 있었을까요? 신학자 토마스 아퀴나스는 여행도중 자신이 지니고 있던 성 아그네스(304년경에 순교한 성녀)의 성물로 인해 동행자의 열병을 치료했다고 합니다. 예수가 매달렸던 십자가나 골고다 언덕의 계단이 성물로서 높은 가치를 지니는 것은 그가 기적을 행하는 그리스도였기 때문입니다. 하지만 예수만 기적을 행한 것은 아니었습니다. 사도행전에 의하면 사도 베드로와 바울에게도 아픈 이를 치료하는 기적의 은사가 있었습니다. 그들에게 성령이 임했기 때문입니다. 따라서 사람들은 사도를 포함한 성인의 활동지를 찾아 영적 치유능력을 직접 수혜받기 원했죠. 물론 성인은 이미 죽었기 때문에 그들의 유골과 유품을 직접 만나려 했던 것입니다. 실제 많은 이들이 성인과 성물을 만나 기적을 체험했다는 전설이 전해집니다. 중세 이후 최근까지 전 세계에서 성모마리아를 만났다는 기적이 공인된 장소만 해도 여덟 곳이나 됩니다.

수호성인과 성모마리아

로마가톨릭 교리에는 헬라문화와 게르만족의 이교적요소가 상당히 많이 포함되어 있는데요. 유일신을 모시는 종교이면서도 다신교적 흔적이 상당히 많습니다. 유대교를 바탕으로 헬라문화권에서 탄생하고 게르만족의 영향 아래에서 성장했기에 어쩌면 당연한 일일지도 모릅니다. 가장 대표적인 것이 성인과 성물숭배 문화입니다. 유일신을 생각해 보면 영적능력과 기적을 행하는 이는 오로지 성부이면서 성자인 예수그리스도 한분이어야 할 듯 한데 사람들은 그에 만족하지 못했나 봅니다. 예수그리스도의 영적능력을 사도들에게도 부여하고 그들이 몸에 지녔던 사물에도 기적이 담겨 있다고 생각했던 것이죠. 성인의 기적과 성물에 관한 최초의 기록은 사도 바울의 손수건과 앞치마를 언급한 내용에서 찾아볼 수 있습니다.

> **"하나님께서는 바울의 손을 통해 특별한 기적을 일으키셨습니다. 심지어 바울의 몸에 닿은 손수건이나 앞치마를 가져다 환자들에게 대기만 하면 그들의 병이 낫고 악한 영들이 떠나갔습니다."**

- 사도행전 19:12 -

유일신하느님은 본래 그 형태가 없고 인간의 눈에 보이지 않는 존재입니다. 하지만 삼위일체 즉, 성부 성자 성령이 동일 본질인 것처럼 성자가 되어 공생애를 지내며 기적을 행했기 때문에 형상화될 수 있었습니다. 그러기에 십자가에 매달린 성자의 모습을 로마가톨릭교회에서 발견할 수 있는 것이지요. 그런데 사람들은 높으신 삼위일체 하나님 대신 가까이에서 병을 고치고 죄 사함 받는 존재를 원했는데 그들이 바로 성인이었습니다. 사도행전에 등장하는 바울의 일화처럼 성인은 예수그리스도보다는 못해도 영적 능력을 가졌기에 그들에게 기대고 싶었던 겁니다. 물론 동방교회의 성상파괴운동을 경험한 로마교회에서는 성인은 숭배의 대상이 아니라 예배와 존경의 대상이라고 공식 정의를 내렸는데요. 이교도의 관습을 물려받았다고 비난받을 여지를 없애려 했던 것이죠. 하지만 민중의 속마음은 그렇게 간단하지 않았습니다. 성인과 성모를 숭배하는 마음이 저절로 생겨 그들에게 직업적 성공을 요청하고 때로는 보호와 평안을 기도하기도 했는데요. 사람들은 천국에 있는 성인과의 '통공 communio sanctorum'이 가능하다고 생각했기 때문이죠. 이는 천국과 지상의 교회 구성원들이 서로 소통할 수 있다는 개념입니다.

그렇게 영적 능력을 가진 성인이 선택되었고 이들은 도시의 수호성인, 직업의 수호성인으로 구별되어졌습니다. 로마는 성 베드로, 베네치아는 성 마르코가 도시의 수호성인이고 은행가, 이발사, 심지어 도둑에 이르기까지 직업의 수호성인이 존재했습니다. 폴리스 아테네의 수호신이 아테나이고 스파르타와 에페수스는 아르테미스를 모신 것과 비슷합니다. 아폴론이 의술, 예언, 음악의 신이었고 헤르메스가 전령, 여행, 상업의 신인 것은 직업의 수호성인과 어울리죠. 금융업자들이 세리였던 마테오 성인에게 복을 빈 것처럼 해당 직업인들은 이들에게 빌어야 사업이 잘 될 수 있다고 본 것과 같습니다. 수호성인으로 모신 가장 대표적 이들은 예수그리스도가 복음 전도를 위해 선택한 12명의 사도들입니다. 예수가 살아있을 때 가장 가까이에서 모셨으며 천국에서 함께하는 이들이니 높은 영적능력을 갖고 있으리라고 여겨졌겠죠. 여기에 사도 바울과 세례자 요한도 영적능력을 가진 이였고 특히 복음서를 쓴 마르코, 누가, 마테오, 요한 이렇게 네 명의 저자들은 특별한 존재가 되었습니다. 또한 전도에 공이 컸던 사람들, 특히 신앙을 지키다 박해받아 순교한 사람들을 추가해 교회는 심사를 거쳐 '성인'으로 모셨습니다. 1260년경 제노바의 대주교 보라기네의 야코부스는 이러한 성인들의 이야기를 모은 책 『황금전설Legenda aurea』을 편찬했는데요. 여기에는 주님의 강림 이야기에서부터 150여명 성인들의 일대기를 흥미롭게 정리하고 있습니다. 전설처럼 내려오는 성인의 순교 이야기들을 모아 주교들에게 알려주기 위한 목적으로 저술 된 거 같습니다.

그림 34. 잉글랜드의 국기이기도 한 성 조지 십자가

오늘날 로마가톨릭 신도는 세례를 받을 때 성인 중에서 적당한 이를 따라 세례명을 짓고 성당이나 병원에 성인의 이름을 붙이기도 합니다. 성인에게 부탁하고 빌면 효과가 있다고 믿는 신앙이 여전히 존재할 정도로 성인숭앙은 오랫동안 지속되었습니다. 그러고 보니 성인의 이름을 따서 지은 국가명도 있는데요. 코카서스의 아름다운 나라 조지아입니다.

4세기 디오클레티아누스 황제 때 순교한 게르기오스 성인(성 조지)의 이름을 땄다는 설이 알려져 있습니다. 성 조지는 잉글랜드와 러시아의 수도 모스크바의 수호성인이기도 하답니다.

하나님의 어머니이자 그리스도의 어머니로 인정된 마리아에게 영적 능력을 부여한 것도 이러한 성인숭배의 일환이었습니다. 인간이면서도 예수그리스도와 가장 가까이 있는 존재가 성모마리아였기 때문이죠. 그래서 유럽에는 성모마리아에게 헌정된 교회가 상당히 많은데요. 프랑스 파리에서 가장 중요한 성당인 노트르담성당의 이름 '노트르담'은 '우리들의 귀부인'이라는 프랑스어로 '동정녀 마리아'를 의미하며 성모마리아에게 헌정된 성당이란 뜻입니다. 노트르담성당은 파리에만 있는 게 아니고 리옹과 바이유, 샤르트르, 루앙, 스트라스부르, 디종 등 프랑스 곳곳에 있습니다. 그렇다면 프랑스인만 마리아성당을 좋아할까요? 그렇지 않습니다. 이름만 다를 뿐 성모에게 헌정한 산타마리아성당은 이탈리아 로마에도, 피렌체에도, 스페인에도 있습니다. 피렌체 산타마리아 델 피오레 성당은 브루넬레스키가 건설한 돔에 오르려는 연인들이 많이 찾는 곳으로 유명하죠. 심지어 2세기 로마제국에서 만들어져 만신전이란 이름을 가진 판테온은 7세기에 교회로 바뀌며 산타 마리아 로톤다 교회가 되었습니다. 아테네 아크로폴리스에 있는 파르테논 신전도 한때는 성모마리아성당이었답니다. 덕분에 오랫동안 그 형태를 유지하다가 17세기에 일부 파괴를 당했지만 비교적 나쁘지 않은 모습으로 살아남는 행운을 누렸죠. 그러니까 동정녀마리아에게 헌정된 성당은 로마교회뿐만 아니라 동방정교회가 자리 잡은 세계 어느 곳이나 있다는 이야기입니다.

교회와는 다른 모습을 가진 수도원

유럽에는 교회와 비슷하면서도 다른 시설물이 있는데 바로 수도원입니다. 이곳은 청빈과 정숙, 복종의 맹세를 한 수도사들이 노동과 성무에 힘쓰며 집단생활을 하는 곳입니다. 당연히 신앙인으로서 믿음을 유지하고 그리스도교적 인격을 수련하는 곳이었죠. 교회가 사제와 민중이 신에게 숭배 드리는 공간이라 한다면 수도원은 수도사monk나 수도녀sister가 청빈, 정결, 복종의 서약을 맺고 공동생활을 하는 장소입니다. 규모에 따라 다르겠지만 부지 내에는 수도사가 머무는 숙소와 성당, 식당, 외빈용 숙사, 정원이 설치되었습니다. 어떤 수도원에는 농장이 딸려 있거나 병원이 설치되기도 했는데요.(고대 신전이 병원이었듯이 중세에는 수도원이 병원이었다) 수도사는 종교생활 이외에도 노동의무가 부과되어 농사를 짓거나 고전 필사, 의료인으로서 자활을 할 수 있었습니다. 오늘날 전해지는 고대문헌의 상당수는 수도사들이 필사작업을 통해 보전을 했기에 살아남을 수 있었던 거죠. 비트루비우스의 <건축10서>의 필사본이 남아있던 곳도 수도원이었습니다. 중세 수도원은 가장 선진적인 생산 조직이자 학문과 예술의 중심이었기에 많은 이들이 순례의 형식으로 찾아왔는데요. 10세기경 유럽에는 제법 규모가 있는 수도원만 해도 1,200곳이나 되었다고 합니다.

지금까지 수도원은 3세기 전반에 이집트의 테베에서 성 안토니우스에 의해서 시작되었다고 알려져 왔는데요. 그는 20살 무렵 사막으로 들어가 다른 은자들과 고독 속에서 살다 아르시노 부근의 버려진 성채에서 홀로 살아갔습니다. 20년 후 다른 은자들이 그의 신성에 이끌려 모여들었고 305년 무렵이 되면 그를 중심으로 한 공동체가 탄생했던 것으로 알려져 있습니다. 그런데 1947년 동굴에서 발견된 <사해사본>으로 인해 사해광야에 유대교 수도원의 존재가 확인되었고 수도원의 시작은 훨씬 더 오래된 것이 아닐까 추측할 수 있습니다.

이후 탄생한 특이한 은자들의 모습 중 하나는 시리아의 '주상柱上 고행자'였습니다. 그들은 바위굴이 아닌 버려진 신전의 기둥 위로 올라갔는데, 그중 가장 유명한 사람은 시메온 스틸리테스였습니다. 그는 높이 약 1m 정도의 돌 위에 주거지를 정했다가 점차 높은 곳으로 이동해 마지막에는 20m 높이의 기둥 위에 0.5㎡ 정도의 공간에 정주했습니다. 그리고 30년간 그곳에 살면서 고행과 기도를 지속했다는데요. 많은 이들이 그의 수행과정을 지켜보며 설교를 들었고, 따르는 이들이 최소한의 생존지원을 해주었을 것입니다.

과거에는 정치 불안에 따른 신변안전의 확보가 가장 중요했습니다. 세속권력이 보호해주지 못하니 스스로를 보호할 수 있는 집단 거주시설이 항상 필요했던 것이죠. 수도원도 마찬가지였습니다. 6세기 유스티니아누스 황제가 창건한 성 카타리아 수도원이나 7세기경 세워져 오늘날까지 이어지는 성 시메온 수도원은 10미터 높이의 담장으로 둘러싸인 요새화된 수도원입니다. 고립되어 있었기에 가장 유명한 수도원의 흔적은 터키 카파도키아에 있는데요. 그곳에는 지하 동굴을 뚫어 거주한 흔적이 남아 있는데 종교박해를 피해 모여든 사람들이 경건한 삶을 유지하며 살았던 곳이었습니다.

그림 35. 메테오라 수도원의 겨울 ⓒ안계환

제가 방문했던 그리스북부의 메테오라 수도원은 9세기부터 높은 바위위에 건물을 세우고 공동체를 만들었던 곳이었는데요. 14세기부터 본격적으로 건축물이 들어선 이곳은 지역의 약탈자 뿐만 아니라 비잔틴제국에 침입하는 튀르크인을 피할 수 있는 좋은 장소였습니다. 수도사들은 걸어서 올라갈 수 없는 바위위에 거주시설을 짓고 신을 경배하며 경건한 삶을 유지했던 것이죠. 대부분의 수도원은 로프로 된 그물을 늘어뜨리고 접을 수 있는 나무 사다리를 이용해야 도달할 수 있었는데요. 오늘날에도 과거에 물품이나 식량을 수도원에 올리던 도르레 같은 장치들이 남아 있더군요. 수도원들은 각각 독립적으로 운영되며 저마다 재산을 갖고 농작물, 양이나 염소 등을 관리했습니다. 하지만 워낙 험한 곳에 자리 잡고 있어 민중들의 경제적 지원이 필수였죠. 가장 번성할 때에는 스물네 채의 수도원이 있었다고 하는데 오늘날 이곳에는 여섯 개의 수도원이 남아(하나는 수녀원이다) 대중에 공개되고 있습니다.

이집트와 팔레스타인의 영향을 받은 이탈리아에서는 로마와 밀라노 등에, 프랑스에서는 투르 부근에 수도원이 세워졌습니다. 특히 6세기와 7세기에 걸쳐 잉글랜드와 아일랜드에 세워진 수도원은 대단한 업적을 남기는데요. 그곳에서 필사되어 보존된 여러 고전이 대륙으로 역수출되는 일까지 발생했습니다. 그 대표적 예가 로마표준 라틴어로 아일랜드 수도사들은 서로마가 멸망하던 시기에 남겨진 문법책을 구해 그것을 완벽하게 재현했습니다. 대륙의 라틴어는 게르만족의 침입 이후 지방 속어와 융합되어 본래 의미를 잃어가고 있었던 것이죠. 심지어 대륙이 전해준 그리스도교를 거꾸로 역수출하는 일도 있었습니다. 그 대표적인 이가 아일랜드출신 수도사 보니파시오입니다. 그의 별명이 '독일인의 사도'인데 로마교회가 위기에 처했을 때 프랑크왕국과의 제휴를 위해 대륙에 파견되었는데요. 카롤링거왕조의 첫 번째 왕 피핀 3세에게 왕으로서의 자격을 부여하는 세례식을 하게 되었습니다. 이후 **그 후계자들에 의해 대부분의 게르만족이 그리스도인이 되었으며 프랑크 왕과 로마교황 간의 밀접한 관계도 맺어지게 됩니다.**

이탈리아에 세워진 몬테카시노 수도원은 후대에 강력한 영향력을 미쳤습니다. 이곳을 개설한 베네딕토(누르시아의 베네딕토)는 동굴에서 홀로 은둔 중이었는데 제자들이 몰려들자 525년경 몬테카시노라는 요새화된 언덕으로 이동했습니다. 그리고 숲을 베고 두 개의 지하무덤을 개조해 수도원을 시작했습니다. 그러니까 카타콤베 같은 무덤이 이탈리아 수도원의 시작이었던 거죠. 그렇게 탄생한 수도원은 훗날 12명의 수도사들이 12개의 수도원을 세울 정도로 확장되었습니다. 이곳에서 만들어진 회칙인 수도원제도, 이상적 수도생활, 기도, 징계, 수도원장의 선출방법 등이 표준으로 정해지기도 했습니다. 그러니까 수도원은 동방에서 시작되었지만 일명 <베네딕트 회칙>으로 인해 보다 체계화된 수도원으로 자리 잡을 수 있었던 것입니다.

수도원에는 어떤 이들이 거주하고 있었을까요? 당연히 종교적 신앙심이 깊은 수도사나 수녀가 있었겠지요. 그들은 기도와 노동을 중요시하며 청빈, 금욕, 독신의 계율을 지켜야 했습니다. 그런데 중세에는 스스로의 선택에 의해 수도사나 수녀가 되는 게 아니었습니다. 귀족 집안에서는 장남에게 영지를 물려주었고 나머지 자식들은 제 길을 찾아야 했는데요. 둘째나 셋째중 하나는 수도사가 되거나 자신을 고용해줄 영주를 찾아가 직업기사가 되었습니다. 딸의 경우에는 이웃 영주 집안에 시집을 가거나 그렇지 못하면 수도원에 보내져 수녀가 되어야 했던 것입니다. 그들이 자발적으로 선택한 게 아니기에 신앙심이 깊지 못했던 일부 수도사들이 타락하는 경우가 있었습니다. 수도원이 대규모로 땅을 소유하게 되고 찾아온 순례자들로 인해 재물이 축적되자 자연스럽게 변했던 것이지요. 일부 수도사들은 비밀리에 정부를 두고 성욕을 해소하였는데 이는 사생아의 탄생으로도 이어졌습니다. 이런 아이들을 산속 한적한 곳에 집을 만들어 보호하는 과정에서 생겨난 것이 고아원이었는데요. 시간이 흐르면서 도시에도 고아원이 만들어졌습니다. 물론 잦은 전쟁으로 인해 부모를 잃은 아이들이 많았던 것도 있고 흑사병의 발발로 인해 많은 이들이 사망한 이유도 있었습니다. 하지만 독신을 지키지 않고 타락한 성직자들이 꽤 많았던 것은 분명합니다. 심지어 교황 중에서도 자식을 둔 이들이 있었는데 마키아벨리가 쓴 『군주론』의 모델로 유명한 체사레 보르자는 교황 알렉산드르 6세의 아들로 잘 알려져 있습니다.

3) 인간의 모습을 되찾는 종교개혁

개혁의 목소리, 도미니크수도회와 프란체스코수도회

수도원이 금욕과 청빈을 강조함에도 현실적으로 부를 거머쥐게 되니 타락으로 가는 것은 불문가지였습니다. 자발적으로 수도사가 되는 경우가 많지 않았으니 그들에게 금욕과 청빈의 생활을 요구하는 것이 어쩌면 지나친 것 아닌가 싶기도 합니다. 어머니의 손에 이끌려 수도원에 와서 평생 수녀로 살아야 했던 이들의 삶이 안쓰러워 보이는 것도 사실입니다. 성령과 결혼했다는 의미로 평생 독신으로 살아야 했지만 본능을 억제하는 것도 현실적으로 쉬운 일은 아니죠. 그렇다고 해서 예수와 어머니 마리아의 삶을 따라야 하는 수도원이 타락하는 것이 당연하다는 의미는 아닐 것입니다. 높은 신앙 가치기준에 따라 행동하려는 신실한 수도사들도 많이 있었습니다.

그림 36. 프란체스코 기념 수도원, 아시시 ⓒ안계환

이러한 시대 변화를 읽은 수도사들에 의해 탁발수도회가 창설되기에 이르렀습니다. 탁발이란 재산을 소유하지 않고 신도에 의지하는 삶을 사는 것을 말하는데요. 탁발을 했던 이들이 재산을 모으지 않고 '청빈' 정신을 중시하며 뭉쳤던 수도회를 탁발수도회라 부릅니다. 그 대표 단체가 1210년 무렵 성 프란체스코가 창설한 프란체스코수도회와 1216년 성 도미니쿠스가 창설한 도미니크수도회입니다. 이탈리아의 중세도시 아시시에 가면 성 프란체스코를 모신 기념 성당이 있습니다. 교회 지하에는 그의 무덤도 있는데요. 그곳에서는 멀리서 순례를 위해 찾아온 수도사들이 경건하게 기도하는 모습을 발견할 수 있었습니다. 프란체스코는 부유한 상인의 아들로 태어나 편안하게 살아갈 수 있는 운명을 가진 젊은이였습니다. 하지만 그는 독실한 신앙심으로 아버지의 부를 물려받지 않고 탁발로 청빈의 삶을 살겠다는 결심을 합니다. 스물일곱 살 되던 1209년, 성 메시아의 날에 이렇게 말하는 성서의 가르침을 들었기 때문입니다.

> **"병든 자를 고치고 죽은 자를 살리며, 나환자를 깨끗하게 하며 귀신을 쫒아내되 너희가 거저 받았으니 거저 주어라. 너의 전대에 금이나 은이나 동을 갖지 말며 여행을 위해 주머니나 두 벌 옷이나 신이나 지팡이를 지니지 말라.**
>
> \- 마테오 복음 10:8~10 -

이 구절에 의하면 예수는 기적을 행하고 아픈 이를 고치며 맨발로 여행했으며 제자들에게 아무것도 몸에 지니지 말라고 말합니다. 그 자신이 행했던 대로 제자들이 따르길 원했다는 이야기죠. 프란체스코에게는 이 말이 가슴 깊이 와 닿았고 예수의 삶을 따라가겠다는 결심을 했습니다. 아버지로부터 미움을 받았지만 개의치 않고 그 길로 신발과 지갑, 지팡이를 모두 던져버리고 탁발생활을 시작했습니다. 겉옷 한 벌에 세 겹으로 매듭지은 밧줄을 허리에 매고 맨발로 여행을 떠났던 것이죠. 당시 사람들은 수도원의 권력남용과 수도사의 타락한 행위에 반감을 가진 상태였습니다. 민중은 가난에 찌들어 살지만 모범이 되어야 할 교회는 유력자들의 기부에 높은 첨탑을 세우고 권력과 부를 독점하고 있었죠. 분명 예수가 행동으로 보여주고 말한 것과는 상당히 다른 모습이었던 것입니다.

청빈과 금욕을 외치는 프란체스코의 목소리는 상당히 신선했습니다. 예수그리스도의 모습을 다시 본 것 같은 감동을 사람들은 가졌던 것입니다. 그렇게 민중의 높은 기대가 있자 뒤를 따르는 제자들이 생겨났습니다. 이렇게 생겨난 단체는 1223년에 이르면 교황 호노리우스 3세의 승인을 얻어 공식 수도회가 되었고, 5천명의 회원이 되면서 회칙이 생겨났습니다. 1백년 사이에 놀라운 성장을 거듭해 회원이 3~4만 명에 이르렀습니다. 하지만 조직이 커지면 현실적으로 '청빈'을 유지하기가 쉽지 않게 됩니다. 사람이 많아지면 돈이 필요해지고 조직도 만들어야 합니다. 그러다 보니 필연적으로 내부 갈등이 생겨날 수밖에 없는데요. 수많은 분쟁이 일어났고 분파도 만들어졌습니다. 하지만 프란체스코의 청빈사상이 유럽의 많은 이들에게 영향을 준 것은 틀림없습니다. 점차 타락의 끝으로 달려가던 교회와 교황에게도 그의 삶은 훌륭한 자극제가 되었을 것이고요. 안타깝게도 로마교회와 교황은 프란체스코의 사상을 온전히 받아들이지 못했습니다. 청빈 사상만으로는 중세교회가 가진 근본적 문제점을 해소할 수 없었는데요. 유럽을 뒤흔든 종교개혁의 회오리가 올 때 까지는 말입니다.

현재 로마가톨릭교회의 최고 수장이자 제 266대 교황의 이름은 프란치스코입니다. 아르헨티나 출신 호르헤 베르고글리오(Jorge Mario Bergoglio)는 교황으로 정해지자 프란치스코를 법명으로 정했는데요. 역대 교황들이 평소 존경하던 성인이나 전임 교황의 이름을 골라서 자신의 교황명을 썼는데, 프란체스코를 선택한 역사상 최초의 인물이었다는 것은 의미심장합니다. 최초의 아메리카대륙 출신이자 최초의 예수회 출신이면서도 청빈의 상징이었던 프란체스코를 따라가겠다고 천명한 것이니까요. 프란치스코 교황은 공적으로나 사적으로 항상 검소함을 잃지 않으며 가난한 사람들에 관심과 관용을 촉구하고 있습니다. 스스로도 이를 실천해 전임자들이 쓰던 일천 개가 넘는 방이 있는 사도 궁전에 머물지 않고 순례자 숙소 자리에 세워진 소박한 성녀 마르타 호텔을 쓰고 있습니다. 화려한 교황의 전통 복장보다는 검소하고 소박한 의상을 즐겨 입습니다. 베드로의 상징 어부의 반지도 순금이 아닌 은반지로 교체하였고 목에 거는 십자가는 추기경 시절부터 착용하던 철제를 그대로 쓴다고 하는데요. 철저히 성 프란체스코를 따르려는 교황의 모습을 발견할 수 있습니다.

이탈리아에서 교회의 타락을 성토하며 일어난 것이 프란체스코수도회라면 남프랑스에서 교회를 지지하며 탄생한 것이 도미니크수도회였습니다. 당시 그 지역에는 이단이라 공격받던 카타리파(cathars, 일명 알비파)

의 무리가 있었습니다. 이곳의 지도자들은 교육수준이 높았고 민중들에게 존경을 받는 이들로 구성되었죠. 조직구성도 매우 탄탄하였기에 지역교회가 상당한 위협을 받고 있는 중이었습니다. 이러한 상황을 인지한 교황 이노센트 3세는 적절한 인물을 물색한 끝에 에스파냐 성직자 도미니쿠스를 설교자로 남프랑스에 보내게 됩니다. 예수그리스도의 참 진리를 설파하는 설교로서 카타리파가 교화될 수 있으리라고 본 것이죠. 하지만 그곳에서 도미니쿠스가 할 수 있는 역할은 별로 없었습니다. 카타리파는 그때까지 일어난 이단 종파 중에서 가장 강력한 세력을 구축하고 있었고 심지어 지역 제후들의 강력한 지원을 얻고 있었기 때문입니다. 결국 교황의 입장에서 이단을 없앨 수 있는 방법은 십자군의 결성과 군사공격 뿐이었습니다.(이를 알비 십자군이라 부른다)

이런 일련의 과정에서 도미니쿠스는 카타리파 이단들이 비록 진리에 서있지는 않았으나 청빈한 생활을 함으로써 사람들에게 영향력을 주고 있음을 보게 됩니다. 말로만 설교하는 것이 아니라 가진 것을 모두 버리고 청빈한 생활을 하며 설교할 때 진정한 힘이 있음을 깨닫게 되었던 것이죠. 그는 실천의 첫 작업으로 1207년 초, 카타리파에서 개종한 여인들을 위한 수녀원을 설립했는데 이것이 도미니크수도회의 첫 발걸음이었습니다. 1216년에 이르러 오순절에 설교자수도회를 설립하였고 그해 교황 호노리우스 3세가 성 아우구스티누스 규율을 채택한 도미니크수도회의 창설을 인가했습니다. 이렇게 도미니크수도회는 프란체스코수도회와 함께 중세 로마가톨릭의 양대 탁발수도회로 자리 잡습니다.

로마가톨릭 확산에 큰 역할을 한 예수회

로마가톨릭에서 꼭 알고 있어야 할 사제 수도회의 하나로 예수회 societas jesu가 있습니다. 앞서 프란치스코 교황이 예수회 출신이라고 말한 것처럼 유럽이 아닌 아메리카와 아시아 등 다른 지역 선교에 큰 역할을 했는데요. 여기에 속한 사도를 제수이트라고도 부릅니다. 로마 시내에 가면 제수이트성당이 있는데 예수회의 모태가 되는 성당이죠. 이곳은 바로크성당의 대표모델이라 할 수 있는데, 내부는 기둥이 없는 트인 구조로 되어 있고 천장의 화려한 프레스코화가 인상적입니다. 이는 조반니 바티스타 가울리의 작품으로 입체효과를 주는데요. 그림인데도 내부에 돔이 있는 것처럼 착시 효과를 주더군요.

예수회는 종교개혁운동이 유럽에서 막 일어나던 시점에 로마교회와 교황을 지지하기 위해 만들어졌습니다. 중세가 끝나고 르네상스운동도 이탈리아에서 북서부유럽으로 옮겨지면서 많은 이들이 교회의 개혁을 요구하기 시작했습니다. 교회가 타락해 많은 이들이 로마가톨릭에서 떨어져 나가는 것을 걱정하는 충성스러운 사람들이었죠. 그 중 한 명이 에스파냐 출신 이냐시오 데 로욜라였습니다. 그는 1534년 프랑스 파리에서 6명의 제자와 함께 신교를 타파하는 신의 기사로서 역할을 하기 위해 예수회를 창설했습니다. 그 이름은 '하느님과 교회 사랑으로 묶인 7명의 작은 학생회'라고 불렸습니다. 점차 세력을 확장해 성직자와 일반 신도의 도덕개혁, 노동봉사, 병자방문, 대중설교 등에 힘을 쏟았습니다.

정식 교단으로 인정받은 예수회는 오직 하느님과 교황에게만 절대

순종하는 규칙을 지켰는데요. 흡사 군사조직과 같이 움직였는데 회원 각자의 개성은 무시되었고 수장에게 복종하도록 강제되었죠. 비록 그들의 무기가 창과 칼이 아니라 웅변과 설득, 그리고 교리였지만 때로는 무력이 동원되기도 했습니다. 이러한 예수회 활동은 개신교의 종교개혁에 대항한 가톨릭교회 내부에서 일어난 개혁주의의 결과물이었습니다. 개혁파에 대항해 일어난 보수파의 반개혁 의지가 발현된 것이라 할 수 있죠.

예수회의 가장 큰 업적은 아메리카와 아시아에 로마가톨릭신앙이 퍼지게 한 것입니다. 예수회에서 파견한 선교사들은 포르투갈, 에스파냐, 이탈리아, 프랑스 등 서유럽 출신이 대부분으로 에스파냐와 포르투갈의 해외 진출과 함께 아메리카, 동남아시아, 중국, 일본 등지에서 선교활동을 했는데요. 일본에서는 나가사키를 중심으로 교화를 해서 17세기 초에 이르면 신도수가 20만 명에 이르렀습니다. 중국에서는 마테오 리치가 1583년 광동성에 처음 발을 내딛어 지도층과 접촉했고 그들의 개종에 노력했습니다. 한자와 유학을 공부해 성서를 라틴어에서 한자로 번역하기도 했습니다. 그가 한자로 번역한 기리사독, 천주天主 등 여러 용어가 오늘날 한국에서 사용하는 그리스도교 용어의 근간이 되었죠.

아시아의 포교역사에서 가장 큰 업적은 에스파냐의 영향아래 있던 필리핀에서 만들어졌습니다. 오늘날 필리핀 국민의 다수가 로마가톨릭 신자인 것은 예수회의 열성적 포교활동 때문이라 할 수 있는데요. 식민지 시대가 끝나고 포르투갈과 프랑스 등이 동남아시아에서 철수하자 가톨릭교도는 필리핀을 제외하고는 극이 적은 수만 남았습니다. 그럼에도 한국에 있는 가톨릭교도의 숫자는 꽤 많은 편인데요. 국내 종교인 비율로는 세 번째이지만 아시아권에서는 상당히 많은 숫자가 있는 것입니다. 비록 아시아권에서 로마가톨릭이 한국과 필리핀을 제외하고는 제대로 자리 잡지 못했지만 예수회의 역할은 그리 작지 않았습니다. 예수회 선교사들은 논리학, 라틴어, 법학 등 학식이 풍부한 이들이었기 때문에 학교설립 등 교육사업에 업적을 남겼습니다. 라틴어로 된 서양학문을 현지어로 번역했고 여러 문물을 소개했습니다. 미국의 조지타운 대학교, 한국의 서강대학교가 예수회에서 운영하는 주요 학교랍니다.

언어의 차이는 분열을 만든다.

종교개혁에 관해 우리는 독일지역에서 활약했던 마르틴 루터를 가장 먼저 떠올립니다. 그는 1517년 10월, 타락한 로마교황을 공격하며 '95개조의 논제'라는 제목의 글을 비텐베르크 대학 부속 교회당 정문에 게시하여 사람들의 마음에 불을 질렀습니다. 그로부터 시작된 종교개혁은 큰 파장을 불러왔으며 훗날 30년 전쟁이라는 끔찍한 사태로까지 이어지죠. 하지만 세상의 일이란 작은 바람이 폭풍으로 곧바로 변화하지 않습니다. 종교개혁도 루터 한 사람만이 아닌 여러 선각자들의 노력에 의해 변화가 시작되어 점차 폭풍우로 바뀌었던 것입니다.

그 시작은 잉글랜드의 존 위클리프로 볼 수 있습니다. 그는 1374년 교황이 납세 문제로 잉글랜드 국왕 에드워드 3세를 로마로 불러들였을 때 사절단으로 따라나섰습니다. 그 여행에서 일국의 국왕이 교황에게 불려간다는 게 아마도 큰 충격이었나 봅니다. 여행에서 돌아온 후 교황청의 부패문제를 탄핵하기 시작했고 로마가톨릭교회의 여러 교리들을 비판했는데요. 화체설(transubstantiation)[53]을 반대하고 수도원제도를 비판하며 교황의 권위에 반기를 들었습니다. 특히 그가 했던 가장 큰 업적은 성서를 영어로 번역한 것입니다. 이로써 민중이 성서를 자유롭게 읽을 수 있도록 했던 것인데 이는 라틴어성서를 권위의 상징으로 했던 로마가톨릭교회를 무시하는 처사라 할 수 있었죠. 당시 영국은 변방이었기 때문에 살아서는 핍박을 당하지 않았고 죽은 후 31년이나 지나서야 로마교회로부터 파문을 당하게 됩니다.

위클리프의 영향을 받아 교회를 비판하고 나선 이는 보헤미아의 얀 후스였습니다. 그는 프라하대학의 교수였는데 위클리프의 개혁사상에 공명을 받아 성직자와 교회의 토지소유와 세속화를 강도 높게 비난했죠. 그리고 대중설교를 통해 민중의 지지를 받았는데, 특히 라틴어가 아닌 모국어 체코어를 사용해 청중들의 마음을 울렸습니다. 그때까지 교회에서 하던 설교는 라틴어로 진행했기에 교인들은 그저 '소리'를 들을 뿐이었습니다. 그런데 후스의 설교가 자신들이 알아들을 수 있는 체코어로 진행하니 얼마나 감동적이었겠습니까? 결국 그도 라틴어의 권위를 낮추고 모국어를 사용했던 것이죠. 또한 교회의 지나친 면벌부 판매행위를 비난했습니다.

그가 살던 땅은 교회와 교황을 비난하고 자신의 뜻대로 설교하기에는 위험한 곳이었습니다. 잉글랜드처럼 로마로부터 먼 지역도 아니었죠. 결국 그는 프라하대주교 자리에서 물러났고 이듬해에는 교회로부터 파문되었는데요. 파문되었다는 것은 살해될 가능성이 있는 상태라는 뜻이었습니다. 그는 목숨이 위험해지자 지자들의 도움으로 남 보헤미아의 코지 프라데크 수도원으로 피난해야 했습니다. 그러다 1414년, 스위스에 있는 콘스탄츠공의회에 소환되었는데, 신성로마제국 황제가 발행한 통행허가증이 있었는데도 불구하고 체포되어 법정에 서게 됩니다. 그곳에서 그는 자기주장을 철회할 생각이 없었고 결국 이단의 죄목으로 처형되었는데요. 이로 인해 후스파 교도들의 반란이 일어나 전쟁으로까지 이어졌습니다. 오늘날 후스는 체코인의 민족적 영웅이 되었으며 정신적 지주로 자리 잡고 있답니다.

여기서 종교 개혁가들의 공통점을 발견할 수 있는데요. 로마교회와 교황의 절대권위를 인정하지 않고 그들의 세속적 타락을 비판했다는 점이 하나이고 개혁의 실천 방법으로 자신들의 언어로 성서를 번역하고 설교했다는 점이 둘입니다. 라틴어 사용지역이 아닌 잉글랜드와 보헤미아 등 변방에서 시작되었다는 점도 그 특징으로 찾아낼 수 있는데요. 언어적으로 보면 프랑스어, 스페인어, 이탈리아어는 라틴어에서 파생되어 로망스어라 부르고 영어와 독일어는 게르만어의 일파입니다. 더구나 체코어는 슬라브어 계통이니 교회에서 쓰는 라틴어가 후스 같은 보헤미안에게는 상당히 불편했을 겁니다. 로마교회가 영적으로 충만하고 존경할 만했다면 라틴어를 기꺼이 사용했을 테지만 부패하고 타락했으니 그들을 따르기가 어려웠다는 거죠. 엄밀하게 보면 라틴어의 권위도 로마교황에게 부여된 것이지 그리스도교 자체는 아니었지요? 본래 구약성서는 히브리어로, 신약성서는 헬라어로 쓰였다는 것을 생각해 보면 말입니다.

앞서 이야기한대로 지중해 동쪽지역에 다수의 그리스도교 종파들이 있는 이유도 언어의 영향이 큽니다. 아르메니아인은 헬라어성서를 그들의 언어로 번역했고 로마제국교회와는 다른 길을 걸었습니다. 시리아인들도 자신들의 언어로 기록된 성서를 이용했고요. 로마교회가 동방교회와 오랜 분쟁과정을 거쳐 제국교회에서 분리되어 나온 것도 언어의 영향이 가장 크다고 볼 수 있습니다. 두 교회의 분리가 성상숭배의 관념 차이 때문이라고 하지만 그건 표면적 이유고 속내는 주도권다툼의 결과입니다. 구약성서도 헬라어로 번역된 70인 역이 주로 사용되었던 걸 보면 라틴어가 신의 언어라는 로마가톨릭의 주장은 옳다고 보기 어렵죠. 유스티니아누스 이후 동로마 지배층의 언어는 헬라어였고 로마제국 보편교회라는 의미의 가톨릭교회의 정통언어는 당연히 헬라어였습니다. 그런데 로마교황은 히에로니무스가 번역한 라틴어성서를 사용했고 이를 신성시까지 했습니다. 이런 관점에서 보면 라틴어성서를 다른 언어로 절대 번역하면 안 된다는 로마교황의 주장은 어불성설일 수밖에 없습니다.

라틴어의 권위는 이탈리아에서도 점차 무너지고 있었습니다. 중세 말에 이르러 민중들이 쓰지도 말하지도 않는 고어로 변해 있었던 것이죠. 1321년 단테는 『신곡』을 라틴어 대신 자신의 고향 민중이 쓰던 피렌체어로 썼습니다. 1469년 루카 파치올리는 600쪽에 이르는 방대한 책 『산술,기하,비율 및 비례총람』을 북부 이탈리아어로 썼죠. 이 책은 고대로부터 내려오는 수학지식을 정리한 것이지만 그가 볼로냐에서 활동한 수도사였다는 점에서 보면 라틴어 대신 이탈리아어가 좀 더 대중적이었기 때문입니다. 영어권 잉글랜드와 슬라브어권 보헤미아에서 변화 요구가 시작되었으니 독일어권역에서 개혁가가 등장하는 건 필연이었습니다. 그게 마르틴 루터였을 뿐 다른 누가 나와도 이상하지 않았다는 이야기죠.

인간의 모습을 찾아가는 종교개혁

마르틴 루터가 종교개혁가로 탄생하는 데에는 중요한 계기가 필요했는데요. 사라예보의 총성이 제1차 세계대전의 방아쇠를 당겼듯이 종교개혁에는 면벌부 판매가 있었습니다. 11세기말부터 판매되기 시작한 면벌부는 교회의 중요한 수입원 중 하나였습니다. 로마가톨릭 교리에 의하면 죄를 지은 인간은 죽은 후 연옥에서 고통의 시간을 보내야 합니다. 이를 방지하기 위해 고해성사를 통해 죄 사함 받고나서 기도, 금식, 순례 등을 해야 연옥에서의 벌이 줄게 됩니다. 또한 죄 값에 해당하는 면벌부를 사는 것도 연옥에 있는 시간을 줄이는 좋은 방법이었던 거죠. 그러니 죽은 후 영원한 삶에 대해 고민하던 사람들은 면벌부를 사려 애썼을 겁니다.

이것이 시작된 계기는 십자군전쟁이었습니다. 예루살렘을 수복하기 위해 기사들이 목숨을 건 전쟁을 떠나야 할 때 뭔가 확실한 인센티브가 필요한데, 이때 면벌부가 가장 좋은 선물이었습니다. 교황은 십자군전사들에게 연옥의 벌을 모두 없애주는 면벌부를 제공했고요. 이베리아 무어인과 치열한 전투를 치를 때에는 카미노 산티아고를 걷는 사람들에게 전대사 면벌부를 제공하기도 했습니다. 자연스럽게 불합리한 제도 안에서 면벌부가 사용되기 시작했습니다. 유럽북부에는 버터 구입을 위한 면벌부도 있었는데요. 사순절기간이 되면 동물고기와 여기서 파생된 음식을 먹지 않아야 했는데, 육식은 하지 않으면 되지만 버터 같은 부산물이 문제였습니다. 버터는 식생활에 쓰이는 중요한 기름인데 에스파냐와 이탈리아 등 남부지역에서는 버터대신 올리브기름을 쓰면 되지만 날씨가 추운 북부지역에서는 올리브기름을 구할 수 없었습니다. 버터가 아니면 당장 식생활에 어려움이 있었던 거죠. 따라서 왕과 귀족들은 교황에 청해 사순절기간이라도 버터를 먹을 수밖에 없으니 용서를 구해야 했습니다. 그리고 그 조건으로 교회에서 면벌부가 발행되었던 거죠.

이렇게 시작된 면벌부 판매는 1453년 동로마제국 수도 콘스탄티노플이 오스만튀르크에 함락된 후 불길처럼 일어났는데요. 이 사건으로 그리스도인은 로마가톨릭과 정통가톨릭으로 분리되어 있을지언정 예수 그리스도를 모시는 신앙의 원천이 단절된다는 느낌을 받았습니다. 튀르크의 압박이 거세진다면 다음 공격지역은 어디일까? 사람들은 두려움에 떨었고 교회는 국왕과 영주들에게 콘스탄티노플을 수복하거나 아니면 튀르크의 전진을 막아주도록 요청했습니다. 마침 그때 베네치아 령 키프로스가 튀르크의 공격을 받고 점령되기에 이릅니다. 더 이상 튀르크의 서진을 그냥 두고 볼 수 없던 서유럽 연합군이 나섰던 사건이 코린토스만의 나프팍토스에서 있었던 레판토해전이었는데요. 여기에 참전했던 사람들에게는 전대사(全大赦- 모든 벌의 사면)가 부여되었는데, 사람들은 직접 참전을 하거나 면벌부를 사는 방식으로 자신의 신앙을 표현했던 겁니다.

그림 37. 면벌부를 사는 소녀, 프란시스 가네, 1825 ©wikipedia commons

면벌부는 동일한 라틴어 신앙고백문을 사용했는데 여기에 이름과 날짜, 사면의 종류만 손으로 써넣으면 되는 양피지 조각이었습니다. 양피지로 만들었으니 이름을 지우고 다시 쓰는 등 재활용이 가능했을지라도 자체 가격이 꽤 비쌌습니다. 그런데 그동안 손으로 써야했던 신앙고백문을 인쇄기를 이용해 대량으로 찍어낼 수 있다면? 인쇄술의 발명가 구텐베르크는 교황 니콜라스 5세가 키프로스 방어를 위해 발행되었던 첫 면벌부 인쇄물을 위임받았습니다. 그의 인쇄기가 수주한 첫 고객이었고 사람들은 신앙고백문이 인쇄된 종이를 고해신부 앞으로 가져가면 되었던 거죠. 당연히 죄의 경중에 따라 적절한 돈이 지불되어야 했습니다. 이렇게 면벌부는 치명적 상대였던 튀르크에 대항할 자금을 마련하기 위한 긍정적 작용도 했습니다. 구텐베르크의 인쇄술이 면벌부 판매에 큰 역할을 했다는 게 역사의 아이러니이기도 합니다.[54] 점점 편리해진 인쇄술은 교회가 수시로 발행할 수 있게 해주었고 어느 면벌부는 19만장이나 인쇄되기도 했습니다.

세상에는 좋은 제도라도 이를 악용하는 사람들이 있게 마련입니다. 1517년 마인츠대주교 알브레히트는 교황에게 뇌물을 주고 대주교 자리를 차지했을 뿐만 아니라 여러 지역을 겸직할 수 있는 권리를 얻었는데요. 마인츠대주교는 다른 주교들에 비해 상당히 유리한 위치에 있었습니다. 교황청의 영향력이 직접 미치는 지역의 영주였을 뿐만 아니라 신성로마제국 황제를 선출할 수 있는 선제후(選帝侯, 라틴어:princeps elector)[55]이기도 했습니다. 대주교가 되기만 하면 영적권력과 함께 세속권력이 함께하는 그런 자리였던 거죠. 당시 교황 레오 10세는 메디치 출신으로 화려한 생활유지를 위해 교황청 자금을 소진했던 데다가 건축 중인 베드로 성당을 위해서도 막대한 돈이 필요했습니다. 돈이 필요한 교황과 자리를 원하는 대주교 사이에 매관매직이 이루어진 것입니다.

그럼 알브레이트는 어떻게 돈을 마련했을까요? 지역 최고 부자였던 야코프 푸거에게 돈을 빌렸던 것이고요. 그리고 교황에게 면벌부 판매권을 요청했고 허락을 받습니다. 막대한 뇌물을 받았으니 그 돈을 마련할 길을 열어준 것이죠. 여기서도 일정 비율로 돈을 받는 조건으로 판매권을 주었는데 교황이지만 메디치가 출신다운 사업수완이 있다는 것을 알게 됩니다. 이때 마인츠의 면벌부 판매에 큰 역할을 한 인물이 도미니크회 수도사 테첼이었는데 그는 "면벌부를 산 사람뿐만 아니라 그의 부모, 친지의 영혼도 돈이 금고에 떨어져 찰랑거리는 소리와 함께 연옥으로부터 나온다."고 사람들에게 말했답니다. 그러니까 면벌부를 사면 연옥에 있던 부모와 일가친척의 영혼이 구제되어 곧바로 천국으로 갈 수 있다고 선전했던 것이죠. 그의 주장이 잘 먹혔는지 면벌부는 엄청난 숫자로 팔렸고 교인들의 신앙심을 측정하는 지표가 되기도 했습니다.

이러한 상황을 두고 볼 수 없었던 마르틴 루터가 로마교회에 대한 비판을 시작했던 것입니다. 토론을 위해 내건 95개조 반박문은 보편화된 인쇄술 덕분에 전 유럽에 퍼졌고, 그러지 않아도 교회의 타락상을 지켜보고 있던 사람들의 엄청난 관심을 받게 된 것이죠. 그리고 곧 루터를 추종하는 이들이 생겨났는데요. 루터를 비호했던 작센 선제후 프리드리히 3세의 역할도 무시할 수 없겠습니다. 얀 후스의 경우와 다르게 루터는 교황에게 파문당한 후 프리드리히의 보호로 바르트부르크 성으로 피신해 인해 목숨을 부지할 수 있었고, 이곳에서 성서를 독일어로 번역할 수 있었습니다. 이 때문에 루터를 따르는 새로운 교파도 탄생할 수 있었던 거죠.

독실한 신앙인이었던 프리드리히는 왜 루터를 보호했을까요? 저는 예전에는 프리드리히가 루터의 사상에 감명 받아 즉시 개종하고 그를 보호했다고 생각했습니다. 그런데 알고 보니 지극히 세속적인 이유가 있었습니다. 그의 영지 내에는 꽤 많은 성물이 있었고 이를 보기 위해 찾아오는 순례자로 인해 상당한 경제적 이익이 있었습니다. 문제는 마인츠의 알브레히트가 면벌부 판매뿐만 아니라 9천점에 달하는 성물 전시회도 자주 개최했다는데 있었습니다.[56] 이곳에는 시나이 광야에서 수집했다는 만나, 모세의 '불타는 떨기나무 가지', 카나의 혼인잔치에서 포도주를 담았던 항아리, 가시면류관 등도 있었답니다. 더구나 면벌부 판매가 활성화되다보니 더 이상 프리드리히의 영지로 성물을 보러갈 필요가 없어졌습니다. 결국 막대한 수입이 줄어들 수밖에 없었으니 프리드리히는 대주교 알브레히트와 수도사 테첼의 행위를 두고 볼 수 없었던 거죠. 그러니 교황과 주교들을 비판했던 루터를 지원하는 게 당연해 보입니다. 이러한 제후와 주교들의 이익 추구 행위는 유럽 국가들끼리 패를 갈라 싸우는 30년 전쟁으로 이어졌습니다. 인류문명사에 발생한 이해하기 어려운 사건들을 만날 때 저는 경제문제가 아닐까 대입해 보곤 하는데요. 그러면 쉽게 수긍이 되는 경우가 많습니다. 종교개혁을 폄하하고 싶지는 않지만 여기서도 경제문제가 상당한 영향력을 발휘하지 않았나 생각할 수 있습니다.

종교개혁으로 일어난 변화 중 가장 의미 있는 건 성직자의 지위가 낮아진 것이었습니다. 네덜란드의 에라스무스는 성직자와 평신도를 구분하지 않고 교회활동에 참여할 수 있어야 한다고 주장했습니다. 계몽주의가 발전하면서 귀족과 성직자 같은 특권층은 점차 사라지는 추세에 흐름을 같이했던 것이죠. 또 하나의 변화는 결혼과 가정의 의미가 부각된 것입니다. 종교개혁 이전의 교회는 결혼보다 독신으로 사는 것에 더 높은 가치를 두었습니다. 히에로니무스를 비롯한 초기교부들은 결혼제도가 인간이 죄를 범한 후 낙원 밖에서 이루어진 것이며 죄를 범하기 전 인간은 낙원에서 독신이었다고 주장했습니다.[57] 결혼이라는 굴레 안에서 창조주의 형상은 발견되지 않으며 독신으로 사는 것이 가장 아름답고 창조주의 곁에 갈 수 있는 가장 좋은 방법이라 했죠. 이러한 교부들의 강력한 목소리가 교회에 자리 잡으면서 독신 사제와 수도사, 그리고 수도녀의 전통이 생겨났던 것입니다.

인간의 본질적 욕망을 신앙심으로 통제한다는 것이 쉬운 일은 아닐 겁니다. 오늘날에도 가톨릭교회나 불교사찰에 독신을 유지하고 있는 종교인이 많습니다. 이들은 욕망을 억제할 수 있는 엄청난 자제력을 갖고 있는 존경스러운 종교인임에 틀림없습니다. 하지만 중세교회에서는 자신의 의지로 교회에 입문하는 경우가 많지 않았고 교회는 가장 높은 권력기관이었으며 재물이 많은 곳이었죠. 부모는 자녀의 성공을 위해 어린 아들과 딸의 손을 이끌고 수도원 정문을 들어섰을 것입니다. 권력과 재물을 가진 교회와 수도원이 세속적 타락으로 이어지는 것은 어찌 보면 당연한 일이 아니었을까요? 루터의 종교개혁은 문제 많은 독신문화를 타파하도록 유도되었는데 사제들이 결혼을 했고 수녀들도 가정을 이뤘습니다. 루터와 결혼했던 카타리나 폰 보라는 몰락 귀족의 딸로 수녀의 삶을 평생 이어가겠다는 맹세를 했지만 여섯 명의 자녀를 둔 어머니가 되었습니다. 오늘날 개신교에서 가정예배를 중요시하는 이유도 로마가톨릭과는 다른 변화된 결혼관으로 인해서라고 할 수 있겠습니다.

종교개혁은 취리히의 칼뱅에 의해 더 확산됩니다. 높은 제방에서 처음 물꼬를 트기 어려운 것이지 물길이 한번 열리면 그 도도한 힘을 막아내기 어려운 법입니다. 그렇게 유럽에는 개혁파들이 지속적으로 등장했는데 프랑스에서는 위그노, 잉글랜드에서는 청교도, 스코틀랜드에서는 장로교, 네덜란드에서는 고이센(거지당) 등 다양한 이름으로 불렸습니다. 성서와 교리에 대해 로마교회의 단일한 해석이 아닌 다양한 생각을 할 수 있는 세상이 열렸기 때문입니다. 특히 루터가 주장했던 '오직 성서만이 sola scriptura'가 이후 그리스도교를 신봉하는 이들에게 가장 중요한 논제가 되었습니다. 이후 북미대륙에서 수많은 개신교 교파가 생긴 이유도 이러한 성서중심주의의 영향이라 할 수 있겠죠. 이후 유럽사회는 교회권력이 점차 약해지고 개인이 자유롭게 생각하고 행동할 수 있도록 변화했다는 점을 주목하면 좋겠습니다.

신이 만든 자연, 다르게 해석하는 인간

교회권력이 점차 약해지는 한편 사람들의 삶에도 변화가 일어나기 시작했습니다. 그 직접적 계기는 세상을 바꿀만한 3가지 물품의 도입으로부터였습니다. 그 첫째는 중국에서 전해진 화약이었는데 이는 봉건영주의 성채들을 폭파하는데 사용되었고, 교회와 영주들의 힘을 약화시키는 촉매제가 되었습니다. 두 번째는 구텐베르크의 인쇄술이었습니다. 이는 성직자와 귀족만이 독점하던 지식을 누구나 얻을 수 있도록 만들었습니다. 교회에서도 라틴어의 절대 권위가 사라지고 지역 언어가 적극

활용될 수 있는 계기가 되었죠. 세 번째로 아랍으로부터 전해진 나침반이 있었는데 이는 새로운 세계를 향한 탐험여행을 가능하게 했습니다. 이로써 가난했던 유럽인이 부와 명예를 찾아 떠나는 대항해 시대가 열릴 수 있게 했던 것입니다.

이탈리아에서 시작된 르네상스는 중부유럽으로 확산되었는데 관심을 둘 만한 분야로 자연철학이 있었습니다. 여기서도 교회의 영향력이 낮아졌기 때문에 가능한 일이라 할 수 있는데요. 시대를 바꾼 의미 있는 결과물을 낸 인물은 폴란드사람 코페르니쿠스였습니다. 우리는 종종 '코페르니쿠스적 전환'이라는 말을 사용하는데요. '그때까지 알지 못했던 전혀 새로운 사상의 출현'이라는 의미입니다. 이는 철학자 임마누엘 칸트가 그의 저서 『순수이성비판』에서 자신의 인식론에 이 말을 붙인 후 유명해졌습니다. 코페르니쿠스는 천체운행은 태양을 중심으로 돈다는 '지동설'을 주장해 그때까지 '천동설'이 확고하던 사회에 큰 충격을 주었습니다.

천동설은 헬라시대부터 우주를 전지전능한 신이 만들어낸 것이라는 믿음으로부터 출발했습니다. 헬라시대에도 사모스 출신 아리스타르코스가 태양 중심 모델을 세우긴 했지만 그의 주장을 따르는 이는 적었는데요. 대신 아리스토텔레스와 프톨레마이오스의 '지구중심설' 이 훨씬 각광을 받았습니다. '신이 만든 지구는 완전하다, 그러므로 지구는 중심을 차지하며 천체가 움직이는 게 당연하다.'는 논리였던 거죠. 맨눈으로 보면 해와 달이 지구를 중심으로 도는 것처럼 보이니 당시까지의 천체 관측기술로는 천동설이 최선이었고 중세까지도 확고한 철학으로 자리 잡았습니다.

폴란드 사제 코페르니쿠스는 수성과 금성(지구 안쪽의 내행성), 그리고 화성과 목성 및 토성(외행성)이 다른 움직임을 보이는데 의문을 가졌습니다. 행성이 지구를 중심으로 모두 돈 다면 단순한 궤도를 가지면 될 것을 천동설로는 꽤 복잡한 설명을 해야 했던 것이죠. 그는 위대한 신께서 만든 체계가 이렇게 복잡할리 없다는 생각에서 출발해 우주라는 신전중심에 태양을 놓고 그 주위에 지구를 비롯한 행성들을 배열해 보았습니다. 그랬더니 아주 간단하게 설명이 되었던 것이죠. 하지만 그의 지동설은 불완전했는데 행성궤도를 타원이 아니라 원이라 보았으며 우주를 유한한 구체로 생각했습니다. 여전히 신이 창조한 완전한 지구라는 기존 논리에서 벗어나지 못한 셈인데요. 태양계 구조를 제대로 설명하기 위해서는 17세기에 케플러와 뉴튼이 등장하길 기다려야 했습니다.

앞서 이야기한 데카르트가 수학자이며 철학자였던 것처럼 아이작 뉴튼도 철학자이자 수학자, 그리고 신학자였습니다. 코페르니쿠스의 생각이 기존 사상을 바꾼 것처럼 뉴튼은 세상에 대한 인간의 인식을 변화시키는 결과물을 내놓았습니다. '자연철학의 수학적 원리'라고 부제가 붙어있는『프린키피아』에서 모든 것을 신이 실행했다는 기존 사고 체계를 뒤바꿔 놓을 업적을 발표했던 것이죠. 그것은 뉴튼 운동역학이란 이름으로 이어졌으며, 과학이라는 학문이 철학에서 분리되어 오늘날로 이어지는 계기를 제공했습니다. 적어도 뉴턴이 1727년 죽을 때까지는 '자연철학'이라는 이름을 유지했는데요. 점차 플라톤 철학에 기반을 둔 그리스도교와 관련 있는 인간 존재를 연구하는 철학과 자연 원리를 탐구하는 과학으로 나뉘어졌습니다. 대표적인 철학자들로는 독일과 네덜란드에 스피노자, 칸트, 헤겔 등이 있었고 영국에 로크, 러셀 등이 활동했습니다. 자연을 연구하는 과학자들은 갈릴레이부터 뉴튼을 거쳐 아인슈타인으로 이어졌습니다.

4) 오늘 유럽에서 만나는 종교 문화

그리스신화에서 그리스도교까지

유럽인은 그들 문명의 출발은 헬라스 또는 오늘날 용어로는 그리스라고 인식하고 있습니다. 유럽이라는 어원조차도 레반트에서 크레타로 이주한 여인으로부터 왔으니까요. 헬라스에서 탄생한 문화가 여러 과정을 거쳐 오늘날 유럽인의 생각과 행동을 만들었다고 할 수 있는데요. 신화에서 출발해 역사, 알파벳, 철학, 과학, 심지어 종교에 이르기까지 그 영향력은 대단합니다. 독일의 수도 베를린에 가면 그 중심가에서 브란덴부르크 문을 만날 수 있는데요. 이는 독일 통일의 상징물로 기둥 여섯 개를 가진 높이 26미터, 가로 65.5미터의 구조물입니다. 본래 1791년에 아테네의 아크로폴리스로 들어가는 정문 프로필라에를 본 따 지은 것인데요. 문 위에는 네 필의 말이 승리의 여신이 탄 마차를 끄는 모습을 하고 있고 기둥 안쪽에는 헤라클레스의 열두 과업이 새겨져 있습니다. 기둥 여섯 개는 그리스신전의 일반적 건축 양식입니다. 그러니까 독일인들은 이 건축물을 통해 그들 문명의 출발점을 헬라문명이라고 분명하게 이야기하고 싶었던 겁니다.

그들의 이야기는 <아르고호 모험> 신화로 남겨졌습니다. 제우스의 아들이라 일컬어지던 헤라클레스는 헤라의 저주로 인해 전 세계를 다니며 임무를 완수해야 했습니다. 국내 농업문제를 해결해야 했고 남쪽 크레타의 황소, 북쪽 트라키아의 사나운 말들을 처치했습니다. 그러다 서

그림 38. 브란덴부르크문 ©wikipedia commons

쪽 끝에도 가고 저승세계에도 다녀왔습니다. 한 마디로 죽었다 부활한 셈이었는데요. 신화의 인물 중 그만이 저승에 다녀온 존재였던 건 아니었습니다. 디오니소스는 저승에 갔다가 살아 돌아왔고 테세우스도 그랬습니다. 음악의 신 오르페우스도 그랬고 순수한 인간이었던 오뒷세우스도 자신이 저승에 다녀왔노라고 자랑했습니다. 그렇게 영웅들은 임무완수를 위해 심지어 저승일지라도 목숨을 걸고 여행을 떠났던 것입니다. 이런 이야기들은 훗날 대항해시대에 콜럼버스와 마젤란 등 유럽인에게 용기를 갖고 떠나라고 부추겼습니다. 머물러 봤자 좋은 것 없으니 떠나서 영광을 얻으라고 말입니다.

사람들의 항해와 전쟁에는 항상 신이 함께 했습니다. 트로이에서 싸우던 아카이아족과 트로이인에게는 신들이 편을 갈라 도와주었죠. 포세이돈은 아가멤논 편이었고 아폴론은 헥토르를 지원했습니다. 오뒷세우스가 항해 중 세이렌 여신의 노랫소리에 미칠 것을 염려한 아테나는 미리 전략을 세워줍니다. 고향 아티카에서 아버지를 기다리던 그의 아들 텔레마코스에게는 멘토스로 변신해 교육을 담당했고요. 그러니 인간들은 감사한 마음에 신에게 제를 올리지 않을 수 없었습니다. 그들은 전쟁을 떠날 때 신전의 동쪽 제단에 소의 등뼈를 바쳤습니다. 그리고 전쟁의 승리를 기원했죠. 때로는 막대한 보물을 준비해 델포이와 델로스의 아폴론 신전을 찾기도 했습니다. 그곳 무녀가 알려주는 신탁을 듣고 행동으로 옮기기 위해서였죠. 이런 행동습관은 유일신 사상이 도입된 이후에도 지속되었는데요. 근대 이전에 만들어진 교회의 상당수는 그리스 신전 건축법을 따라 동쪽을 향해 지어졌고 사람들은 제물을 들고 교회를 찾았습니다.

신전에서 전쟁의 승리를 기원하고 신탁을 묻는 건 지배층의 행위였다면 축제를 벌이고 피와 고기의 향연을 펼친 건 민중이었습니다. 그들이 지지하던 신은 술의 향연을 펼친 디오니소스와 아픈 몸을 치료해 주는 아스클레피오스였습니다. 민중은 몸이 찢겨 버려지는 핍박을 받은 디오니소스를 기리기 위해 살을 의미하는 고기를 먹고 피를 상징하는 포도주를 마셨습니다. 몸과 마음이 아픈 이들은 기적을 행하는 아스클레피오스신전에 모여 심신을 치료 했구요. 아픈 이를 살리는 능력을 가진 신적 인물을 숭배하고 그에게 제를 올렸던 거죠. 디오니소스와 아스클레피오스의 공통점은 핍박을 받아 죽음에 이르렀다가 저승을 다녀온 부활을 경험했다는 것입니다. 그리고 한동안 사람들과 함께 자신의 능력을 발휘하다 신이 되었다는 것이죠. 당시 사람들은 위대한 자의 죽음과 부활에 대해 거리감이 없었다는 걸 알게 해 줍니다.

썰렁한 크리스마스와 화려한 부활절

그리스도교에서는 예수그리스도의 탄생보다 죽음과 부활이 더 중요합니다. 그가 십자가에 못 박혀 죽음으로써 인간이 본래 갖고 있던 죄를 대속했기 때문인데요. 그래서 그의 죽음과 부활은 그리스도교의 핵심이 되었고, 그래서 크리스마스보다 부활절이 더 의미가 있습니다. 두 날에는 차이점도 있는데 크리스마스는 12월 25일로 정해져 있는데 비해 부활절은 매년 날짜가 바뀐다는 점입니다. 그렇다면 크리스마스의 날짜는 어떻게 정해진 것일까요? 성서에는 예수 탄생일에 관해 기록하고 있지 않은데 말입니다. 알고 보면 예수 탄생일은 이교와의 타협에 의해 정해진 경향이 있습니다. 그리스도교가 공인되던 4세기 초반, 12월 25일은 당시 로마 군인들 사이에서 널리 퍼져 있던 미트라교의 가장 중요한 축제일인 '정복당하지 않는 태양의 탄생일' 이었습니다. 원래 이 축제는 낮이 다시 길어지고 태양이 하늘 높이 떠오르기 시작하는 동지를 기념한 것이었는데요. 로마당국은 이 날을 예수의 탄생일로 정하고 기념하도록 했던 거죠.

이때로부터 크리스마스에는 다양한 행사가 열렸습니다. 사람들은 집을 푸른 나무와 등불로 장식했고 자녀들과 가난한 이웃에게 선물을 나눠 주었습니다. 날씨가 추운 유럽의 중북부 지역에서는 음식과 교제, 벽난로에 때는 장작과 크리스마스 케이크, 푸른 전나무 등이 이 축일을 기념하는 행사가 되었습니다. 그리스도인이거나 이교도에게 겨울 축제일은 언제나 따뜻함과 꺼지지 않는 불이 연결되었던 것입니다. 이런 관점에서 보면 크리스마스와 관련된 전통 관습들은 당시 이교도들이 한겨울에 벌이던 농신제 및 태양 의식들과 그리스도의 탄생을 한데 합쳐놓은 것처럼 보입니다. 그리스도교에 헬라문화가 많이 포함되어 있는 것처럼 크리스마스도 그런 경향이 있는 것이죠. 최근에는 크리스마스에 대한 인식이 달라져 예수 탄생일로 축하하는 것 보다는 연말 휴일처럼 즐기는 분위기가 많아졌습니다. 크리스마스의 분위기도 점점 차분해지고 빨간 옷을 입고 장화를 신고 굴뚝을 타고 온다던 산타클로스의 모습도 점점 퇴색되어갑니다. 그래서 요즘 미국에서 크리스마스 인사는 'Happy Holiday'로 바뀌고 있다고 하지요?

그래서 그리스도인들의 관심은 부활절에 쏠립니다. 예수는 유대인의 중요 명절인 '유월절'에 죽었다고 알려져 있는데요. 그리고 부활은 예수가 이날 오전에 빌라도에게 십자가형을 언도받고 오후에 십자가에서 죽은 이틀 후 아침에 일어난 사건입니다. 유대력에서 유월절은 새해 첫 달의 첫 보름달이 뜨는 날입니다. 음력에서는 초승달이 뜨는 날이 1일이고 보름달은 14일째 되는 날로 정해졌는데, 그래서 초대교회 사람들은 유대력 니산월(태양력의 3~4월) 14일을 부활절로 정했습니다. 어떤 교회에서는 부활이 일요일에 일어났으므로 그 다음의 일요일을 부활절로 지키기도 했는데요. 이런 혼란을 바로잡기 위해 서기 325년 제1차 니케아 공의회에서 부활절 날짜를 확정 지었습니다. 성서에서 유월절은 보리 이삭이 막 나오던 즈음의 보름날이라고 했기에 태양력에서는 춘분이라고 봤구요. 그래서 오늘날 지켜지고 있는 부활절은 춘분(3월 21일경)이 지난 후 최초 만월 다음에 오는 첫째 일요일입니다. 그러기에 매년 날짜가 바뀌는데 3월 22일부터 4월 26일 사이의 주일이 됩니다.

우리가 쓰는 그레고리력은 부활절 날짜를 수정하려는 목적에서 제정되었는데요. 로마교회에서는 1582년 당시까지 율리우스력을 쓰고 있었는데 오랫동안 누적된 역법상의 오차로 원래 3월 21일이어야 할 춘분이 달력에서 보면 3월 11일이었습니다. 그리고 춘분은 부활절을 정하는 기준일 이었기에 서기 325년에 정한 부활절이 1천 2백년이 지나서 보니 10일나 오차가 생겨났던 것이죠. 이를 알게 된 교황 그레고리우스 13세는 교회와 의논한 끝에 달력을 수정합니다. 그러니까 1582년 10월 5일부터 14일까지 11일을 생략해 10월 4일 다음날을 10월 15일로 한다는 새 역법을 공표합니다. 이것이 전 세계 상당수의 국가들이 사용하고 있는 그레고리력입니다.

그런데 동방정교회에서는 그때까지 사용하던 율리우스력을 버리지 않았습니다. 그래서 오랫동안 부활절 날짜가 로마가톨릭과 달랐는데 그리스와 러시아에서는 20세기 초까지도 그레고리력을 사용하지 않았죠. 그러다 러시아는 1918년 혁명 후 이를 채택하게 되는데 그 사이에 오차가 더 커져 13일이나 날짜를 제거해야 했습니다. 그 결과 다른 나라에서는 크리스마스를 보내고 새해를 맞이할 때 러시아에서는 비로소 크리스마스를 지내기도 했습니다. 러시아의 그 유명한 2월 혁명도 그레고리력 기준으로 하면 3월 혁명이 되어야 한답니다.

오늘날 부활절에는 세례, 학습, 참회자의 위로, 죄수석방, 가난한 자의 구제, 교역자의 위안 등 행사가 열립니다. 로마가톨릭교회에서는 하루 세 번 아침·정오·저녁의 정해진 시간에 그리스도의 강생과 성모마리아를 공경하는 뜻으로 기도를 하는데 이를 삼종기도라 합니다. 삼종이란 종을 세 번 친다고 해서 정해진 말인데요. 이날에는 종을 울리지 않습니다. 또한 부활절이 일요일이기 때문에 월요일은 대체휴일이 되었는데요. 그러니까 성 금요일부터 시작해 월요일까지 이어지는 연휴가 되는 셈입니다. 부활절에 로마가톨릭과 개신교 교회에서는 성도들끼리 예쁘게 장식된 계란을 나누고 함께 먹습니다. 이런 풍습은 언제 어떻게 시작했을까요? 이는 성서에 나오지 않는 관습중 하나인데 말입니다.

오늘날처럼 부활절에 달걀을 주고받는 관습은 17세기경의 수도원에서 시작되었다고 합니다. 예로부터 부활절 이전 40일을 의미하는 사순절 기간에는 금욕과 경건한 삶을 살아야 했습니다. 이때 짐승 고기뿐만 아니라 물고기나 달걀 등도 먹지 않고 빵과 마른 채소로만 식사를 했습니다. 그리고 부활주일 토요일이 되어 부활의 종소리가 울릴 때 처음으로 오믈렛이나 반숙된 달걀을 맛볼 수 있었죠. 당시 달걀은 부유층만 반찬으로 먹을 수 있는 귀한 음식이었기에 대부분의 신자들은 부활절 아침에야 비로소 달걀을 구경할 수 있었습니다. 그래서 예수 부활의 기쁨과 함께 이웃과 달걀을 주고받는 풍습이 생겨났던 것입니다.

부활절이 되면 그리스정교의 일부 지역에서는 가룻 유다의 모습을 한 인형 불사르기 행사를 하기도 한다는데요. 주민들은 철사로 만든 인형을 뗏목에 태운 뒤 20여척의 작은 보트들이 그 주위를 둘러싸고 인형에 불을 붙여 태웠습니다. 신약성서에는 유다가 돈을 받고 예수를 배신하는 얘기가 실려 있지요? 유다 인형을 불태우는 이런 의식은 남미 일부 지역에서도 거행하고 있으며 탐욕과 배신을 징벌하는 상징적인 의식입니다. 과거 유럽에서도 이를 시행한 적이 있는데 이는 유대인을 비하할 가능성이 높았습니다. 유다의 모습은 유대인처럼 복장을 하고 생김새를 가질 수밖에 없으니 그럴 소지가 다분하지요. 그래서 요즘 로마가톨릭 교회에서는 공식적으로 이를 금지하고 있답니다.

놀기부터 하자고? 사순절(lento)과 카니발(carnival)

부활절이 되기 전 여섯 번의 주일을 제외한 40일 동안을 사순절이라 합니다. 광야에서 40일 동안 고행한 예수그리스도를 연모하는 의미로 경건의 기간이라 할 수 있는데요. 그리스도인은 이 40일 동안 금식과 특별기도, 경건의 훈련기간으로 삼습니다. 한국의 개신교 교회에서는 40일 새벽기도회를 여는 문화가 있습니다. 일 년에 한 번 영성을 담금질하는 시간이라 할까요? 여기 40이라는 숫자는 성서의 여러 장면에 등장하는데 중요한 일을 위한 '준비기간'을 의미합니다. 노아의 홍수장면에서는 40일 동안 비가 내렸고, 모세는 40일간 시내산에서 금식하면서 율법을 전수받았습니다. 선지자 엘리야도 40일간 사막을 횡단한 후 시내산에 왔습니다. 모세와 함께하던 이스라엘 정탐꾼들은 가나안에 가기 위해 40일간 정탐을 한 후 이동을 했습니다. 심지어 다윗과 솔로몬이 왕이 되어 나라를 다스린 것도 각각 40년이라고 하고요. 그러니까 40이란 숫자는 고난과 인내를 상징하는 숫자인 것이죠. 40일에 해당하는 사순절이 확정된 것은 서기 325년 니케아 공의회에서였답니다.

초기 그리스도교에서는 이 기간 동안 '사순절 식사'라 해서 고기를 제외한 채소 중심의 단순한 음식을 먹었습니다. 하루에 한 끼만 먹되 채소와 생선, 그리고 달걀만 허용되었던 것이죠. 이슬람의 라마단 기간에는 해가 떠있는 시간에만 금식하면 되는데 사순절에서는 거의 금식에 준하는 경건한 생활을 했던 것입니다. 그러다 9세기부터 점차 완화되어 13세기부터는 간단한 식사를 해도 괜찮도록 허용되었습니다. 현대에 이르러서는 금식은 하지 않고 구제와 경건한 훈련으로 대체되었습니다.

사순절과 어우러지는 유럽문화는 카니발축제입니다. 사순절의 경건한 기간이 시작되기 전 축제의 기간을 먼저 갖기로 한 것인데요. 카니발의 마지막 날을 라틴어로 카르넴 라바레(carnem lavare, 육식금지)이었기에 카니발이 되었답니다. 사육제라고도 부르는 이 축제는 사순절에 앞선 3~7일간 포식과 웃음의 축제로 자리 잡았습니다. 무슬림은 라마단이 끝나고서 3일간 축제를 벌이는데 비해 경건의 기간을 갖기 전에 신나게 먹고 놀기부터 해 보자는 발상이 유럽인답습니다. 카니발 주간에는 지역에 따라 다채로운 행사가 열리는데요. 사람들이 다양한 복장을 갖추고 행진하는 가장행렬이 가장 잘 알려져 있습니다. 본래 이 축제는 고대 로마의 3월 초하루 축제로부터 시작되었는데요. 농촌에서 자연만물이 소생하는 것을 축하하는 제례의식이었죠. 그래서 이 기간에는 변장을 하고 짚으로 만든 인형을 태우는 의식이 진행되기도 했습니다. 농촌에서 시작된 문화였기에 음식 축제와 연결 되었던 겁니다.

유럽 교회의 위기

세상은 빠르게 변하는데 교회는 가장 느리게 변하는 조직입니다. 어쩌면 가장 보수적 마인드를 가진 조직일 듯 한데, 때문에 교회가 현대인의 삶에 답을 주기 어려운 경우가 많습니다. 그래서 일까요? 유럽에서는 스스로 그리스도인이라고 말하는 사람 중에 매주 교회에 출석하는 인구가 대략 2~30%에 지나지 않다고 하네요. 물론 유럽에서는 종교와 관련한 정확한 통계를 내지 않습니다. 지난시절 나치의 학살로 이런 통계의 위험성이 드러났기 때문이지요. 또한 21세기 유럽인은 그들의 정체성을 그리스도인이라고 정의하기를 꺼려하고 있기도 합니다. 과거보다 세속주의 경향이 높아진 때문입니다.

과거 유럽연합의 헌법을 제정할 때 공통가치로서 그리스도교를 정의하자는 논의가 있었습니다. 로마가톨릭 국가인 폴란드를 비롯한 일부 회원국에서 이를 강력하게 주장했는데요. 하지만 이는 부결되었습니다. 만약 그리스도교 정체성을 헌법에 명시할 경우 유럽연합이 포용의 공동체가 아닌 배타적 그룹이 되고 그로 인해 분열의 가능성이 높아질 거라는 의견 때문이었죠. 여기에는 유럽에 존재하는 유대인과 무슬림, 발칸반도의 종교 다양성을 인정한 때문이기도 합니다. 유럽연합에 포함되지 못했지만 보스니아와 알바니아는 무슬림이 다수를 차지하는 국가이구요. 프랑스나 독일 등 유럽 여러 나라에 살고 있는 수백만의 유대인과 1천만 명 이상 무슬림의 존재도 그리스도교를 중심에 내세우자는 논의에 반대하는 이유입니다. 종교와 정치는 당연히 구분되어야 하고 종교는 개인의 선택에 맡겨야 한다는 계몽주의 사고방식이 높아진 덕분입니다. 프랑스의 경우 공공장소에서 종교 성향을 드러내는 것을 법으로 금지할 정도로 세속주의 문화는 상당한 정도로 확산되었습니다.

그래서인지 각 도시마다 존재하는 수많은 성당과 교회는 관광객을 위한 박물관 역할을 할 뿐, 평소에는 거의 비어 있습니다. 그러다 보니 공간여유가 생겨났고 유지비용도 많이 들어 다른 용도로 전용되는 경우가 벌어졌는데요. 네덜란드에서 가장 오래된 성당이었던 셀레시즈 도미니크 성당은 오늘날 서점으로 바뀌었습니다. 나폴레옹시대에 삼분의 이가 파괴되었고 1차 세계대전 때에는 자재창고나 자전거 보관소가 되기도 했다는데요. 오늘날에는 훌륭하게 변신하여 영국의 일간 신문 <가디언>에 의해 세계에서 가장 아름다운 서점으로 선정되기도 했답니다. 좋은 의미로 하면 중세 유물이 멋지게 변신했다고 할 수 있겠지만 다른 면에서 보면 교회의 쇠퇴라고 말할 수 있지 않을까요?

이탈리아 베네치아에는 '사계'를 작곡한 비발디 기념 성당도 있습니다. 산타 루치아 기차역에서 산마르코 광장으로 가는 길목에 위치한 이 성당은 베네치아를 대표하는 음악가 비발디를 기리기 위해 만들었습니다. 제가 이곳을 지나다 익숙한 음악소리가 들려 들어가 보았더니 외형은 작고 오래된 성당이었지만 악보와 악기 등이 전시되어 관광객을 맞고 있었습니다. 교회에 참석하는 성도가 줄어 비어있던 교회가 기념관으로 바뀌었던 것이죠.

유럽에서 유일하게 종교인 숫자가 늘고 있는 곳도 있는데요.[58] 가장 많은 정교회 신자를 갖고 있는 러시아입니다. 동로마가 멸망한 후 러시아는 오랫동안 동방정교회의 중심국가로 자리하고 있었습니다. 그러다 1918년 혁명을 통해 제국을 무너뜨린 공산당은 종교를 인정하지 않았고 종교인을 탄압했죠. 교회의 모든 토지를 국유화했고 주교 28명과 사제 1천명을 살해했습니다. 스탈린 시절에도 종교탄압은 이어져 사제들은 지하에 숨어 그 명맥만을 유지해야 했던 겁니다.

그렇게 수십 년이 지난 1985년, 공산당 서기장에 오른 미하일 고르바초프는 혁명 이전처럼 종교의 자유를 보장하는 법률을 통과시켰습니다. 더 이상 종교인을 탄압해야할 동력을 상실했기 때문이지요. 모스크바 시내 중앙에 위치한 구세주그리스도성당의 복원도 이때부터 이어졌는데요. 비잔틴양식을 계승한 아름다운 교회로 많은 이들의 사랑을 받고 있죠. 이제는 성서를 자유롭게 배포하고 성직자들이 별다른 제한 없이 복음을 전할 수 있게 되었습니다. 인구 1억5천만 명 가운데 5천만 명 정도가 정교회 신자이며 조금씩 늘고 있다고 합니다. 푸틴 대통령의 취임식장 맨 앞에 총대주교가 섰을 정도로 국가 내부에서의 위상도 높아졌고요. 러시아에서 점점 더 많은 이들이 정교 신자가 되지 않을까 싶네요.

[참고자료]

1. 아가멤논는 카산드라 공주를 데리고 돌아오는데 그녀는 미래를 예언하는 능력이 있었지만 아무도 듣지 않았다.

2. 이아손에게 반해 그녀를 도와준 메데이아는 결혼지만 이아손이 자신을 배신하고 크레온의 딸 글라우케와 결혼하려 하자 글라우케와 크레온을 모두 죽이고 자신의 두 아들마저 죽인다.

3. 존 맨, 세상을 바꾼 문자 알파벳, 예지, 2003, p.125

4. 같은책 p178

5. 호메로스, 일리아스, 천병희역, 도서출판 숲, 2007, p.25

6. 헤시오도스, 신들의 계보, 천병희 역, 도서출판 숲, 2009, p.31

7. 헤로도토스, 역사, 천병희 역, 도서출판 숲,p.50

8. 헤로도토스, 천병희 역, 도서출판 숲, p.41

9. 식민이라는 단어는 다른 지역을 점령하고 착취하는 뜻으로 해석되기 쉽지만 헬라스의 식민도시는 그런 개념보다는 주민이 다른 지역으로 이주해 건설한 도시라고 보면 된다.

10. 이곳의 별명은 '신들의 계곡'인데 현장에 가 보면 언덕위에 신전이 줄이어 서 있다. 바닷가 신전은 등대의 역할도 했다. 아그리젠토 유적지는 '신들의 언덕'이라 부르는 것이 옳다.

11. 로마인은 자신들의 남쪽 헬라인의 거주지역을 이렇게 불렀고 여기서 그리스라는 말이 유래했다.

12. 풍우란, 중국철학사, 까지글방, 1999, p.17

13. 데이비드 헬프, 민주주의 모델들, 후마니타스, 2010, p.34

14. 투키디데스, 펠로폰네소스 전쟁사, 천병희역, 도서출판 숲, p.168

15. 디오게네스 라에르티오스, 그리스철학자 열전, 동서문화사, p.526

16. 디오게네스 라에르티오스, p.534

17. 조로아스터교에서는 세상을 선과 밝음을 상징하는 아후라 마즈다와 악과 어둠을 상징하는 아흐리만 간의 경쟁과 투쟁이라고 본다. 결국 선이 악을 이겨 아후라 마즈다가 유일신이 되어 우주를 통괄한다고 생각한다. 이는 그리스도교에 이어져 개인이 자유의지에 의해 악을 물리치고 선을 선택할 수 있다는 교리로 발전했다.

18. 파이돈, 플라톤 지음, 문예출판사, p.58

19. 기하학은 영어로 geometry라 하는데, geo-는 토지를, metry는 측량을 뜻하는데 이집트에서 토지를 측량하기 위한 방법으로 탄생했다. '기하幾何' 라는 한자말은 1603년 선교사 마테오 리치가 geo의 한자말을 음차한 것이다.

20. 학교는 우연한 계기로 이름이 정해지는 경우가 많다. 플라톤이 세웠다는 아카데미아는 아카데메스 숲에 있었다고 해서 정해졌고, 아리스토텔레스의 리케이온은 아폴론 리케이오스 숲의 공간이었기 때문에 이름이 붙여졌다.

21. 김용규, 신, 한국기독학생회출판부, 2018, p.51

22. 장방형의 평면에 길이는 폭의 2~3배 정도였고 내부에는 2줄 혹은 3줄의 기둥이 서 있는 게 특징이다. 로마시대 초기에는 신전, 재판과 집회 등 상업거래 용도로 쓰였고 후기에는 교회가 되었다.

23. 하이켈하임, 로마사, 현대지성 1999, p.597

24. 메리 비어드, 로마는 왜 위대해졌는가, 김지혜옮김, 도서출판 다른, 2017, p.464

25. 베르길리우스, 아이네이스, 도서출판 숲, 천병희 역, p.22

26. 수사학의 3요소는 로고스(Logos), 파토스(pathos), 에토스(Ethos)다.

27. 세상을 둘로 나눠보는 관점으로 낮과 밤, 밝음과 어두움, 남성과 여성, 선과 악으로 볼 수 있다. 인간은 육체와 영혼으로 구분되며 현세와 내세로 나뉠 수 있다.

28. 고대 메소포타미아 각지에서 건설되었던 거대한 계단형 탑을 말하며 일종의 신전이었다.

29. 구약성서가 시작되는 창세기, 탈출기, 레위기, 민수기, 신명기를 말하며, 또한 그러한 것들에 포함되어 있는 이스라엘의 종교와 도덕 그리고 사회생활을 규정한 소위 모세의 율법을 가리킨다.

30. 1650년 영국의 제임스 어셔 대주교는 신이 천지를 창조한 건 기원전 4004년 10월 23일이라고 밝혔다. 성서의 인물들을 토대로 역산한 결과라고 한다.

31. 크리스틴 스웬슨, 성서 가장 오래된 교양, 사월의 책 2013, p.40

32. 폴 존슨, 기독교의 역사, 포이에마, 2013, p39

33. 다른 말로 아고라라고도 한다. 폴리스에서 열렸던 시민회의를 말하는데 기원전 5세기경의 아테네에서는 18세 이상의 남성 시민이 모여 집정관 선거의 참여나 재판 방청 등을 했다.

34. 보라기네의 야코부스, 황금전설, 윤기향 역, 크리스찬다이제스트, p.546

35. 위의 책, p.43

36. 그리스어 gnosis를 말하는데 인식, 앎, 지식 또는 깨달음으로 번역되는데 초기기독교의 가장 대표적 이단이 되었다. 이 종파는 이원론적으로 영과 물질을 구분하는데 영과 정신은 선하고 육과 물질은 악하다는 것이다. 그래서 악한 육과 물질에서 영이 탈출해야 한다고 주장했다.

37. 차전환, 로마제국과 그리스문화, 도서출판 길, 2016, p.69

38. 후스토 곤잘레스, 초대교회사, 은성출판사, 2012, p166

39. 서기 96년 임기를 시작한 네르바부터 트라야누스, 하드리아누스, 안토니누스 피우스, 마르쿠스 아우렐리우스가 사망한 180년까지 다섯 황제의 연속된 통치기를 말한다. 오현제라는 말은 마키아벨리가 처음 썼다고 하며, 역사가 에드워드 기번은 아우렐리우스 사후 로마의 쇠퇴가 시작되었다고 언급했다.

40. 조인형, 초기 기독교사연구, 한국학술정보, 2002

41. 훗날 로마교회가 분리되면서 동서교회를 구분하기 위해 로마가톨릭(Romancatholic)과 정통가톨릭(orthodoxy catholic)이 되었다.

42. **주교는 감독하는 성직자로서, 사제의 사목을 감독하고 교구를 대표, 총괄하며 이끄는 직책이다.**

43. 성직자와 평신도의 구별 없이 모든 신자는 참된 사제이고 신자들 사이에는 직능의 차이만 있을 뿐이라고 보는 생각이다. 다만 교회의 질서를 위해 일부 사람이 교회의 회중과 구별되는데 개신교의 목사는 전통적 사제가 아니라 '말씀의 봉사자'라고 여겨진다.

44. 잭 웨더포드, 칭기즈칸 잠든유럽을 깨우다, 사계절출판사, 2013, p.254

45. 영웅 페르세우스는 남자와 접촉 없이 황금비로 변신한 제우스로 인해 잉태되었다.

46. 경전 아베스타에 의하면 '자라투스트라(Zarathustra)'가 정확한 이름이다. 그는 정확한 출생 및 사망시기를 알 수 없는데 대략 기원전 6세기경이라고 알려져 있다.

47. 버트런드 러셀, 서양철학사, 을유문화사, 2009, p.36

48. 1950년 교황 비오 12세가 로마가톨릭의 정식 교의로 선포했다.

49. 폴 존슨, 기독교의 역사, 포이에마, 2013, p308

50. 711년부터 이베리아 반도를 정복한 아랍계 이슬람교도의 명칭. 마우레인 또는 모르인이라고도 한다.

51. 유재덕, 기독교의 역사, 도서출판 브니엘, 2008, p185

52. 콘스탄티누스 1세가 그리스도교로 개종하면서 로마교황 실베스테르 1세에게 주었다고 주장되던 문서로 서로마지역을 교황에게 기부했다는 내용이 담겨있었다. 이는 콘스탄티누스와 상관없이 8세기 후반에 작성된 것으로 1440년 로렌초 발라는 이 문서가 조작된 것임을 밝혀냈다.

53. 그리스도교의 가장 중요한 교리 중 하나인 성찬에 관한 해석을 말한다. 가톨릭에서는 떡과 포도주는 사제의 축복이나 어떤 방도에 의해 그리스도의 몸과 피의 실체로 변한다는 교리를 가지고 있다. 개신교에서는 성만찬이 단지 그리스도가 십자가에 달린 것을 기리는 상징적인 행위라고 믿는다.

54. 마틴 푸크너, 글이 만든 세계, 까지글방, 2019, p205

55. 선거를 통해 신성로마제국 황제를 뽑는 제후들. 당시에는 쾰른대주교, 마인츠대주교, 트리어대주교의 주교영주 3인과 라인 궁중백, 작센 공, 브란덴부르크 변경백 그리고 보헤미아 국왕 등 6인이었다.

56. 폴 존슨, 기독교의 역사, 김주한 옮김, 포이에마, p.486

57. 같은 책, p.213

58. 유재덕, 기독교 역사, 브니엘, p.574

지은이 **안계환**

동서양 문명사를 연구하고 책을 쓰는 작가이며 네이버에 '안계환 문명연구소'라는 공식블로그와 유튜브채널 '안계환의 지식생활'을 운영하고 있다. 취미로 읽어왔던 역사책은 어느새 직업이 되도록 도와주었으며 헤로도토스를 비롯한 역사가들은 그의 멘토가 되고 있다.

이 책은 유럽의 역사와 문화에 그리스신화와 그리스도교가 얼마나 강력한 영향력을 끼쳐왔는지를 알게 되면서부터 시작되었다. 더구나 신화와 종교가 분리된 게 아니라 문화에 자연스럽게 녹아있다는 것을 현장에 수차례 방문해보고 알게 되었다. 아름답게 치장된 성당에 왜 신화의 인물이 등장하는지, 올림포스의 신들과 수호성인은 어떤 관련성이 있는지를 찾아낼 수 있었다.

유럽을 가려는 이들에게 유럽문화의 진짜 얼굴은 무엇인지, 무엇을 이해하고 가는 게 좋은지 알려주고 싶다. 오늘날 세계를 지배하는 유럽문명의 영향력은 매우 큰데 그들의 문화를 이해하는 것은 세상을 아는 첩경이라는 것이 이 책이 강조하는 내용이다.

대학원에서 경영학교수로도 활동했고 매년 한 권씩 책을 펴내며 오랫동안 인문학 강연무대에 서 왔다. 직장인 독서토론 모임인 '독서경영포럼'을 창립해 11년째 운영하고 있으며 '월요문명사수업'이라는 온라인강의를 수년째 진행하고 있기도 하다.

저서로《성공하는 사람들의 독서습관》《마흔에 배우는 독서 지략》《변화혁신, 역사에서 길을 찾다》《안계환의 인문병법》《중국핵심강의》《삼국지생존법》《세계사를 바꾼 돈》등이 있다.

유럽을 알아야 세상이 보인다

초판 발행 2022년 7월 25일

지은이 안계환

발행인 정유진
발행처 노북(no book)
주 소 서울특별시 서초구 강남대로53길 8 11층
전 화 031-8025-9200
팩 스 050-4211-8560
출판등록 2018년 7월 27일 제2018-000072호
홈페이지 www.nobook.modoo.at
이 메 일 nobookorea@gmail.com

ISBN 979-11-90462-31-0 [03920]